CÓDIGO DE MINERAÇÃO

DECRETO-LEI Nº 227, DE 28 DE FEVEREIRO DE 1967

REGULAMENTO DO CÓDIGO DE MINERAÇÃO

DECRETO Nº 62.934, DE 2 DE JULHO DE 1968

E LEGISLAÇÃO COMPLEMENTAR

2ª EDIÇÃO ATUALIZADA

2004

JAIR LOT VIEIRA
SUPERVISÃO EDITORIAL

CÓDIGO DE MINERAÇÃO

DECRETO-LEI Nº 227,
DE 28 DE FEVEREIRO DE 1967

REGULAMENTO DO CÓDIGO DE MINERAÇÃO

DECRETO Nº 62.934, DE 2 DE JULHO DE 1968

E LEGISLAÇÃO COMPLEMENTAR

2ª EDIÇÃO ATUALIZADA

EDIPRO
2004

CÓDIGO DE MINERAÇÃO

DECRETO-LEI Nº 227, DE 28 DE FEVEREIRO DE 1967

REGULAMENTO DO CÓDIGO DE MINERAÇÃO

DECRETO Nº 62.934, DE 2 DE JULHO DE 1968

2ª EDIÇÃO – 2004
Atualizada até DOU de 30.4.2004

Supervisão Editorial: *Jair Lot Vieira*
Editor: *Alexandre Rudyard Benevides*
Capa: *Equipe EDIPRO*
Revisão: *Ricardo Virando* e *Richard Rett*

Nº de Catálogo: 0064

Dados de Catalogação na Fonte (CIP) Internacional
(Câmara Brasileira do Livro, SP, Brasil)

Brasil
[Leis etc.]
Código de mineração : Decreto-Lei nº 227, de 28 de fevereiro de 1967 / Jair Lot Vieira, supervisão editorial. – 2ª ed. atual. -- Bauru, SP : EDIPRO, 2004. -- (Série Legislação)

"Regulamento do código de mineração, Decreto nº 62.934, de 2 de julho de 1968 e legislação complementar."

ISBN 85-7283-462-1

1. Minas e recursos minerais - Leis e legislação - Brasil I. Vieira, Jair Lot. II. Título. III. Série.

04-3187 CDU-351.823.3(81)(094.4)

Índices para catálogo sistemático:
1. Código de mineração : Brasil : Direito administrativo : 351.823.3(81)(094.4)

EDIPRO – Edições Profissionais Ltda.
Rua Conde de São Joaquim, 332 – Liberdade
CEP 01320-010 – São Paulo – SP – Brasil
Fone (11) 3107-4788 – Fax (11) 3107-0061
e-mail: *edipro@uol.com.br*

SUMÁRIO

CÓDIGO DE MINERAÇÃO

DECRETO-LEI Nº 227, DE 28 DE FEVEREIRO DE 1967

Dá nova redação ao Decreto-Lei nº 1.985, de 29 de janeiro de 1940. (Código de Minas).

O Presidente da República, no uso da atribuição que lhe confere o art. 9º, § 2º, do Ato Institucional nº 4, de 7.12.1966, e

Considerando que da experiência de vinte e sete anos de aplicação do atual Código de Minas foram colhidos ensinamentos que impede aproveitar;

Considerando que a notória evolução da ciência e da tecnologia, nos anos após a 2ª Guerra Mundial, introduziu alterações profundas na utilização das substâncias minerais;

Considerando que cumpre atualizar as disposições legais de salvaguarda dos superiores interesses nacionais, que evoluem com o tempo;

Considerando que ao Estado incumbe adaptar as normas que regulam atividades especializadas à evolução da técnica, a fim de proteger a capacidade competitiva do País nos mercados internacionais;

Considerando que, na colimação desses objetivos, é oportuno adaptar o direito de mineração à conjuntura;

Considerando, mais, quanto consta da Exposição de Motivos nº 6-67-GB, de 20 de fevereiro de 1967, dos Senhores Ministros das Minas e Energia, Fazenda e Planejamento e Coordenação Econômica,

• ***Considerandos com redação dada pelo Decreto-Lei nº 318, de 14.3.1967.***

Decreta:

CAPÍTULO I – DAS DISPOSIÇÕES PRELIMINARES

Art. 1º. Compete à União administrar os recursos minerais, a indústria de produção mineral e a distribuição, o comércio e o consumo de produtos minerais.

Art. 2º. Os regimes de aproveitamento das substâncias minerais, para efeito deste Código, são:

- ***Art. 2º, caput, com redação dada pela Lei nº 9.314, de 14.11.1996.***

I – regime de concessão, quando depender de portaria de concessão do Ministro de Estado de Minas e Energia;

- ***Inciso I com redação dada pela Lei nº 9.314, de 14.11.1996.***

II – regime de autorização, quando depender de expedição de alvará de autorização do Diretor-Geral do Departamento Nacional de Produção Mineral – DNPM;

- ***Inciso II com redação dada pela Lei nº 9.314, de 14.11.1996.***

III – regime de licenciamento, quando depender de licença expedida em obediência a regulamentos administrativos locais e de registro da licença no Departamento Nacional de Produção Mineral – DNPM;

- ***Inciso III com redação dada pela Lei nº 9.314, de 14.11.1996.***
- ***Extinto o regime de matrícula pela Lei nº 7.805, de 18.7.1989.***

IV – regime de permissão de lavra garimpeira, quando depender de portaria de permissão do Diretor-Geral do Departamento Nacional de Produção Mineral – DNPM;

- ***Inciso IV com redação dada pela Lei nº 9.314, de 14.11.1996.***

V – regime de monopolização, quando, em virtude de lei especial, depender de execução direta ou indireta do Governo Federal.

- ***Inciso V acrescentado pela Lei nº 9.314, de 14.11.1996.***

Parágrafo único. O disposto neste artigo não se aplica aos órgãos da administração direta e autárquica da União, dos Estados, do Distrito Federal e dos Municípios, sendo-lhes permitida a extração de substâncias minerais de emprego imediato na construção civil, definidas em Portaria do Ministério de Minas e Energia, para uso exclusivo em obras públicas por eles executadas diretamente, respeitados os direitos minerários em vigor nas áreas onde devam ser executadas as obras e vedada a comercialização.

• *Parágrafo único acrescentado pela Lei nº 9.827, de 27.8.1999.*

Art. 3º. Este Código regula:

I – os direitos sobre as massas individualizadas de substâncias minerais ou fósseis, encontradas na superfície ou no interior da terra, formando os recursos minerais do País;

II – o regime de seu aproveitamento; e

III – a fiscalização pelo Governo Federal, da pesquisa, da lavra e de outros aspectos da indústria mineral.

§ 1º. Não estão sujeitos aos preceitos deste Código os trabalhos de movimentação de terras e de desmonte de materiais **in natura**, que se fizerem necessários à abertura de vias de transporte, obras gerais de terraplenagem e de edificações, desde que não haja comercialização das terras e dos materiais resultantes dos referidos trabalhos e ficando o seu aproveitamento restrito à utilização na própria obra.

• *§ 1º acrescentado pela Lei nº 9.314, de 14.11.1996.*

§ 2º. Compete ao Departamento Nacional de Produção Mineral DNPM a execução deste Código e dos diplomas legais complementares.

• *§ 2º acrescentado pela Lei nº 9.314, de 14.11.1996.*

Art. 4º. Considera-se jazida toda massa individualizada de substância mineral ou fóssil, aflorando à superfície ou existente no interior da terra, e que tenha valor econômico; e mina, a jazida em lavra, ainda que suspensa.

Art. 5º. (Revogado)

• *Art. 5º revogado pela Lei nº 9.314, de 14.11.1996.*

Art. 6º. Classificam-se as minas, segundo a forma representativa do direito de lavra, em duas categorias:

• *Art. 6º, caput, com redação dada pela Lei nº 9.314, de 14.11.1996.*

I – mina manifestada, a em lavra, ainda que transitoriamente suspensa a 16 de julho de 1934 e que tenha sido manifestada na conformidade do art. 10 do Decreto nº 24.642, de 10 de julho de 1934, e da Lei nº 94, de 10 de dezembro de 1935;

• *Inciso I com redação dada pela Lei nº 9.314, de 14.11.1996.*

II – mina concedida, quando o direito de lavra é outorgado pelo Ministro de Estado de Minas e Energia.

• *Inciso II com redação dada pela Lei nº 9.314, de 14.11.1996.*

Parágrafo único. Consideram-se partes integrantes da mina:

a) edifícios, construções, máquinas, aparelhos e instrumentos destinados à mineração e ao beneficiamento do produto da lavra, desde que este seja realizado na área de concessão da mina:

b) servidões indispensáveis ao exercício da lavra;

c) animais e veículos empregados no serviço;

d) materiais necessários aos trabalhos da lavra, quando dentro da área concedida; e,

e) provisões necessárias aos trabalhos da lavra, para um período de 120 (cento e vinte) dias.

Art. 7º. O aproveitamento das jazidas depende de alvará de autorização de pesquisa, do Diretor-Geral do DNPM, e de concessão de lavra, outorgada pelo Ministro de Estado de Minas e Energia.

• *Art. 7º, caput, com redação dada pela Lei nº 9.314, de 14.11.1996.*

Parágrafo único. Independe de concessão do Governo Federal o aproveitamento de minas manifestadas e registradas, as quais, no entanto, são sujeitas às condições que este Código estabelece para a lavra, tributação e fiscalização das minas concedidas.

• *Parágrafo único com redação dada pela Lei nº 9.314, de 14.11.1996.*

Art. 8º. (Revogado).

• *Art. 8º revogado pela Lei nº 6.567, de 24.9.1978.*

Art. 9º. Far-se-á pelo regime de matrícula o aproveitamento definido e caracterizado como garimpagem, faiscação ou cata.

• *Art. 9º, tacitamente revogado pela Lei nº 7.805, de 18.7.1989, arts. 22 e 26, que extinguiu o "regime de matrícula".*

Art. 10. Reger-se-ão por Leis especiais:

I – as jazidas de substâncias minerais que constituem monopólio estatal;

II – as substâncias minerais ou fósseis de interesse arqueológico;

III – os espécimes minerais ou fósseis, destinados a Museus, Estabelecimentos de Ensino e outros fins científicos;

IV – as águas minerais em fase de lavra; e

V – as jazidas de águas subterrâneas.

Art. 11. Serão respeitados na aplicação dos regimes de Autorização, Licenciamento e Concessão:

• ***Art. 11, caput, com redação dada pela Lei nº 6.403, de 15.12.1976.***

a) o direito de prioridade à obtenção da autorização de pesquisa ou de registro de licença, atribuído ao interessado cujo requerimento tenha por objeto área considerada livre, para a finalidade pretendida, à data da protocolização do pedido no Departamento Nacional da Produção Mineral (D.N.P.M), atendidos os demais requisitos cabíveis, estabelecidos neste Código; e

• ***Alínea "a" com redação dada pela Lei nº 6.403, de 15.12.1976.***

b) o direito à participação do proprietário do solo nos resultados da lavra.

• ***Alínea "b" com redação dada pela Lei nº 8.901, de 30.6.1994.***

§ 1º. A participação de que trata a alínea "b" do *caput* deste artigo será de cinqüenta por cento do valor total devido aos Estados, Distrito Federal, Municípios e órgãos da administração direta da União, a título de compensação financeira pela exploração de recursos minerais, conforme previsto no *caput* do art. 6º da Lei nº 7.990, de 29.12.1989 e no art. 2º da Lei nº 8.001, de 13.3.1990.

• ***§ 1º acrescentado pela Lei nº 8.901, de 30.6.1994.***

§ 2º. O pagamento da participação do proprietário do solo nos resultados da lavra de recursos minerais será efetuado mensalmente, até o último dia útil do mês subseqüente ao do fato gerador, devidamente corrigido pela taxa de juros de referência, ou outro parâmetro que venha a sustituí-la.

• ***§ 2º acrescentado pela Lei nº 8.901, de 30.6.1994.***

§ 3º. O não cumprimento do prazo estabelecido no parágrafo anterior implicará correção do débito pela variação diária da taxa de juros de referência, ou outro parâmetro que venha a substituí-la, juros de mora de um por cento ao mês e multa de dez por cento aplicada sobre o montante apurado.

• ***§ 3º acrescentado pela Lei nº 8.901, de 30.6.1994.***

Art. 12. O direito de participação de que trata o artigo anterior não poderá ser objeto de transferência ou caução separadamente do imóvel a que corresponder, mas o proprietário deste poderá:

I – transferir ou caucionar o direito ao recebimento de determinadas prestações futuras;

II – renunciar ao direito.

Parágrafo único. Os atos enumerados neste artigo somente valerão contra terceiros a partir da sua inscrição no Registro de Imóveis.

Art. 13. As pessoas naturais ou jurídicas que exerçam atividades de pesquisa, lavra, beneficiamento, distribuição, consumo ou industrialização de reservas minerais, são obrigadas a facilitar aos agentes do Departamento Nacional da Produção Mineral a inspeção de instalações, equipamentos e trabalhos, bem como a fornecer-lhes informações sobre:

I – volume da produção e características qualitativas dos produtos;

II – condições técnicas e econômicas da execução dos serviços ou da exploração das atividades mencionadas no "*caput*" deste artigo;

III – mercados e preços de venda;

IV – quantidade e condições técnicas e econômicas do consumo de produtos minerais.

CAPÍTULO II – DA PESQUISA MINERAL

Art. 14. Entende-se por pesquisa mineral a execução dos trabalhos necessários à definição da jazida, sua avaliação e a determinação da exeqüibilidade do seu aproveitamento econômico.

§ 1º. A pesquisa mineral compreende, entre outros, os seguintes trabalhos de campo e de laboratório: levantamentos geológicos pormenorizados da área a pesquisar, em escala conveniente, estudos dos afloramentos e suas correlações, levantamentos geofísicos e geoquímicos; aberturas de escavações visitáveis e execução de sondagens no corpo mineral; amostragens sistemáticas; análises físicas e químicas das amostras e dos testemunhos de sondagens; e ensaios de beneficiamento dos minérios ou das substâncias minerais úteis, para obtenção de concentrados de acordo com as especificações do mercado ou aproveitamento industrial.

§ 2º. A definição da jazida resultará da coordenação, correlação e interpretação dos dados colhidos nos trabalhos executados, e conduzirá a uma medida das reservas e dos teores.

§ 3º. A exeqüibilidade do aproveitamento econômico resultará da análise preliminar dos custos da produção, dos fretes e do mercado.

Art. 15. A autorização de pesquisa será outorgada pelo DNPM a brasileiros, pessoa natural, firma individual ou empresas legalmente habilitadas, mediante requerimento do interessado.

• *Art. 15, caput, com redação dada pela Lei nº 9.314, de 14.11.1996.*

Parágrafo único. Os trabalhos necessários à pesquisa serão executados sob a responsabilidade profissional de engenheiro de minas, ou de geólogo, habilitado ao exercício da profissão.

• *Parágrafo único com redação dada pela Lei nº 9.314, de 14.11.1996.*

Art. 16. A autorização de pesquisa será pleiteada em requerimento dirigido ao Diretor-Geral do DNPM, entregue mediante recibo no protocolo do DNPM, onde será mecanicamente numerado e registrado, devendo ser apresentado em duas vias e conter os seguintes elementos de instrução:

• *Art. 16, caput, com redação dada pela Lei nº 9.314, de 14.11.1996.*

I – nome, indicação da nacionalidade, do estado civil, da profissão, do domicílio e do número de inscrição no Cadastro de Pessoas Físicas do Ministério da Fazenda, do requerente, pessoa natural. Em se tratando de pessoa jurídica, razão social, número do registro de seus atos constitutivos no Órgão de Registro de Comércio competente, endereço e número de inscrição no Cadastro Geral dos Contribuintes do Ministério da Fazenda;

• *Inciso I com redação dada pela Lei nº 9.314, de 14.11.1996.*

II – prova de recolhimento dos respectivos emolumentos;

• *Inciso II com redação dada pela Lei nº 9.314, de 14.11.1996.*

III – designação das substâncias a pesquisar;

• *Inciso III com redação dada pela Lei nº 9.314, de 14.11.1996.*

IV – indicação da extensão superficial da área objetivada, em hectares, e do Município e Estado em que se situa;

• *Inciso IV com redação dada pela Lei nº 9.314, de 14.11.1996.*

V – memorial descritivo da área pretendida, nos termos a serem definidos em portaria do Diretor-Geral do DNPM;

• *Inciso V com redação dada pela Lei nº 9.314, de 14.11.1996.*

VI – planta de situação, cuja configuração e elementos de informação serão estabelecidos em portaria do Diretor-Geral do DNPM;

• *Inciso VI acrescentado pela Lei nº 9.314, de 14.11.1996.*

VII – plano dos trabalhos de pesquisa, acompanhado do orçamento e cronograma previstos para sua execução.

• ***Inciso VII acrescentado pela Lei nº 9.314, de 14.11.1996.***

§ 1º. O requerente e o profissional responsável poderão ser interpelados pelo DNPM para justificarem o plano de pesquisa e o orçamento correspondente referidos no inciso VII deste artigo, bem como a disponibilidade de recursos.

• ***§ 1º acrescentado pela Lei nº 9.314, de 14.11.1996.***

§ 2º. Os trabalhos descritos no plano de pesquisa servirão de base para a avaliação judicial da renda pela ocupação do solo e da indenização devida ao proprietário ou posseiro do solo, não guardando nenhuma relação com o valor do orçamento apresentado pelo interessado no referido plano de pesquisa.

• ***§ 2º acrescentado pela Lei nº 9.314, de 14.11.1996.***

§ 3º. Os documentos a que se referem os incisos V, VI e VII deste artigo deverão ser elaborados sob a responsabilidade técnica de profissional legalmente habilitado.

• ***§ 3º acrescentado pela Lei nº 9.314, de 14.11.1996.***

Art. 17. Será indeferido de plano pelo Diretor-Geral do DNPM o requerimento desacompanhado de qualquer dos elementos de instrução referidos nos incisos I a VII do artigo anterior.

• ***Art. 17, caput, com redação dada pela Lei nº 9.314, de 14.11.1996.***

§ 1º. Será de sessenta dias, a contar da data da publicação da respectiva intimação no Diário Oficial da União, o prazo para cumprimento de exigências formuladas pelo DNPM sobre dados complementares ou elementos necessários à melhor instrução do processo.

• ***§ 1º com redação dada pela Lei nº 9.314, de 14.11.1996.***

§ 2º. Esgotado o prazo de que trata o parágrafo anterior, sem que haja o requerente cumprido a exigência, o requerimento será indeferido pelo Diretor-Geral do DNPM.

• ***§ 2º com redação dada pela Lei nº 9.314, de 14.11.1996.***

Art. 18. A área objetivada em requerimento de autorização de pesquisa ou de registro de licença será considerada livre, desde que não se enquadre em quaisquer das seguintes hipóteses:

• ***Art. 18, caput, com redação dada pela Lei nº 6.403, de 15.12.1976.***

I – se a área estiver vinculada à autorização de pesquisa, registro de licença, concessão da lavra, manifesto de mina ou permissão de reconhecimento geológico;

• ***Inciso I com redação dada pela Lei nº 6.403, de 15.12.1976.***

II – se a área for objeto de pedido anterior de autorização de pesquisa, salvo se este estiver sujeito a indeferimento, nos seguintes casos:

• ***Inciso II com redação dada pela Lei nº 6.403, de 15.12.1976.***

a) por enquadramento na situação prevista no *caput* do artigo anterior e no § 1º deste artigo; e

b) por ocorrência, na data de protocolização do pedido, de impedimento à obtenção do título pleiteado, decorrente das restrições impostas no parágrafo único do art. 23 e no art. 26 deste Código;

• ***Alínea "b", tacitamente revogada, por perda de seu objeto, conforme nova redação dada aos arts. 23 e 26, pela Lei nº 9.314, de 14.11.1996.***

III – se a área for objeto de requerimento anterior de registro de licença, ou estiver vinculada a licença, cujo registro venha a ser requerido dentro do prazo de 30 dias de sua expedição;

• ***Inciso III acrescentado pela Lei nº 6.403, de 15.12.1976.***

IV – se a área estiver vinculada a requerimento de renovação de autorização de pesquisa, tempestivamente apresentado e pendente de decisão;

• ***Inciso IV acrescentado pela Lei nº 6.403, de 15.12.1976.***

V – se a área estiver vinculada à autorização de pesquisa, com relatório dos respectivos trabalhos tempestivamnte apresentado e pendente de decisão;

• ***Inciso V acrescentado pela Lei nº 6.403, de 15.12.1976.***

VI – se a área estiver vinculada à autorização de pesquisa, com relatório dos respectivos trabalhos aprovado, e na vigêrcia do direito de requerer a concessão da lavra, atribuído nos termos do art. 31 deste Código.

• ***Inciso VI acrescentado pela Lei nº 6.403, de 15.12.1976.***

§ 1º. Não estando livre a área pretendida, o requerimento será indeferido por despacho do Diretor-geral do Departamento Nacional da Produção Mineral (DNPM), assegurada ao interessado a restituição de uma das vias das peças apresentadas em duplicata, bem como dos documentos públicos, integrantes da respectiva instrução.

• ***§ 1º acrescentado pela Lei nº 6.403, de 15.12.1976.***

§ 2º. Ocorrendo interferência parcial da área objetivada no requerimento, com área onerada nas circunstâncias referidas nos itens I a VI deste artigo, e desde que a realização da pesquisa, ou a execução do aproveitamento mineral por licenciamento, na parte remanescente, seja considerada técnica e economicamente viável, a juízo do Departamento Nacional da Produção Mineral – DNPM – será facultada ao requerente a modificação do pedido, para retificação da área originalmente definida, procedendo-se, neste caso, de conformidade com o disposto nos §§ 1º e 2º do artigo anterior.

• ***§ 2º acrescentado pela Lei nº 6.403, de 15.12.1976.***

Art. 19. Do despacho que indeferir o pedido de autorização de pesquisa ou de sua renovação, caberá pedido de reconsideração, no prazo de 60 (sessenta) dias, contados da publicação do despacho no Diário Oficial da União.

• ***Art. 19, caput, com redação dada pela Lei nº 6.403, de 15.12.1976.***

§ 1º. Do despacho que indeferir o pedido de reconsideração caberá recurso ao Ministro das Minas e Energia, no prazo de 30 (trinta) dias, contados da publicação do despacho no Diário Oficial da União.

• ***§ 1º acrescentado pela Lei nº 6.403, de 15.12.1976.***

§ 2º. A interposição do pedido de reconsideração sustará a tramitação de requerimento de autorização de pesquisa que, objetivando área abrangida pelo requerimento concernente ao despacho recorrido, haja sido protocolizado após o indeferimento em causa, até que seja decidido o pedido de reconsideração ou o eventual recurso.

• ***§ 2º acrescentado pela Lei nº 6.403, de 15.12.1976.***

§ 3º. Provido o pedido de reconsideração ou o recurso, caberá o indeferimento do requerimento de autorização de pesquisa superveniente, de que trata o parágrafo anterior.

• ***§ 3º acrescentado pela Lei nº 6.403, de 15.12.1976.***

Art. 20. A autorização de pesquisa importa nos seguintes pagamentos:

• ***Art. 20, caput, com redação dada pela Lei nº 9.314, de 14.11.1996.***

I – pelo interessado, quando do requerimento de autorização de pesquisa, de emolumentos em quantia equivalente a duzentas e setenta vezes a expressão monetária UFIR, instituída pelo art. 1º da Lei nº 8.383, de 30 de dezembro de 1991;

• ***Inciso I acrescentado pela Lei nº 9.314, de 14.11.1996.***

• ***A UFIR foi extinta pelo art. 29 da Lei nº 10.522, de 19.7.2002, sendo congelada no valor de R$ 1,0641.***

II – pelo titular de autorização de pesquisa, até a entrega do relatório final dos trabalhos ao DNPM, de taxa anual, por hectare, admitida a fixação em valores progressivos em função da substância mineral objetivada, extensão e localização da área e de outras condições, respeitado o valor máximo de duas vezes a expressão monetária UFIR, instituída pelo art. 1º da Lei nº 8.383, de 30 de dezembro de 1991.

- ***Inciso II acrescentado pela Lei nº 9.314, de 14.11.1996.***
- ***A UFIR foi extinta pelo art. 29 da Lei nº 10.522, de 19.7.2002, sendo congelada no valor de R$ 1,0641.***

§ 1º. O Ministro de Estado de Minas e Energia, relativamente à taxa de que trata o inciso II do *caput* deste artigo, estabelecerá, mediante portaria, os valores, os prazos de recolhimento e demais critérios e condições de pagamento.

- ***§ 1º acrescentado pela Lei nº 6.403, de 15.12.1976 e alterado pela Lei nº 9.314, de 14.11.1996.***

§ 2º. Os emolumentos e a taxa referidos, respectivamente, nos incisos I e II do *caput* deste artigo, serão recolhidos ao Banco do Brasil S.A. e destinados ao DNPM, nos termos do inciso III do *caput* do art. 5º da Lei nº 8.876, de 2 de maio de 1994.

- ***§ 2º acrescentado pela Lei nº 6.403, de 15.12.1976 e alterado pela Lei nº 9.314, de 14.11.1996.***

§ 3º. O não pagamento dos emolumentos e da taxa de que tratam, respectivamente, os incisos I e II do *caput* deste artigo, ensejará, nas condiçoes que vierem a ser estabelecidas em portaria do Ministro de Estado de Minas e Energia, a aplicação das seguintes sanções:

- ***§ 3º acrescentado pela Lei nº 6.403, de 15.12.1976 e alterado pela Lei nº 9.314, de 14.11.1996.***

I – tratando-se de emolumentos, indeferimento de plano e conseqüente arquivamento do requerimento de autorização de pesquisa;

II – tratando-se de taxa:

a) multa, no valor máximo previsto no art. 64;

b) nulidade *ex officio* do alvará de autorização de pesquisa, após imposição de multa.

Art. 21. (Revogado)

- ***Art. 21 revogado pela Lei nº 9.314, de 14.11.1996.***

Art. 22. A autorização de pesquisa será conferida nas seguintes condições, além das demais constantes deste Código:

• *Art. 22, caput, com redação dada pela Lei nº 9.314, de 14.11.1996.*

I – o título poderá ser objeto de cessão ou transferência, desde que o cessionário satisfaça os requisitos legais exigidos. Os atos de cessão e transferência só terão validade depois de devidamente averbados no DNPM;

• *Inciso I com redação dada pela Lei nº 9.314, de 14.11.1996.*

• *Ver art. 176, § 3º, da CF/1988 – Nesta edição.*

II – é admitida a renúncia à autorização, sem prejuízo do cumprimento, pelo titular, das obrigações decorrentes deste Código, observado o disposto no inciso V deste artigo, parte final, tornando-se operante o efeito da extinção do título autorizativo na data da protocolização do instrumento de renúncia, com a desoneração da área, na forma do art. 26 deste Código;

• *Inciso II com redação dada pela Lei nº 9.314, de 14.11.1996.*

III – o prazo de validade da autorização não será inferior a um ano, nem superior a três anos, a critério do DNPM, consideradas as características especiais da situação da área e da pesquisa mineral objetivada, admitida a sua prorrogação, sob as seguintes condições:

• *Inciso III com redação dada pela Lei nº 9.314, de 14.11.1996.*

a) a prorrogação poderá ser concedida, tendo por base a avaliação do desenvolvimento dos trabalhos, conforme critérios estabelecidos em portaria do Diretor-Geral do DNPM;

b) a prorrogação deverá ser requerida até sessenta dias antes de expirar-se o prazo da autorização vigente, devendo o competente requerimento ser instruído com um relatório dos trabalhos efetuados e justificativa do prosseguimento da pesquisa;

c) a prorrogação independe da expedição de novo alvará, contando-se o respectivo prazo a partir da data da publicação, no Diário Oficial da União, do despacho que a deferir;

IV – o titular da autorização responde, com exclusividade, pelos danos causados a terceiros, direta ou indiretamente decorrentes dos trabalhos de pesquisa;

• *Inciso IV com redação dada pela Lei nº 9.314, de 14.11.1996.*

V – o titular da autorização fica obrigado a realizar os respectivos trabalhos de pesquisa, devendo submeter à aprovação do DNPM, dentro do prazo de vigência do alvará, ou de sua renovação, relatório circunstanciado dos trabalhos, contendo os estudos geológicos e tecnológicos quantificativos da jazida e demonstrativos da exeqüibilidade técnico-econômica da lavra, elaborado sob a responsabilidade técnica de profissional legalmente habilitado. Excepcionalmente, poderá ser dispensada a apresentação do relatório, na hipótese de renúncia à autorização de que trata o inciso II deste artigo, conforme critérios fixados em portaria do Diretor-Geral do DNPM, caso em que não se aplicará o disposto no § 1º deste artigo.

• ***Inciso V com redação dada pela Lei nº 9.314, de 14.11.1996.***

§ 1º. A não apresentação do relatório referido no inciso V deste artigo sujeita o titular à sanção de multa, calculada à razão de uma UFIR por hectare da área outorgada para pesquisa.

• ***§ 1º acrescentado pela Lei nº 9.314, de 14.11.1996.***

• ***A UFIR foi extinta pelo art. 29 da Lei nº 10.522, de 19.7.2002, sendo congelada no valor de R$ 1,0641.***

§ 2º. É admitida, em caráter excepcional, a extração de substâncias minerais em área titulada, antes da outorga da concessão de lavra, mediante prévia autorização do DNPM, observada a legislação ambiental pertinente.

• ***§ 2º acrescentado pela Lei nº 9.314, de 14.11.1996.***

Art. 23. Os estudos referidos no inciso V do art. 22 concluirão pela:

• ***Art. 23, caput, com redação dada pela Lei nº 9.314, de 14.11.1996.***

I – exeqüibilidade técnico-econômica da lavra;

• ***Inciso I acrescentado pela Lei nº 9.314, de 14.11.1996.***

II – inexistência de jazida;

• ***Inciso II acrescentado pela Lei nº 9.314, de 14.11.1996.***

III – inexeqüibilidade técnico-econômica da lavra em face da presença de fatores conjunturais adversos, tais como:

a) inexistência de tecnologia adequada ao aproveitamento econômico da substância mineral;

b) inexistência de mercado interno ou externo para a substância mineral.

• ***Inciso III acrescentado pela Lei nº 9.314, de 14.11.1996.***

Parágrafo único. (Suprimido).

• ***Parágrafo único suprimido pela Lei nº 9.314, de 14.11.1996.***

Art. 24. A retificação de alvará de pesquisa, a ser efetivada mediante despacho publicado no Diário Oficial da União, não acarreta modificação no prazo original, salvo se, a juízo do DNPM, houver alteração significativa no polígono delimitador da área.

• *Art. 24, caput, com redação dada pela Lei nº 9.314, de 14.11.1996.*

Parágrafo único. Na hipótese de que trata a parte final do *caput* deste artigo, será expedido alvará retificador, contando-se o prazo de validade da autorização a partir da data da publicação, no Diário Oficial da União, do novo título.

• *Parágrafo único acrescentado pela Lei nº 9.314, de 14.11.1996.*

Art. 25. As autorizações de pesquisa ficam adstritas às áreas máximas que forem fixadas em portaria do Diretor-Geral do DNPM.

• *Art. 25 com redação dada pela Lei nº 9.314, de 14.11.1996.*

Art. 26. A área desonerada por publicação de despacho no Diário Oficial da União ficará disponível pelo prazo de sessenta dias, para fins de pesquisa ou lavra, conforme dispuser portaria do Ministro de Estado de Minas e Energia.

• *Art. 26, caput, com redação dada pela Lei nº 9.314, de 14.11.1996.*

§ 1º. Salvo quando dispuser diversamente o despacho respectivo, a área desonerada na forma deste artigo ficará disponível para pesquisa.

• *§ 1º acrescentado pela Lei nº 7.886, de 20.11.1989 e alterado pela Lei nº 9.314, de 14.11.1996.*

§ 2º. O Diretor-Geral do DNPM poderá estabelecer critérios e condições específicos a serem atendidos pelos interessados no processo de habilitação às áreas disponíveis nos termos deste artigo.

• *§ 2º acrescentado pela Lei nº 7.886, de 20.11.1989 e alterado pela Lei nº 9.314, de 14.11.1996.*

§ 3º. Decorrido o prazo fixado neste artigo, sem que tenha havido pretendentes, a área estará livre para fins de aplicação do direito de prioridade de que trata a alínea "a" do art. 11.

• *§ 3º acrescentado pela Lei nº 7.886, de 20.11.1989 e alterado pela Lei nº 9.314, de 14.11.1996.*

§ 4º. As vistorias realizadas pelo DNPM, no exercício da fiscalização dos trabalhos de pesquisa e lavra de que trata este Código, serão custeadas pelos respectivos interessados, na forma do que dispuser portaria do Diretor-Geral da referida autarquia.

• *§ 4º acrescentado pela Lei nº 7.886, de 20.11.1989 e alterado pela Lei nº 9.314, de 14.11.1996.*

Art. 27. O titular de autorização de pesquisa poderá realizar os trabalhos respectivos, e também as obras e serviços auxiliares necessários, em terrenos de domínio público ou particular, abrangidos pelas áreas a pesquisar, desde que pague aos respectivos proprietários ou posseiros uma renda pela ocupação dos terrenos e uma indenização pelos danos e prejuízos que possam ser causados pelos trabalhos de pesquisa, observadas as seguintes regras:

I – a renda não poderá exceder ao montante do rendimento líquido máximo da propriedade referido à extensão da área a ser realmente ocupada;

II – a indenização por danos causados não poderá exceder o valor venal da propriedade na extensão da área efetivamente ocupada pelos trabalhos de pesquisa, salvo no caso previsto no inciso seguinte;

III – quando os danos forem de molde a inutilizar para fins agrícolas e pastoris toda a propriedade em que estiver encravada a área necessária aos trabalhos de pesquisa, a indenização correspondente a tais danos poderá atingir o valor venal máximo de toda a propriedade;

IV – os valores venais a que se referem os incisos II e III serão obtidos por comparação com valores venais de propriedade da mesma espécie, na mesma região;

V – no caso de terrenos públicos, é dispensado o pagamento da renda, ficando o titular da pesquisa sujeito apenas ao pagamento relativo a danos e prejuízos;

VI – se o titular do Alvará de Pesquisa, até a data da transcrição do título de autorização, não juntar ao respectivo processo prova de acordo com os proprietários ou posseiros do solo acerca da renda e indenização de que trata este artigo, o Diretor-Geral do DNPM, dentro de 3 (três) dias dessa data, enviará ao Juiz de Direito da Comarca onde estiver situada a jazida, cópia do referido título;

VII – dentro de 15 (quinze) dias, a partir da data do recebimento dessa comunicação, o Juiz mandará proceder à avaliação da renda e dos danos e prejuízos a que se refere este artigo, na forma prescrita no Código de Processo Civil;

VIII – o Promotor de Justiça da Comarca será citado para os termos da ação, como representante da União;

IX – a avaliação será julgada pelo Juiz no prazo máximo de 30 (trinta) dias, contados da data do despacho a que se refere o inciso VII, não tendo efeito suspensivo os recursos que forem apresentados;

X – as despesas judiciais com o processo de avaliação serão pagas pelo titular da autorização de pesquisa;

XI – julgada a avaliação, o Juiz, dentro de 8 (oito) dias, intimará o titular a depositar quantia correspondente ao valor da renda de 2 (dois) anos e a caução para pagamento da indenização;

XII – feitos esses depósitos, o Juiz, dentro de 8 (oito) dias, intimará os proprietários ou posseiros do solo a permitirem os trabalhos de pesquisa, e comunicará seu despacho ao Diretor-Geral do DNPM e, mediante requerimento do titular da pesquisa, às autoridades policiais locais, para garantirem a execução dos trabalhos;

XIII – se o prazo da pesquisa for prorrogado, o Diretor-Geral do DNPM o comunicará ao Juiz, no prazo e condições indicadas no inciso VI deste artigo;

XIV – dentro de 8 (oito) dias do recebimento da comunicação a que se refere o inciso anterior, o Juiz intimará o titular da pesquisa a depositar nova quantia correspondente ao valor da renda relativa ao prazo de prorrogação;

XV – feito esse depósito, o Juiz intimará os proprietários ou posseiros do solo, dentro de 8 (oito) dias, a permitirem a continuação dos trabalhos de pesquisa no prazo da prorrogação, e comunicará seu despacho ao Diretor-Geral do DNPM e às autoridades locais;

XVI – concluídos os trabalhos de pesquisa, o titular da respectiva autorização e o Diretor-Geral do DNPM comunicarão o fato ao Juiz, a fim de ser encerrada a ação judicial referente ao pagamento das indenizações e da renda.

Art. 28. Antes de encerrada a ação prevista no artigo anterior, as partes que se julgarem lesadas poderão requerer ao Juiz que se lhes faça justiça.

Art. 29. O titular da autorização de pesquisa é obrigado, sob pena de sanções:

I – A iniciar os trabalhos de pesquisa:

a) dentro de 60 (sessenta) dias da publicação do Alvará de Pesquisa no Diário Oficial da União, se o titular for o proprietário do solo ou tiver ajustado com este o valor e a forma de pagamento das indenizações a que se refere o art. 27 deste Código; ou,

b) dentro de 60 (sessenta) dias do ingresso judicial na área de pesquisa, quando a avaliação da indenização pela ocupação e danos causados processar-se em juízo.

II – A não interromper os trabalhos, sem justificativa, depois de iniciados, por mais de 3 (três) meses consecutivos, ou por 120 dias acumulados e não consecutivos.

• ***Inciso II com redação dada pelo Decreto-Lei nº 318, de 14.3.1967.***

Parágrafo único. O início ou reinício, bem como as interrupções de trabalho, deverão ser prontamente comunicados ao DNPM, bem como a ocorrência de outra substância mineral útil, não constante do Alvará de Autorização.

Art. 30. Realizada a pesquisa e apresentado o relatório exigido nos termos do inciso V do art. 22, o DNPM verificará sua exatidão e, à vista de parecer conclusivo, proferirá despacho de:

• ***Art. 30, caput, com redação dada pela Lei nº 9.314, de 14.11.1996.***

I – aprovação do relatório, quando ficar demonstrada a existência de jazida;

• ***Inciso I com redação dada pela Lei nº 9.314, de 14.11.1996.***

II – não aprovação do relatório, quando ficar constatada insuficiência dos trabalhos de pesquisa ou deficiência técnica na sua elaboração;

• ***Inciso II com redação dada pela Lei nº 9.314, de 14.11.1996.***

III – arquivamento do relatório, quando ficar demonstrada a inexistência de jazida, passando a área a ser livre para futuro requerimento, inclusive com acesso do interessado ao relatório que concluiu pela referida inexistência de jazida;

• ***Inciso III com redação dada pela Lei nº 9.314, de 14.11.1996.***

IV – sobrestamento da decisão sobre o relatório, quando ficar caracterizada a impossibilidade temporária da exeqüibilidade técnico-econômica da lavra, conforme previsto no inciso III do art. 23.

• ***Inciso IV acrescentado pela Lei nº 9.314, de 14.11.1996.***

§ 1º. Na hipótese prevista no inciso IV deste artigo, o DNPM fixará prazo para o interessado apresentar novo estudo da exeqüibilidade técnico-econômica da lavra, sob pena de arquivamento do relatório.

• ***§ 1º acrescentado pela Lei nº 9.314, de 14.11.1996.***

§ 2º. Se, no novo estudo apresentado, não ficar demonstrada a exeqüibilidade técnico-econômica da lavra, o DNPM poderá conceder ao interessado, sucessivamente, novos prazos, ou colocar a área em disponibilidade, na forma do art. 32, se entender que terceiro poderá viabilizar a eventual lavra.

• ***§ 2º acrescentado pela Lei nº 9.314, de 14.11.1996.***

§ 3º. Comprovada a exeqüibilidade técnico-econômica da lavra, o DNPM proferirá, *ex officio* ou mediante provocação do interessado, despacho de aprovação do relatório.

• *§ 3º acrescentado pela Lei nº 9.314, de 14.11.1996.*

Art. 31. O titular, uma vez aprovado o Relatório, terá 1 (um) ano para requerer a concessão de lavra, e, dentro deste prazo, poderá negociar seu direito a essa concessão, na forma deste Código.

Parágrafo único. O DNPM poderá prorrogar o prazo referido no *caput*, por igual período, mediante solicitação justificada do titular, manifestada antes de findar-se o prazo inicial ou a prorrogação em curso.

• *Parágrafo único acrescentado pela Lei nº 9.314, de 14.11.1996.*

Art. 32. Findo o prazo do artigo anterior, sem que o titular, ou seu sucessor, haja requerido concessão de lavra, caducará seu direito, cabendo ao Diretor-Geral do Departamento Nacional da Produção Mineral – DNPM – mediante Edital publicado no Diário Oficial da União, declarar a disponibilidade da jazida pesquisada, para fins de requerimento da concessão de lavra.

• *Art. 32, caput, com redação dada pela Lei nº 6.403, de 15.12.1976.*

§ 1º. O Edital estabelecerá os requisitos especiais a serem atendidos pelos requerentes da concessão de lavra, consoante as peculiaridades de cada caso.

• *§ 1º acrescentado pela Lei nº 6.403, de 15.12.1976.*

§ 2º. Para determinação da prioridade à outorga da concessão de lavra, serão, conjuntamente, apreciados os requerimentos protocolizados dentro do prazo que for convenientemente fixado no Edital, definindo-se, dentre estes, como prioritário, o pretendente que a juízo do Departamento Nacional da Produção Mineral – DNPM – melhor atender aos interesses específicos do setor minerário.

• *§ 2º acrescentado pela Lei nº 6.403, de 15.12.1976.*

Art. 33. Para um conjunto de autorizações de pesquisa da mesma substância mineral em áreas contíguas, ou próximas, o titular ou titulares das autorizações, poderão, a critério do DNPM, apresentar um plano único de pesquisa e também um só Relatório dos trabalhos executados, abrangendo todo o conjunto.

Art. 34. Sempre que o Governo cooperar com o titular da autorização nos trabalhos de pesquisa, será reembolsado das despesas, de acordo com as condições estipuladas no ajuste de cooperação técnica celebrado entre o DNPM e o titular.

Art. 35. A importância correspondente às despesas reembolsadas a que se refere o artigo anterior será recolhida ao Banco do Brasil S/A, pelo titular, à conta do "Fundo Nacional de Mineração – Parte Disponível".

CAPÍTULO III – DA LAVRA

Art. 36. Entende-se por lavra o conjunto de operações coordenadas objetivando o aproveitamento industrial da jazida, desde a extração das substâncias minerais úteis que contiver, até o beneficiamento das mesmas.

Art. 37. Na outorga da lavra, serão observadas as seguintes condições:

I – a jazida deverá estar pesquisada, com o Relatório aprovado pelo DNPM;

II – a área de lavra será a adequada à condução técnico-econômica dos trabalhos de extração e beneficiamento, respeitados os limites da área de pesquisa.

Parágrafo único. Não haverá restrições quanto ao número de concessões outorgadas a uma mesma empresa.

• *Parágrafo único com redação dada pela Lei nº 9.314, de 14.11.1996.*

Art. 38. O requerimento de autorização de lavra será dirigido ao Ministro das Minas e Energia, pelo titular da autorização de pesquisa, ou seu sucessor, e deverá ser instruído com os seguintes elementos de informação e prova:

I – certidão de registro, no Departamento Nacional de Registro do Comércio, da entidade constituída;

• *Inciso I com redação dada pela Lei nº 9.314, de 14.11.1996.*

II – designação das substâncias minerais a lavrar, com indicação do Alvará de Pesquisa outorgado, e de aprovação do respectivo Relatório;

III – denominação e descrição da localização do campo pretendido para a lavra, relacionando-o, com precisão e clareza, aos vales dos rios ou córregos, constantes de mapas ou plantas de notória autenticidade e precisão, e estradas de ferro e rodovias, ou, ainda, a marcos naturais ou acidentes topográficos de inconfundível determinação; suas confrontações com autorização de pesquisa e concessões de lavra vizinhas, se as houver, e indicação do Distrito, Município, Comarca e Estado, e, ainda, nome e residência dos proprietários do solo ou posseiros;

IV – definição gráfica da área pretendida, delimitada por figura geométrica formada, obrigatoriamente, por segmentos de retas com orientação Norte-Sul e Leste-Oeste verdadeiros, com 2 (dois) de seus vértices, ou excepcionalmente 1 (um), amarrados a ponto fixo e inconfundível do terreno, sendo os vetores de amarração definidos por seus comprimentos e rumos verdadeiros, e configuradas, ainda, as propriedades territoriais por ela interessadas, com os nomes dos respectivos superficiários, além de planta de situação;

V – servidões de que deverá gozar a mina;

VI – plano de aproveitamento econômico da jazida, com descrição das instalações de beneficiamento;

VII – prova de disponibilidade de fundos ou da existência de compromissos de financiamento, necessários para execução do plano de aproveitamento econômico e operação da mina.

Parágrafo único. Quando tiver por objeto área situada na faixa de fronteira, a concessão de lavra fica ainda sujeita aos critérios e condições estabelecidas em lei.

• ***Parágrafo único com redação dada pela Lei nº 9.314, de 14.11.1996.***

Art. 39. O plano de aproveitamento econômico da jazida será apresentado em duas vias e constará de:

I – memorial explicativo;

II – projetos ou anteprojetos referentes;

a) ao método de mineração a ser adotado, fazendo referência à escala de produção prevista inicialmente e à sua projeção;

b) à iluminação, ventilação, transporte, sinalização e segurança do trabalho, quando se tratar de lavra subterrânea;

c) ao transporte na superfície e ao beneficiamento e aglomeração do minério;

d) às instalações de energia, de abastecimento de água e condicionamento de ar;

e) à higiene da mina e dos respectivos trabalhos;

f) às moradias e suas condições de habitabilidade para todos os que residem no local da mineração;

g) às instalações de captação e proteção das fontes, adução, distribuição e utilização da água, para as jazidas da Classe VIII.

- ***A Lei nº 9.314, de 14.11.1996 revogou o art. 5º deste Decreto-Lei, que dava classificação das substâncias minerais em nove classes diversas. A citada Classe VIII correspondia às "jazidas de águas minerais".***

Art. 40. O dimensionamento das instalações e equipamentos previstos no plano de aproveitamento econômico da jazida, deverá ser condizente com a produção justificada no Memorial Explicativo, e apresentar previsão das ampliações futuras.

Art. 41. O requerimento será numerado e registrado cronologicamente, no DNPM, por processo mecânico, sendo juntado ao processo que autorizou a respectiva pesquisa.

§ 1º. Ao interessado será fornecido recibo com as indicações do protocolo e menção dos documentos apresentados.

§ 2º. Quando necessário cumprimento de exigência para menor instrução do processo, terá o requerente o prazo de 60 (sessenta) dias para satisfazê-las.

§ 3º. Poderá esse prazo ser prorrogado, até igual período, a juízo do Diretor-Geral do DNPM, desde que requerido dentro do prazo concedido para cumprimento das exigências.

- ***§ 3º com redação dada pela Lei nº 9.314, de 14.11.1996.***

§ 4º. Se o requerente deixar de atender, no prazo próprio, as exigências formuladas para melhor instrução do processo, o pedido será indeferido, devendo o DNPM declarar a disponibilidade da área, para fins de requerimento de concessão de lavra, na forma do art. 32.

- ***§ 4º acrescentado pela Lei nº 9.314, de 14.11.1996.***

Art. 42. A autorização será recusada, se a lavra for considerada prejudicial ao bem público ou comprometer interesses que superem a utilidade da exploração industrial, a juízo do Governo. Neste último caso, o pesquisador terá direito de receber do Governo a indenização das despesas feitas com os trabalhos de pesquisa, uma vez que haja sido aprovado o Relatório.

Art. 43. A concessão de lavra terá por título uma portaria assinada pelo Ministro de Estado de Minas e Energia.

- ***Art. 43 com redação dada pela Lei nº 9.314, de 14.11.1996.***

Art. 44. O titular da concessão de lavra requererá ao DNPM a Posse da Jazida, dentro de noventa dias a contar da data da publicação da respectiva portaria no Diário Oficial da União.

- ***Art. 44, caput, com redação dada pela Lei nº 9.314, de 14.11.1996.***

Parágrafo único. O titular pagará uma taxa de emolumentos correspondente a quinhentas UFIR.

- ***Parágrafo único com redação dada pela Lei nº 9.314, de 14.11.1996.***
- ***A UFIR foi extinta pelo art. 29 da Lei nº 10.522, de 19.7.2002, sendo congelada no valor de R$ 1,0641.***

Art. 45. A imissão de Posse processar-se-á do modo seguinte:

I – serão intimados, por meio de ofício ou telegrama, os concessionários das minas limítrofes se as houver, com 8 (oito) dias de antecedência, para que, por si ou seus representantes possam presenciar o ato, e, em especial, assistir à demarcação; e,

II – no dia e hora determinados, serão fixados, definitivamente, os marcos dos limites da jazida que o concessionário terá para esse fim preparado, colocados precisamente nos pontos indicados no Decreto de Concessão, dando-se, em seguida, ao concessionário, a Posse da jazida.

- ***Onde se lê "Decreto de Concessão", leia-se "portaria de lavra". A expressão foi revogada tacitamente pela redação dada aos arts, 6º, II e 43 deste Decreto-Lei pela Lei nº 9.314, de 14.11.1996.***

§ 1º. Do que ocorrer, o representante do D.N.P.M lavrará termo, que assinará com o titular da lavra, testemunhas e concessionários das minas limítrofes, presentes ao ato.

§ 2º. Os marcos deverão ser conservados bem visíveis e só poderão ser mudados com autorização expressa do DNPM.

Art. 46. Caberá recurso ao Ministro das Minas e Energia contra a Imissão de Posse, dentro de 15 (quinze) dias, contados da data do ato de imissão.

Parágrafo único. O recurso, se provido, anulará a Imissão de Posse.

Art. 47. Ficará obrigado o titular da concessão, além das condições gerais que constam deste Código, ainda, às seguintes, sob pena de sanções previstas no Capítulo V:

I – iniciar os trabalhos previstos no plano de lavra, dentro do prazo de 6 (seis) meses, contados da data da publicação do Decreto de Concessão no Diário Oficial da União, salvo motivo de força maior, a juízo do DNPM;

- ***Onde se lê "Decreto de Concessão", leia-se "portaria de lavra". A expressão foi revogada tacitamente pela redação dada aos arts, 6º, II e 43 deste Decreto-Lei pela Lei nº 9.314, de 14.11.1996.***

II – lavrar a jazida de acordo com o plano de lavra aprovado pelo DNPM, e cuja segunda via, devidamente autenticada, deverá ser mantida no local da mina;

III – extrair somente as substâncias minerais indicadas no Decreto de Concessão;

- ***Onde se lê "Decreto de Concessão", leia-se "portaria de lavra". A expressão foi revogada tacitamente pela redação dada aos arts, 6º, II e 43 deste Decreto-Lei pela Lei nº 9.314, de 14.11.1996.***

IV – comunicar imediatamente ao DNPM o descobrimento de qualquer outra substância mineral não incluída no Decreto de Concessão;

- ***Onde se lê "Decreto de Concessão", leia-se "portaria de lavra". A expressão foi revogada tacitamente pela redação dada aos arts, 6º, II e 43 deste Decreto-Lei pela Lei nº 9.314, de 14.11.1996.***

V – executar os trabalhos de mineração com observância das normas regulamentares;

VI – confiar, obrigatoriamente, a direção dos trabalhos de lavra a técnico legalmente habilitado ao exercício da profissão;

VII – não dificultar ou impossibilitar, por lavra ambiciosa, o aproveitamento ulterior da jazida;

VIII – responder pelos danos e prejuízos a terceiros, que resultarem, direta ou indiretamente, da lavra;

IX – promover a segurança e a salubridade das habitações existentes no local;

X – evitar o extravio das águas e drenar as que possam ocasionar danos e prejuízos aos vizinhos;

XI – evitar poluição do ar ou da água, que possa resultar dos trabalhos de mineração;

XII – proteger e conservar as fontes, bem como utilizar as águas segundo os preceitos técnicos quando se tratar de lavra de jazida da Classe VIII;

- ***A Lei nº 9.314, de 14.11.1996 revogou o art. 5º deste Decreto-Lei, que dava classificação das substâncias minerais em nove classes diversas. A citada Classe VIII correspondia às "jazidas de águas minerais".***

XIII – tomar as providências indicadas pela Fiscalização dos órgãos Federais;

XIV – não suspender os trabalhos de lavra, sem prévia comunicação ao DNPM;

XV – manter a mina em bom estado, no caso de suspensão temporária dos trabalhos de lavra, de modo a permitir a retomada das operações;

XVI – apresentar ao Departamento Nacional da Produção Mineral – DNPM – até o dia 15 (quinze) de março de cada ano, relatório das atividades realizadas no ano anterior.

• *Inciso XVI com redação dada pela Lei nº 6.403, de 15.12.1976.*

Parágrafo único. Para o aproveitamento, pelo concessionário de lavra, de substâncias referidas no item IV deste artigo, será necessário aditamento ao seu título de lavra.

Art. 48. Considera-se ambiciosa, a lavra conduzida sem observância do plano preestabelecido, ou efetuada de modo a impossibilitar o ulterior aproveitamento econômico da jazida.

Art. 49. Os trabalhos de lavra, uma vez iniciados, não poderão ser interrompidos por mais de 6 (seis) meses consecutivos, salvo motivo comprovado de força maior.

Art. 50. O Relatório Anual das atividades realizadas no ano anterior deverá conter, entre outros, dados sobre os seguintes tópicos:

I – método de lavra, transporte e distribuição no mercado consumidor, das substâncias minerais extraídas;

II – modificações verificadas nas reservas, características das substâncias minerais produzidas, inclusive o teor mínimo economicamente compensador e a relação observada entre a substância útil e o estéril;

III – quadro mensal, em que figurem, pelo menos, os elementos de: produção, estoque, preço médio de venda, destino do produto bruto e do beneficiado, recolhimento do Imposto Único e o pagamento do Dízimo do proprietário;

• *Ver art. 155, II e § 3º e art. 176, § 2º, ambos da CF/1988.*

IV – número de trabalhadores da mina e do beneficiamento;

V – investimentos feitos na mina e nos trabalhos de pesquisa;

VI – balanço anual da empresa.

Art. 51. Quando o melhor conhecimento da jazida obtido durante os trabalhos de lavra justificar mudanças no plano de aproveitamento econômico, ou as condições do mercado exigirem modificações na escala de produção, deverá o concessionário propor as necessárias alterações ao DNPM, para exame e eventual aprovação do novo plano.

Art. 52. A lavra, praticada em desacordo com o plano aprovado pelo DNPM, sujeita o concessionário a sanções que podem ir gradativamente da advertência à caducidade.

Art. 53. A critério do DNPM, várias concessões de lavra de um mesmo titular e da mesma substância mineral, em áreas de um mesmo jazimento ou zona mineralizada, poderão ser reunidas em uma só unidade de mineração, sob a denominação de Grupamento Mineiro.

Parágrafo único. O concessionário de um Grupamento Mineiro, a juízo do DNPM, poderá concentrar as atividades da lavra em uma ou algumas das concessões agrupadas contanto que a intensidade da lavra seja compatível com a importância da reserva total das jazidas agrupadas.

Art. 54. Em zona que tenha sido declarada Reserva Nacional de determinada substância mineral, o Governo poderá autorizar a pesquisa ou lavra de outra substância mineral, sempre que os trabalhos relativos à autorização solicitada forem compatíveis e independentes dos referentes à substância da Reserva e mediante condições especiais, de conformidade com os interesses da União e da economia nacional.

Parágrafo único. As disposições deste artigo aplicam-se também a áreas específicas que estiverem sendo objeto de pesquisa ou de lavra sob regime de monopólio.

Art. 55. Subsistirá a Concessão, quanto aos direitos, obrigações, limitações e efeitos dela decorrentes, quando o concessionário a alienar ou gravar, na forma da lei.

§ 1º. Os atos de alienação ou oneração só terão validade depois de averbados no DNPM.

• ***§ 1º com redação dada pela Lei nº 9.314, de 14.11.1996.***

§ 2º. A concessão de lavra somente é transmissível a quem for capaz de exercê-la de acordo com as disposições deste Código.

• ***§ 2º com redação dada pela Lei nº 7.085, de 21.12.1982.***

§ 3º. As dívidas e gravames constituídos sobre a concessão resolvem-se com extinção desta, ressalvada a ação pessoal contra o devedor.

• ***§ 3º acrescentado pela Lei nº 7.085, de 21.12.1982.***

§ 4º. Os credores não têm ação alguma contra o novo titular da concessão extinta, salvo se esta, por qualquer motivo, voltar ao domínio do primitivo concessionário devedor.

• ***§ 4º acrescentado pela Lei nº 7.085, de 21.12.1982.***

Art. 56. A concessão de lavra poderá ser desmembrada em duas ou mais concessões distintas, a juízo do Departamento Nacional da Produção Mineral – DNPM, se o fracionamento não comprometer o racional aproveitamento da jazida e desde que evidenciadas a viabilidade técnica, a economicidade do aproveitamento autônomo das unidades mineiras resultantes e o incremento da produção da jazida.

• Art. 56, caput, com redação dada pela Lei nº 7.085, de 21.12.1982.

Parágrafo único. O desmembramento será pleiteado pelo concessionário, conjuntamente com os pretendentes às novas concessões, se for o caso, em requerimento dirigido ao Ministro das Minas e Energia, entregue mediante recibo no Protocolo do DNPM, onde será mecanicamente numerado e registrado, devendo conter, além de memorial justificativo, os elementos de instrução referidos no artigo 38 deste Código, relativamente a cada uma das concessões propostas.

• Parágrafo único com redação dada pela Lei nº 7.085, de 21.12.1982.

Art. 57. No curso de qualquer medida judicial não poderá haver embargo ou seqüestro que resulte em interrupção dos trabalhos de lavra.

Art. 58. Poderá o titular da portaria de concessão de lavra, mediante requerimento justificado ao Ministro de Estado de Minas e Energia, obter a suspensão temporária da lavra, ou comunicar a renúncia ao seu título.

• Art. 58, caput, com redação dada pela Lei nº 9.314, de 14.11.1996.

§ 1º. Em ambos os casos, o requerimento será acompanhados de um relatório dos trabalhos efetuados e do estado da mina, e suas possibilidades futuras.

§ 2º. Somente após verificação *in loco* por um de seus técnicos, emitirá o DNPM parecer conclusivo para decisão do Ministro das Minas e Energia.

§ 3º. Não aceitas as razões da suspensão dos trabalhos, ou efetivada a renúncia, caberá ao DNPM sugerir ao Ministro das Minas e Energia medidas que se fizerem necessárias à continuação dos trabalhos e a aplicação de sanções, se for o caso.

CAPÍTULO IV
DAS SERVIDÕES

Art. 59. (Revogado).

• Art. 59 revogado e renumerados os artigos seguintes pelo Decreto-Lei nº 318, de 14.3.1967.

Art. 59. Ficam sujeitas a servidões de solo e subsolo, para os fins de pesquisa ou lavra, não só a propriedade onde se localiza a jazida, como as limítrofes.

Parágrafo único. Instituem-se Servidões para:

a) construção de oficinas, instalações, obras acessórias e moradias;

b) abertura de vias de transporte e linhas de comunicações;

c) captação e adução de água necessária aos serviços de mineração e ao pessoal;

d) transmissão de energia elétrica;

e) escoamento das águas da mina e do engenho de beneficiamento;

f) abertura de passagem de pessoal e material, de conduto de ventilação e de energia elétrica;

g) utilização das aguadas sem prejuízo das atividades pre-existentes; e,

h) bota-fora do material desmontado e dos refugos do engenho.

• Art. 59, primitivo art. 60, renumerado pelo Decreto-Lei nº 318, de 14.3.1967.

Art. 60. Instituem-se as Servidões mediante indenização prévia do valor do terreno ocupado e dos prejuízos resultantes dessa ocupação.

§ 1º. Não havendo acordo entre as partes, o pagamento será feito mediante depósito judicial da importância fixada para indenização, através de vistoria ou perícia com arbitramento, inclusive da renda pela ocupação, seguindo-se o competente mandado de imissão de posse na área, se necessário.

§ 2º. O cálculo da indenização e dos danos a serem pagos pelo titular da autorização de pesquisas ou concessão de lavra, ao proprietário do solo ou ao dono das benfeitorias, obedecerá às prescrições contidas no art. 27 deste Código, e seguirá o rito estabelecido em Decreto do Governo Federal.

• Art. 60, primitivo art. 61, renumerado pelo Decreto-Lei nº 318, de 14.3.1967.

Art. 61. Se, por qualquer motivo independente da vontade do indenizado, a indenização tardar em lhe ser entregue, sofrerá, a mesma, a necessária correção monetária, cabendo ao titular da autorização de pesquisa ou concessão de lavra, a obrigação de completar a quantia arbitrada.

• Art. 61, primitivo art. 62, renumerado pelo Decreto-Lei nº 318, de 14.3.1967.

Art. 62. Não poderão ser iniciados os trabalhos de pesquisa ou lavra, antes de paga a importância relativa à indenização e de fixada a renda pela ocupação do terreno.

- *Art. 62, primitivo art. 63, renumerado pelo Decreto-Lei nº 318, de 14.3.1967.*

CAPÍTULO V – DAS SANÇÕES E DAS NULIDADES

Art. 63. O não cumprimento das obrigações decorrentes das autorizações de pesquisa, das permissões de lavra garimpeira, das concessões de lavra e do licenciamento implica, dependendo da infração, em:

- *Art. 63, primitivo art. 64, renumerado pelo Decreto-Lei nº 318, de 14.3.1967.*
- *Art. 63, caput, com redação dada pela Lei nº 9.314, de 14.11.1996.*

I – advertência;

- *Inciso I com redação dada pela Lei nº 9.314, de 14.11.1996.*

II – multa; e

- *Inciso II com redação dada pela Lei nº 9.314, de 14.11.1996.*

III – caducidade do título.

- *Inciso III com redação dada pela Lei nº 9.314, de 14.11.1996.*

§ 1º. As penalidades de advertência, multa e de caducidade de autorização de pesquisa serão de competência do DNPM.

- *§ 1º com redação dada pela Lei nº 9.314, de 14.11.1996.*

§ 2º. A caducidade da concessão de lavra será objeto de portaria do Ministro de Estado de Minas e Energia.

- *§ 2º com redação dada pela Lei nº 9.314, de 14.11.1996.*

Art. 64. A multa inicial variará de 100 (cem) a 1.000 (um mil) UFIR, segundo a gravidade das infrações.

- *Art. 64, primitivo art. 65, renumerado pelo Decreto-Lei nº 318, de 14.3.1967.*
- *Art. 64, caput, com redação dada pela Lei nº 9.314, de 14.11.1996.*
- *A UFIR foi extinta pelo art. 29 da Lei nº 10.522, de 19.7.2002, sendo congelada no valor de R$ 1,0641.*

§ 1º. Em caso de reincidência, a multa será cobrada em dobro.

§ 2º. O regulamento deste Código definirá o critério de imposição de multas, segundo a gravidade das infrações.

§ 3º. O valor das multas será recolhido ao Banco do Brasil S/A, em guia própria, à conta do "Fundo Nacional de Mineração – Parte Disponível".

Art. 65. Será declarada a caducidade da autorização de pesquisa, ou da concessão de lavra, desde que verificada qualquer das seguintes infrações:

• *Art. 65, primitivo art. 66, renumerado pelo Decreto-Lei nº 318, de 14.3.1967.*

a) caracterização formal de abandono da jazida ou mina;

b) não cumprimento dos prazos de início ou reinício dos trabalhos de pesquisa ou lavra, apesar de advertência e multa;

c) prática deliberada dos trabalhos de pesquisa em desacordo com as condições constantes do título de autorização, apesar de advertência ou multa.

d) prosseguimento de lavra ambiciosa ou de extração de substância não compreendida no Decreto de Lavra, apesar de advertência e multa; e,

e) não atendimento de repetidas observações da fiscalização, caracterizado pela terceira reincidência, no intervalo de 1 (hum) ano de infrações com multas.

§ 1º. Extinta a concessão de lavra, caberá ao Diretor-Geral do Departamento Nacional da Produção Mineral – DNPM – mediante Edital publicado no Diário Oficial da União, declarar a disponibilidade da respectiva área, para fins de requerimento de autorização de pesquisa ou de concessão de lavra.

• *§ 1º acrescentado pela Lei nº 6.403, de 15.12.1976.*

§ 2º. O Edital estabelecerá os requisitos especiais a serem atendidos pelo requerente, consoante as peculiaridades de cada caso.

• *§ 2º acrescentado pela Lei nº 6.403, de 15.12.1976.*

§ 3º. Para determinação da prioridade à outorga da autorização de pesquisa, ou da concessão de lavra, conforme o caso, serão conjuntamente apreciados os requerimentos protocolizados, dentro do prazo que for convenientemente fixado no Edital, definindo-se, dentre estes, como prioritário, o pretendente que, a juízo do Departamento Nacional da Produção Mineral – DNPM – melhor atender aos interesses específicos do setor minerário.

• *§ 3º acrescentado pela Lei nº 6.403, de 15.12.1976.*

Art. 66. São anuláveis os Alvarás de Pesquisa ou Decreto de Lavra quando outorgados com infrigência de dispositivos deste Código.

• *Art. 66, primitivo art. 67, renumerado pelo Decreto-Lei nº 318, de 14.3.1967.*

• *Onde se lê "Decreto de Lavra", leia-se "portaria de lavra". A expressão foi revogada tacitamente pela redação dada aos arts, 6º, II e 43 deste Decreto-Lei pela Lei nº 9.314, de 14.11.1996.*

§ 1º. A anulação será promovida *ex officio* nos casos de:

a) imprecisão intencional da definição das áreas de pesquisa ou lavra; e,

b) inobservância do disposto no item I do art. 22.

• *Ver art. 176, § 3º, da CF/1988.*

§ 2º. Nos demais casos, e sempre que possível, o DNPM procurará sanar a deficiência por via de atos de retificação.

§ 3º. A nulidade poderá ser pleiteada judicialmente em ação proposta por qualquer interessado, no prazo de 1 (um) ano, a contar da publicação do Decreto de Lavra no Diário Oficial da União.

Art. 67. Verificada a causa de nulidade ou caducidade da autorização ou da concessão, salvo os casos de abandono, o titular não perde a propriedade dos bens que possam ser retirados sem prejudicar o conjunto da mina.

• *Art. 67, primitivo art. 68, renumerado pelo Decreto-Lei nº 318, de 14.3.1967.*

Art. 68. O processo administrativo para declaração de nulidade ou de caducidade, será instaurado *ex officio* ou mediante denúncia comprovada.

• *Art. 68, primitivo art. 69, renumerado pelo Decreto-Lei nº 318, de 14.3.1967.*

§ 1º. O Diretor-Geral do DNPM promoverá a intimação do titular, mediante ofício e por edital, quando se encontra em lugar incerto e ignorado, para apresentação de defesa, dentro de 60 (sessenta) dias, contra os motivos argüidos na denúncia ou que deram margem à instauração do processo administrativo.

§ 2º. Findo o prazo, com a juntada da defesa ou informação sobre a sua não apresentação pelo notificado, o processo será submetido à decisão do Ministro das Minas e Energia.

§ 3º. Do despacho ministerial declaratório de nulidade ou caducidade da autorização de pesquisa, caberá:

a) pedido de reconsideração, no prazo de 15 (quinze) dias; ou

b) recurso voluntário ao Presidente da República, no prazo de 30 (trinta) dias, desde que o titular da autorização não tenha solicitado reconsideração do despacho, no prazo previsto na alínea anterior.

§ 4º. O pedido de reconsideração, não atendido, será encaminhado em grau de recurso, *ex officio*, ao Presidente da República, no prazo de 30 (trinta) dias, a contar de seu recebimento, dando-se ciência antecipada ao interessado, que poderá aduzir novos elementos de defesa, inclusive prova documental, as quais, se apresentadas no prazo legal, serão recebidas em caráter de recurso.

§ 5º. O titular de autorização declarada Nula ou Caduca, que se valer da faculdade conferida pela alínea "a" do § 3º, deste artigo, não poderá interpor recurso ao Presidente da República enquanto aguarda solução Ministerial para o seu pedido de reconsideração.

§ 6º. Somente será admitido 1 (um) pedido de reconsideração e 1 (um) recurso.

§ 7º. Esgotada a instância administrativa, a execução das medidas determinadas em decisões superiores não será prejudicada por recursos extemporâneos, pedidos de revisão e outros expedientes protelatórios.

Art. 69. O processo administrativo para aplicação das sanções de anulação ou caducidade da concessão de lavra, obedecerá ao disposto no § 1º do artigo anterior.

• Art. 69, primitivo art. 70, renumerado pelo Decreto-Lei nº 318, de 14.3.1967.

§ 1º. Concluídas todas as diligências necessárias à regular instrução do processo, inclusive juntada de defesa ou informação de não haver a mesma sido apresentada, cópia do expediente de notificação e prova de sua entrega à parte interessada, o Diretor-Geral do DNPM encaminhará os autos ao Ministro das Minas e Energia.

§ 2º. Examinadas as peças dos autos, especialmente as razões de defesa oferecidas pela Empresa, o Minisro encaminhará o processo, com relatório e parecer conclusivo, ao Presidente da República.

§ 3º. Da decisão da autoridade superior, poderá a interessada solicitar reconsideração, no prazo improrrogável de 10 (dez) dias, a contar de sua publicação no Diário Oficial da União, desde que seja instruído com elementos novos que justifiquem reexame da matéria.

CAPÍTULO VI – DA GARIMPAGEM, FAISCAÇÃO E CATA

• Arts. 70 a 77, tacitamente revogados pela Lei nº 7.805, de 18.7.1989, que cria o regime de permissão de lavra garimpeira. Por não ser revogação explícita, mantemos o texto como imformação ao leitor. Ver Lei nº 7.805, nesta edição.

Art. 70. *Considera-se:*

• Art. 70, primitivo art. 71, renumerado pelo Decreto-Lei nº 318, de 14.3.1967.

I – garimpagem, o trabalho individual de quem utilize instrumentos rudimentares, aparelhos manuais ou máquinas simples e portáteis, na extração de pedras preciosas, semi-preciosas e minerais metálicos ou não metálicos, valiosos, em depósitos de eluvião ou aluvião, nos álveos de cursos d'água ou nas margens reservadas, bem como nos depósitos secundários ou chapadas (grupiaras), vertentes e altos de morros, depósitos esses genericamente denominados garimpos.

II – faiscação, o trabalho individual de quem utilize instrumentos rudimentares, aparelhos manuais ou máquinas simples e portáteis, na extração de metais nobres nativos em depósitos de eluvião ou aluvião, fluviais ou marinhos, depósitos esses genericamente denominados faisqueiras; e,

III – cata, o trabalho individual de quem faça, por processos equiparáveis aos de garimpagem e faiscação, na parte decomposta dos afloramentos dos filões e veeiros, a extração de substâncias minerais úteis, sem o emprego de explosivos, e as apure por processos rudimentares.

Art. 71. Ao trabalhador que extrai substâncias minerais úteis, por processo rudimentar e individual de mineração, garimpagem, faiscação ou cata, denomina-se genericamente, garimpeiro.

• ***Art. 71, primitivo art. 72, renumerado pelo Decreto-Lei nº 318, de 14.3.1967.***

Art. 72. Caracteriza-se a garimpagem, a faiscação e a cata:

• ***Art. 72, primitivo art. 73, renumerado pelo Decreto-Lei nº 318, de 14.3.1967.***

I – pela forma rudimentar de mineração;

II – pela natureza dos depósitos trabalhados; e,

III – pelo caráter individual do trabalho, sempre por conta própria.

Art. 73. Dependem de permissão do Governo Federal, a garimpagem, a faiscação ou a cata, não cabendo outro ônus ao garimpeiro, senão o pagamento da menor taxa remuneratória cobrada pelas Coletorias Federais a todo aquele que pretender executar esses trabalhos.

• ***Art. 73, primitivo art. 74, renumerado pelo Decreto-Lei nº 318, de 14.3.1967.***

• ***Extinto o regime de matrícula pela Lei nº 7.805, de 18.7.1989.***

§ 1º. Essa permissão constará de matrícula do garimpeiro, renovada anualmente nas Coletorias Federais dos Municípios onde forem realizados esses trabalhos, e será válida somente para a região jurisdicionada pela respectiva exatoria que a concedeu.

§ 2º. A matrícula, que é pessoal, será feita a requerimento verbal do interessado e registrada em livro próprio da Coletoria Federal, mediante a apresentação do comprovante de quitação do imposto sindical e o pagamento da mesma taxa remuneratória cobrada pela Coletoria.

• § 2º com redação dada pelo Decreto-Lei nº 318, de 14.3.1967.

§ 3º. Ao garimpeiro matriculado será fornecido um Certificado de Matrícula, do qual constará seu retrato, nome, nacionalidade, endereço, e será o documento oficial para o exercício da atividade dentro da zona nele especificada.

§ 4º. Será apreendido o material de garimpagem, faiscação ou cata quando o garimpeiro não possuir o necessário Certificado de Matrícula, sendo o produto vendido em hasta pública e recolhido ao Banco do Brasil S/A, à conta do "Fundo Nacional de Mineração – Parte Disponível".

Art. 74. *Dependem de consentimento prévio do proprietário do solo as permissões para garimpagem, faiscação ou cata, em terras ou águas de domínio privado.*

• Art. 74, primitivo art. 75, renumerado pelo Decreto-Lei nº 318, de 14.3.1967.

Parágrafo único. *A contribuição do garimpeiro ajustada com o proprietário do solo para fazer garimpagem, faiscação, ou cata não poderá exceder a dízimo do valor do imposto único que for arrecadado pela Coletoria Federal da Jurisdição local, referente à substância encontrada.*

Art. 75. *É vedada a realização de trabalhos de garimpagem, faiscação ou cata, em área objeto de autorização de pesquisa ou concessão de lavra.*

• Art. 75, primitivo art. 76, renumerado pelo Decreto-Lei nº 318, de 14.3.1967.

• Art. 75 com redação dada pela Lei nº 6.403, de 15.12.1976.

Art. 76. *Atendendo aos interesses do setor minerário, poderão, a qualquer tempo, ser delimitadas determinadas áreas nas quais o aproveitamento de substâncias minerais far-se-á exclusivamente por trabalhos de garimpagem, faiscação ou cata, consoante for estabelecido em Portaria do Ministro das Minas e Energia, mediante proposta do Diretor-Geral do Departamento Nacional da Produção Mineral.*

• Art. 76, primitivo art. 77, renumerado pelo Decreto-Lei nº 318, de 14.3.1967.

• Art. 76 com redação dada pela Lei nº 6.403, de 15.12.1976.

Art. 77. *O imposto referente às substâncias minerais oriundas de atividades de garimpagem, faiscação ou cata, será pago pelos compradores ou beneficiadores autorizados por Decreto do Governo Federal, de acordo com os dispositivos da lei específica.*

• ***Art. 77, primitivo art. 78, renumerado pelo Decreto-Lei nº 318, de 14.3.1967.***

Art. 78. Por motivo de ordem pública, ou em se verificando malbaratamento de determinada riqueza mineral, poderá o Ministro das Minas e Energia, por proposta do Diretor-Geral do DNPM, determinar o fechamento de certas áreas às atividades de garimpagem, faiscação ou cata, ou excluir destas a extração de determinados minerais.

• ***Art. 78, primitivo art. 79, renumerado pelo Decreto-Lei nº 318, de 14.3.1967.***

CAPÍTULO VII – DA EMPRESA DE MINERAÇÃO

• ***Capítulo VII, suprimido pela Lei nº 9.314, de 14.11.1996.***

Art. 79. (Revogado)

• ***Art. 79, primitivo art. 80, renumerado pelo Decreto-Lei nº 318, de 14.3.1967.***

• ***Art. 79 revogado pela Lei nº 9.314, de 14.11.1996***

Art. 80. (Revogado).

• ***Art. 80, primitivo art. 79, renumerado pelo Decreto-Lei nº 318, de 14.3.1967.***

• ***Art. 80 revogado pela Lei nº 9.314, de 14.11.1996***

CAPÍTULO VII – DAS DISPOSIÇÕES FINAIS

• ***Primitivo Capítulo VIII, renumerado pela Lei nº 9.314, de 14.11.1996***

Art. 81. As empresas que pleitearem autorização para pesquisa ou lavra, ou que forem titulares de direitos minerários de pesquisa ou lavra, ficam obrigadas a arquivar no DNPM, mediante protocolo, os estatutos ou contratos sociais e acordos de acionistas em vigor, bem como as futuras alterações contratuais ou estatutárias, dispondo neste caso do prazo máximo de trinta dias após registro no Departamento Nacional de Registro de Comércio.

• ***Art. 81, primitivo art. 82, renumerado pelo Decreto-Lei nº 318, de 14.3.1967.***

• ***Art. 81, caput, com redação dada pela Lei nº 9.314, de 14.11.1996***

Parágrafo único. O não cumprimento do prazo estabelecido neste artigo ensejará as seguintes sanções:

• ***Parágrafo único, caput, com redação dada pela Lei nº 9.314, de 14.11.1996***

I – advertência;

• *Inciso I acrescentado pela Lei nº 9.314, de 14.11.1996*

II – multa, a qual será aplicada em dobro no caso de não atendimento das exigências objeto deste artigo, no prazo de trinta dias da imposição da multa inicial, e assim sucessivamente, a cada trinta dias subseqüentes.

• *Inciso II acrescentado pela Lei nº 9.314, de 14.11.1996*

Art. 82. (Revogado).

• *Art. 82, primitivo art. 83, renumerado pelo Decreto-Lei nº 318, de 14.3.1967.*

• *Art. 82 revogado pela Lei nº 9.314, de 14.11.1996*

Art. 83. Aplica-se à propriedade mineral o direito comum, salvo as restrições impostas neste Código.

• *Art. 83, primitivo art. 84, renumerado pelo Decreto-Lei nº 318, de 14.3.1967.*

Art. 84. A jazida é bem imóvel, distinto do solo onde se encontra, não abrangendo a propriedade deste o minério ou a substância mineral útil que a constitui.

• *Art. 84, primitivo art. 85, renumerado pelo Decreto-Lei nº 318, de 14.3.1967.*

Art. 85. O limite subterrâneo da jazida ou mina é o plano vertical coincidente com o perímetro definidor da área titulada, admitida, em caráter excepcional, a fixação de limites em profundidade por superfície horizontal.

• *Art. 85, primitivo art. 86, renumerado pelo Decreto-Lei nº 318, de 14.3.1967.*

• *Art. 85, caput, com redação dada pela Lei nº 9.314, de 14.11.1996*

§ 1º. A iniciativa de propor a fixação de limites no plano horizontal da concessão poderá ser do titular dos direitos minerários preexistentes ou do DNPM, *ex officio*, cabendo sempre ao titular a apresentação do plano dos trabalhos de pesquisa, no prazo de noventa dias, contado da data de publicação da intimação no Diário Oficial da União, para fins de prioridade na obtenção do novo título.

• *§ 1º acrescentado pela Lei nº 9.314, de 14.11.1996*

§ 2º. Em caso de inobservância pelo titular de direitos minerários preexistentes no prazo a que se refere o parágrafo anterior, o DNPM poderá colocar em disponibilidade o título representativo do direito minerário decorrente do desmembramento.

• *§ 2º acrescentado pela Lei nº 9.314, de 14.11.1996*

§ 3º. Em caráter excepcional, *ex officio* ou por requerimento de parte interessada, poderá o DNPM, no interesse do setor mineral, efetuar a limitação de jazida por superfície horizontal, inclusive em áreas já tituladas.

• *§ 3º acrescentado pela Lei nº 9.314, de 14.11.1996*

§ 4º. O DNPM estabelecerá, em portaria, as condições mediante as quais os depósitos especificados no *caput* poderão ser aproveitados, bem como os procedimentos inerentes à outorga da respectiva titulação, respeitados os direitos preexistentes e as demais condições estabelecidas neste artigo.

• *§ 4º acrescentado pela Lei nº 9.314, de 14.11.1996*

Art. 86. Os titulares de concessões de minas próximas ou vizinhas, abertas ou situadas sobre o mesmo jazimento ou zona mineralizada, poderão obter permisão para formação de um Consórcio de Mineração, mediante Decreto do Governo Federal objetivando incrementar a produtividade da extração ou a sua capacidade.

• *Art. 86, primitivo art. 87, renumerado pelo Decreto-Lei nº 318, de 14.3.1967.*

§ 1º. Do requerimento pedindo a constituição do Consórcio de Mineração deverá constar:

I – Memorial justificativo dos benefícios resultantes da formação do Consórcio, com indicação dos recursos econômicos e financeiros de que disporá a nova entidade;

II – Minuta dos Estatutos do Consórcio, plano de trabalhos a realizar, e enumeração das providências e favores que esperam merecer do Poder Público.

§ 2º. A nova entidade, Consórcio de Mineração, ficará sujeita a condições fixadas em Caderno de Encargos, anexado ao ato institutivo da concessão e que será elaborado por Comissão especificamente nomeada.

Art. 87. Não se impedirá por ação judicial de quem quer que seja o prosseguimento da pesquisa ou lavra.

• *Art. 87, primitivo art. 88, renumerado pelo Decreto-Lei nº 318, de 14.3.1967.*

Parágrafo único. Após a decretação do litígio, será procedida a necessária vistoria *ad perpetuam rei memoriam* afim de evitar-se solução de continuidade dos trabalhos.

Art. 88. Ficam sujeitas à fiscalização direta do DNPM, todas as atividades concernentes à mineração, ao comércio e à industrialização de matérias-primas minerais, nos limites estabelecidos em Lei.

• *Art. 88, primitivo art. 89, renumerado pelo Decreto-Lei nº 318, de 14.3.1967.*

Parágrafo único. Exercer-se-á fiscalização para o cumprimento integral das disposições legais, regulamentares ou contratuais.

Art. 89. (Revogado).

• Art. 89, primitivo art. 90, renumerado pelo Decreto-Lei nº 318, de 14.3.1967.

• Art. 89 revogado pelo Decreto-Lei nº 1.038, de 21.10.1969.

Art. 90. Quando se verificar em jazida em lavra a concorrência de minerais radioativos ou apropriados ao aproveitamento dos misteres da produção de energia nuclear, a concessão só será mantida caso o valor econômico da substância mineral, objeto do decreto de lavra, seja superior ao dos minerais nucleares que contiver.

• Art. 90, primitivo art. 91, renumerado pelo Decreto-Lei nº 318, de 14.3.1967.

• Ver CF/1988, arts. 21, XXIII; 22, XXVI e 177, V.

§ 1º. (Revogado).

• § 1º revogado pelo Decreto-Lei nº 330, de 13.9.1967.

§ 2º. Quando a inesperada ocorrência de minerais radioativos e nucleares associados suscetíveis de aproveitamento econômico predominar sobre a substância mineral constante do título de lavra, a mina poderá ser desapropriada.

§ 3º. Os titulares de autorizações de pesquisa ou de concessões de lavra, são obrigados a comunicar, ao Ministério das Minas e Energia, qualquer descoberta que tenham feito de minerais radioativos ou nucleares associados à substância mineral mencionada no respectivo título, sob pena de sanções.

§ 4º. (Revogado).

• § 4º revogado pelo Decreto-Lei nº 330, de 13.9.1967.

§ 5º. (Revogado).

• § 5º revogado pelo Decreto-Lei nº 330, de 13.9.1967.

Art. 91. A Empresa de mineração que, comprovadamente, dispuser do recurso dos métodos de prospecção aérea poderá pleitear permisão para realizar Reconheciento Geológico por estes métodos, visando obter informações preliminares regionais necessárias à formulação de requerimento de autorização de pesquisa, na forma do que dispuser o Regulamento deste Código.

• Art. 91, primitivo art. 92, renumerado pelo Decreto-Lei nº 318, de 14.3.1967.

§ 1º. As regiões assim permissionadas não se subordinam aos limites previstos no art. 25 deste Código.

§ 2º. A permissão será dada por autorização expressa do Diretor-Geral do DNPM, com prévio assentimento do Conselho de Segurança Nacional.

- *Ver art. 91, § 1º, III, da CF/1988, que que institui o Conselho de Defesa Nacional.*

§ 3º. A permissão do Reconhecimento Geológico será outorgada pelo prazo máximo e improrrogável de 90 (noventa) dias, a contar da data da publicação do Diário Oficial.

§ 4º. A permissão do Reconhecimento Geológico terá caráter precário, e atribui à Empresa tão-somente o direito de prioridade para obter a autorização de pesquisa dentro da região permissionada, desde que requerida no prazo estipulado no parágrafo anterior, obedecidos os limites de áreas previstas no art. 25.

§ 5º. A Empresa de Mineração fica obrigada a apresentar ao DNPM os resultados do Reconhecimento procedido, sob pena de sanções.

Art. 92. O DNPM manterá registros próprios dos títulos minerários.

- ***Art. 92, primitivo art. 93, renumerado pelo Decreto-Lei nº 318, de 14.3.1967.***
- ***Art. 92 com redação dada pela Lei nº 9.314, de 14.11.1996.***

Art. 93. Serão publicados no Diário Oficial da União os alvarás de pesquisa, as portarias de lavra e os demais atos administrativos deles decorrentes.

- ***Art. 93, primitivo art. 94, renumerado pelo Decreto-Lei nº 318, de 14.3.1967.***
- ***Art. 93, caput, com redação dada pela Lei nº 9.314, de 14.11.1996.***

Parágrafo único. (Suprimido).

- ***Parágrafo único suprimido pela Lei nº 9.314, de 14.11.1996.***

Art. 94. Será sempre ouvido o DNPM quando o Governo Federal tratar de qualquer assunto referente à matéria-prima mineral ou ao seu produto.

- ***Art. 94, primitivo art. 95, renumerado pelo Decreto-Lei nº 318, de 14.3.1967.***

Art. 95. Continuam em vigor as autorizações de pesquisa e concessões de lavra outorgadas na vigência da legislação anterior, ficando, no entanto, sua execução sujeita à observância deste Código.

- ***Art. 95, primitivo art. 96, renumerado pelo Decreto-Lei nº 318, de 14.3.1967.***

Art. 96. A lavra de jazida será organizada e conduzida na forma da Constituição.

• ***Art. 96 acrescentado pela Lei nº 9.314, de 14.11.1996.***

Art. 97. O Governo Federal expedirá os Regulamentos necessários à execução deste Código, inclusive fixando os prazos de tramitação dos processos.

Art. 98. Esta Lei entrará em vigor no dia 15 de março de 1967, revogadas as disposições em contrário.

Brasília, 28 de fevereiro de 1967, 146º da Independência e 79º da República.

H. Castello Branco – Octavio Bulhões

DOU de 28.2.1967

REGULAMENTO DO CÓDIGO DE MINERAÇÃO

DECRETO Nº 62.934, DE 2 DE JULHO DE 1968

Aprova o Regulamento do Código de Mineração

O Presidente da República, usando da atribuição que lhe confere o art. 83, item II, da Constituição e tendo em vista o disposto no art. 97 do Decreto-Lei nº 227, de 28 de fevereiro de 1967, alterado pelo Decreto-Lei nº 318, de 14 de março de 1967 e pelo Decreto-Lei nº 330, de 13 de setembro de 1967,

Decreta:

Art. 1º. Fica aprovado o Regulamento do Código de Mineração, que com este baixa, assinado pelo Ministro das Minas e Energia.

Art. 2º. Este Decreto entrará em vigor na data de sua publicação, revogadas as disposições em contrário.

Brasília, 2 de julho de 1968; 147º da Independência e 80º da República.

A. Costa e Silva – José Costa Cavalcanti

REGULAMENTO DO CÓDIGO DE MINERAÇÃO

CAPÍTULO I – DAS DISPOSIÇÕES PRELIMINARES

Art. 1º. Este Regulamento dispõe sobre:

I – os direitos relativos às massas individualizadas de substâncias minerais ou fósseis, encontradas na superfície ou no interior da terra, formando os recursos minerais do país;

II – o regime de sua exploração e aproveitamento;

III – a fiscalização, pelo Governo Federal, da pesquisa, da lavra e de outros aspectos da indústria mineral.

Art. 2º. É da competência da União administrar os recursos minerais, a indústria de produção mineral e a distribuição, o comércio e o consumo de produtos minerais.

Art. 3º. A jazida é bem imóvel, distinto do solo onde se encontra, não abrangendo a propriedade deste o minério ou a substância mineral útil que a constitui.

Art. 4º. O limite subterrâneo da jazida ou mina será sempre a superfície vertical que passar pelo perímetro da área autorizada ou concedida.

Art. 5º. Aplica-se à propriedade mineral o direito comum, salvo as restrições impostas no Código de Mineração e neste Regulamento.

CAPÍTULO II
DA CONCEITUAÇÃO E CLASSIFICAÇÃO DAS JAZIDAS E DAS MINAS

Art. 6º. Considera-se jazida toda massa individualizada de substância mineral ou fóssil de valor econômico, aflorando à superfície ou existente no interior da terra; considera-se mina a jazida em lavra, ainda que suspensa.

Art. 7º. Classificam-se as jazidas, para efeito deste Regulamento, em 8 (oito) classes:

Classe I – jazidas de substâncias minerais metalíferas;

Classe II – jazidas de substâncias minerais de emprego imediato na construção civil;

Classe III – jazidas de fertilizantes;

Classe IV – jazidas de combustíveis fósseis sólidos;

Classe V – jazidas de rochas betuminosas e pirobetuminosas;

Classe VI – jazidas de gemas e pedras ornamentais;

Classe VII – jazidas de minerais industriais, não incluídas nas classes precedentes;

Classe VIII – jazidas de águas minerais.

§ 1º. A classificação deste artigo não abrange as jazidas de águas subterrâneas, de petróleo, gases naturais e outros hidrocarbonetos fluídos, gases raros e de substâncias minerais de uso na energia nuclear.

§ 2º. Tratando-se de substância mineral de destinação múltipla, sua classificação resultará da aplicação predominante, que terá em vista a quantidade ou o seu valor econômico.

Art. 8º. As substâncias minerais, relacionados em cada classe, têm a seguinte especificação:

Classe I – minérios de: alumínio, antimônio, arsênico, berilio, bismuto, cádmio, cério, césio, cobalto, cromo, chumbo, cobre, escândio, estanho, ferro, germânio, gálio, háfnio, ítrio, irídio, índio, lítio, manganês, magnésio, mercúrio, molibdênio, nióbio, níquel, ouro, ósmio, prata, platina, paládio, rádio, rênio, ródio, rubídio, rutênio, selênio, tálio, tântalo, telúrio, titânio, tungstênio, vanádio, xenotímio, zinco, zircônio.

Classe II – ardósias, areias, cascalhos, quartzitos e saibros, quando utilizados *in natura* para o preparo de agregados, argamassa ou como pedra de talhe, e não se destinem, como matéria-prima, à indústria de transformação.

• ***Classe II com redação pelo art. 1º, do Decreto nº 95.002, de 5.10.1987.***

Classe III – fosfatos, guano, sais de potássio e salitre.

Classe IV – carvão, linhito, turfa e sapropelitos.

Classe V – rochas betuminosas e pirobetuminosas.

Classe VI – gemas e pedras ornamentais.

Classe VII – substâncias minerais industriais, não incluídas nas classes precedentes:

a) anfibólios, areias de fundição, argilas, argilas refratárias, andalusita, agalmatolitos, asbestos, ardósias, anidrita, andofilita, bentonitas, barita, boratos, calcários, calcários coralíneos, calcita, caulim, celestita, cianita, conchas calcárias, córidon, crisotila, diatomitos, dolomitos, diamantes industriais, dumortierita, enxofre, estroncianita, esteatitos, feldspatos, filitos, fluorita, gipso, grafita, granada, hidrargilita, leucita, leucofilito, magnesita, mármore, micas, ocre, pinguita, pirita, pirofilíta, quartzo, quartzito, silimanita, sais de bromo, sais de iodo, salgema, saponito, sílex, talco, tremolita, tripolito, vermiculita, wollastonita;

b) basalto, gnaisses, granitos, quaisquer outras substâncias minerais, quando utilizadas para produção de britas ou sujeitas a outros processos industriais de beneficiamento.

• ***Classe VII com redação pelo art. 1º, do Decreto nº 95.002, de 5.10.1987.***

Classe VIII – águas minerais.

Art. 9º. Classificam-se as minas, segundo a forma representativa do direito de lavra, em duas categorias:

I – mina manifestada, a em lavra, ainda, que transitoriamente suspensa a 16 de julho de 1934 e que tenha sido manifestada na conformidade do art. 10 do Decreto nº 24.642, de 10 de julho de 1934 e da Lei nº 94, de 10 de setembro de 1935;

II – mina concedida, a objeto de concessão de lavra.

Art. 10. Consideram-se partes integrantes da mina:

a) os edifícios, construções, máquinas, aparelhos e instrumentos destinados à mineração e ao beneficiamento do produto da lavra, desde que este seja realizado nas áreas de concessão ou de servidão da mina;

b) as servidões indispensáveis ao exercício da lavra;

c) os animais e veículos empregados no serviço;

d) os materiais necessários aos trabalhos de lavra dentro da área concedida;

e) as provisões necessárias aos trabalhos de lavra, para um período de 120 (cento e vinte) dias.

CAPÍTULO III – DO REGIME DE EXPLORAÇÃO E APROVEITAMENTO DAS SUBSTÂNCIAS MINERAIS

Art. 11. Os regimes de exploração e aproveitamento das substâncias minerais são os seguintes:

I – Regime de Autorização;

II – Regime de Concessão;

III – Regime de Licenciamento;

IV – Regime de Matrícula;

• Inciso IV tacitamente revogado pela Lei nº 7.805, de 18.7.1989.

V – Regime de Monopólio.

Parágrafo único. A Autorização depende de alvará do Ministro das Minas e Energia; a Concessão, de decreto do Governo Federal; o Licenciamento, de licença expedida em obediência a regulamentos administrativos locais, de inscrição do contribuinte no órgão próprio do Ministério da Fazenda e de registro da licença, acompanhada da planta da respectiva área, no Departamento Nacional da Produção Mineral (DNPM); a Matrícula, de registro do garimpeiro na Exatoria Federal onde se localize a jazida; o Monopólio, quando instituído em lei especial.

Art. 12. A autorização de pesquisa ou a concessão de lavra serão conferida, exclusivamente, a brasileiro ou a sociedade organizada no País, autorizada a funcionar como empresa de mineração.

Parágrafo único. Independe de concessão o aproveitamento da minas manifestadas e registradas, as quais, no entanto, ficam sujeitas às condições estabelecidas neste Regulamento, relativamente à lavra, à tributação e à fiscalização das minas concedidas.

Art. 13. *É facultado ao proprietário do solo ou a quem dele tiver autorização, o aproveitamento pelo Regime de Licenciamento das jazidas enquadradas na Classe II, desde que os materiais sejam utilizados in natura, no preparo de agregados, pedras de talhe ou argamassas, e não se destinem, como matérias-primas, à indústria de transformação.*

§ 1º. O licenciamento fica sujeito à inscrição do contribuinte no órgão próprio do Ministério da Fazenda, para efeito do pagamento do imposto único sobre minerais, e a registro da licença, acompanhada da planta da respectiva área, no DNPM.

§ 2º. Após o licenciamento, o interessado poderá optar pelos Regimes de Autorização e de Concessão, que serão obrigatórios se ficar positivada, no curso dos trabalhos, a ocorrência comercial de substância mineral não enquadrável na Classe II.

§ 3º. Não estão sujeitos aos preceitos deste Regulamento os trabalhos de movimentação de terras e de desmonte de materiais in natura, necessários à abertura de vias de transporte, obras gerais de terraplanagem e de edificações.

• Art. 13, tacitamente revogado pela Lei nº 6.567, de 24.9.1978.

Art. 14. *Far-se-á pelo Regime de Matrícula o aproveitamento definido e caracterizado como garimpagem, faiscação ou cata.*

• ***Art. 14, tacitamente revogado pela Lei nº 7.805, de 18.7.1989.***

Art. 15. Reger-se-ão por Leis especiais:

I – as jazidas de substâncias minerais objeto de monopólio estatal;

II – as substâncias minerais ou fósseis de interesse arqueológico;

III – os espécimes minerais ou fósseis, destinados a museus, estabelecimentos de ensino e outros fins científicos;

IV – as jazidas de águas subterrâneas.

Parágrafo único. As águas minerais em fase de lavra reger-se-ão pelas disposições do Código de Mineração e deste Regulamento, ressalvadas as prescrições do Código de Águas Minerais.

CAPÍTULO IV – DO DIREITO DE PRIORIDADE

Art. 16. Constitui direito de prioridade a precedência de entrada no DNPM do requerimento de autorização de pesquisa em área considerada livre, ou de concessão de lavra de jazida declarada em disponibilidade, designando-se por "prioritário" o respectivo requerente.

Art. 17. O requerimento de autorização de pesquisa ou de concessão de lavra será indeferido e arquivado, por despacho do Diretor-Geral do DNPM:

I – se a área for objeto de pedido anterior de autorização de pesquisa ou de concessão de lavra de jazida em disponibilidade;

II – se a área estiver subordinada ao direito de requerer a lavra, assegurado ao titular de autorização de pesquisa, ou sucessor, em decorrência de aprovação de relatório de pesquisa;

III – se a área estiver sujeita à autorização de pesquisa, concessão de lavra, manifesto de mina ou Reconhecimento Geológico.

§ 1º. Ocorrendo interferência apenas parcial da área requerida com qualquer das referidas nos itens I, II e III deste artigo e desde que a pesquisa, na área remanescente se justificar, técnica e economicamente, a critério do DNPM, o requerente será, previamente consultado se lhe interessa reajustar seu pedido.

§ 2º. Indeferido o requerimento, nenhum direito terá adquirido o requerente com a protocolização do pedido.

CAPÍTULO V – DA AUTORIZAÇÃO DE PESQUISA

Art. 18. Entende-se por pesquisa mineral a execução dos trabalhos necessários à definição da jazida, sua avaliação e determinação da exeqüibilidade de seu aproveitamento econômico.

§ 1º. A pesquisa mineral compreende, entre outros, os seguintes trabalhos de campo e de laboratório: levantamentos geológicos pormenorizados da área a pesquisar, em escala conveniente; estudos dos afloramentos e suas correlações, levantamentos geofísicos e geoquímicos; abertura de escavações visitáveis e execução de sondagens no corpo mineral; amostragens sistemáticas; análises físicas e químicas das amostras e dos testemunhos de sondagens; e ensaios de beneficiamento dos minérios ou das substâncias minerais úteis, para obtenção de concentrados de acordo com as especificações do mercado ou aproveitamento industrial.

§ 2º. A definição da jazida resultará da coordenação, correlação e interpretação dos dados colhidos nos trabalhos executados, e conduzirá a uma medida das reservas e dos teores dos minerais encontrados.

§ 3º. A exeqüibilidade do aproveitamento econômico resultará da análise preliminar dos custos da produção, dos fretes e do mercado.

Art. 19. Os trabalhos de pesquisa serão executados sob a responsabilidade de engenheiro de minas ou de geólogo, habilitado a exercer a profissão.

Art. 20. O pedido de autorização de pesquisa será formulado em requerimento, em duas vias, dirigido ao Ministro das Minas e Energia, entregue mediante recibo no Protocolo do DNPM onde será mecânica e cronologicamente numerado e registrado, devendo conter em duplicata, os seguintes elementos de informação e prova:

I – tratando-se de pessoa física, prova de nacionalidade brasileira, estado civil, profissão e domicílio do requerente; tratando-se de pessoa jurídica, indicação do título de autorização para funcionar como Empresa de Mineração e de seu registro no órgão de Registro do Comércio de sua sede;

• ***Inciso I, tacitamente revogado pelo art. 1º, da Lei nº 6.403, de 15.12.1976. Ver item I, do art. 16 do Código de Mineração.***

II – designação das substâncias a pesquisar, a área em hectares, denominação e descrição da localização da área pretendida em relação aos principais acidentes topográficos da região, nome dos proprietários ou posseiros das terras abrangidas pelo perímetro delimitador da área, Distrito, Município, Comarca e Estado;

• ***Inciso II, tacitamente revogado pelo art. 1º, da Lei nº 7.085, de 21.12.1982. Ver item III, do art. 16 do Código de Mineração.***

III – planta, figurando os principais elementos de reconhecimento, tais como ferrovias, rodovias, pontes, túneis, marcos quilométricos, rios, córregos, lagos, vilas, divisas das propriedades atingidas e das confrontantes, bem assim a definição gráfica da área em escala adequada, por figura geométrica, obrigatoriamente formada por segmentos de retas com orientação Norte-Sul e Leste-Oeste verdadeiros, com 2 (dois) de seus vértices, ou excepcionalmente 1 (um), amarrado a ponto fixo e inconfundível do terreno sendo os vetores de amarração definidos por seus comprimentos e rumos verdadeiros;

IV – planta de situação da área;

V – plano dos trabalhos de pesquisa, convenientemente locados em esboço geológico, com orçamento previsto para sua execução, de responsabilidade de técnico legalmente habilitado;

VI – indicação de fonte de recursos ou da disponibilidade de fundos para o custeio dos trabalhos de pesquisa, comprovada mediante atestado fornecido por estabelecimento de crédito, no qual se declare possuir o requerente "recursos suficientes para o investimento previsto no plano de pesquisa", ou apresentação de contrato de financiamento com entidade de crédito ou de investimento, sendo facultado ao DNPM solicitar ao Banco Central do Brasil confirmação do atestado fornecido pelo estabelecimento de crédito;

VII – prova de assentimento da Comissão Especial da Faixa de Fronteiras, se a área de pesquisa se situar dentro de sua jurisdição.

§ 1º. Tratando-se de autorização requerida em terreno de terceiros, o plano de pesquisa deverá incluir, obrigatoriamente, o cronograma de sua realização.

§ 2º. O requerente e o técnico poderão ser interpelados pelo DNPM para justificar o plano de pesquisa e respectivo orçamento, bem como a garantia do suprimento de recursos necessários ao custeio dos trabalhos.

§ 3º. Será formulada exigência, para retificação da área objetivada no requerimento quando exceder em até 3% (três por cento) o limite máximo da Classe a que pertencer a substância mineral pleiteada para pesquisa.

• § 3º com redação dada pelo Decreto nº 88.814, de 4.10.1983.

§ 4º. Será formulada exigência, para adequação da área objetivada em requerimento, quando for inferior em até 3% (três por cento) o limite fixado no § 4º do art. 29 deste Regulamento.

• § 4º com redação dada pelo Decreto nº 88.814, de 4.10.1983.

§ 5º. Se a área objetivada estiver em desacordo com os limites fixados nos §§ 3º e 4º, o requerimento de autorização de pesquisa será indeferido, e não será considerado para efeito de oneração da área.

• § 5º com redação dada pelo Decreto nº 88.814, de 4.10.1983.

§ 6º. O pedido de autorização de pesquisa não poderá pleitear mais de uma área, sob pena de indeferimento, e não será considerado para efeito de oneração de quaisquer das áreas.

• § 6º com redação dada pelo Decreto nº 88.814, de 4.10.1983.

Art. 21. O requerimento desacompanhado dos elementos de informação e prova mencionados nos itens I, II, III e IV do artigo anterior, será indeferido de plano pelo Diretor-Geral do DNPM.

§ 1º. O requerente terá o prazo de 60 (sessenta) dias, contado da data da protocolização do pedido no DNPM para apresentar os documentos referidos nos itens V e VI do artigo anterior.

§ 2º. Será de 60 (sessenta) dias, a contar da data da publicação no *Diário Oficial* da União, o prazo para cumprimento de exigências formuladas pelo DNPM sobre dados complementares ou elementos necessários à melhor instrução do processo.

§ 3º. Esgotado o prazo do § 1º, ou o do § 2º sem o cumprimento da exigência, o requerimento será indeferido pelo Diretor-Geral do DNPM e, em seguida, arquivado, cabendo ao interessado o direito à devolução de uma das vias das peças apresentadas em duplicata e dos documentos públicos.

Art. 22. *Encontrando-se livre a área e satisfeitas as exigências deste Regulamento o DNPM expedirá ofício ao requerente convidando-o a efetuar no prazo de 30 (trinta) dias, contados de sua publicação no Diário Oficial da União, o pagamento da taxa de publicação e dos emolumentos relativos à outorga do Alvará de Pesquisa.*

§ 1º. Os emolumentos correspondem à quantia equivalente a 3 (três) salários-mínimos mensal de maior valor do País e serão recolhidos ao Banco do Brasil S.A., à conta do "Fundo Nacional de Mineração – Parte Disponível", instituído pela Lei nº 4.425, de 8 de outubro de 1964.

§ 2º. Se no prazo previsto o requerente deixar de efetuar o pagamento da taxa de publicação e dos emolumentos, de que trata este artigo, o pedido de autorização de pesquisa será indeferido e o processo arquivado, mediante despacho do Diretor-Geral do DNPM.

- ***Art. 22, tacitamente revogado pelo art. 1º, da Lei nº 6.403, de 15.12.1976. Ver artigo 20 do Código de Mineração.***

Art. 23. A autorização terá como título uma via autêntica do Alvará de Pesquisa, publicado no *Diário Oficial da* União e transcrito no livro próprio do DNPM.

Art. 24. O Alvará de Autorização de pesquisa deverá conter indicação das propriedades compreendidas na respectiva área, definida esta pela sua localização, limitação e extensão superficial em hectares.

Art. 25. A autorização de pesquisa será outorgada nas seguintes condições:

I – o título será pessoal e somente transmissível no caso de herdeiros necessários ou cônjuge sobrevivente, bem como no de sucessão comercial, desde que o sucessor satisfaça os requisitos dos números I e VI, do art. 20;

- ***Inciso I, tacitamente revogado pelo § 3º, do art. 176, da Constituição Federal.***

II – a autorização valerá por 2 (dois) anos, contados da publicação, no Diário Oficial da União, do Alvará de Pesquisa, podendo ser renovada por mais 1 (um) ano, mediante requerimento do interessado, protocolizado até 60 (sessenta) dias antes de expirar-se o prazo da autorização, observadas as seguintes condições:

a) apresentação de relatório dos trabalhos realizados e dos resultados obtidos;

b) justificativa do prosseguimento da pesquisa;

c) pagamento dos emolumentos do novo Alvará e da taxa de publicação;

- ***Inciso II, tacitamente revogado pelo art. 15, da Lei nº 6.567, de 24.9.1978. Ver item III, do art. 22 do Código de Mineração.***

III – os trabalhos de pesquisa só poderão ser executados na área definida no Alvará;

IV – a pesquisa em leitos de rios navegáveis e flutuáveis, nos lagos e na plataforma submarina, somente será autorizada sem prejuízo ou com ressalva dos interesses da navegação ou flutuação, ficando sujeita às exigências impostas pelas autoridades competentes;

V – a pesquisa na faixa de domínio das estradas de ferro, das rodovias, dos mananciais de água potável, das vias ou logradouros públicos, das fortificações – estas entendidas como áreas de domínio militar – dependerá ainda, de assentimento das autoridades sob cuja jurisdição as mesmas estiverem;

VI – serão respeitados os direitos de terceiros, ressarcindo o titular da autorização os danos e prejuízos que ocasionar, não respondendo o Governo pelas limitações que daqueles direitos possam advir;

VII – as substâncias minerais extraídas só poderão ser removidas da área para análise e ensaios industriais, cabendo ao DNPM, a seu critério, autorizar a alienação de quantidades comerciais, sob as condições que especificar;

VIII – ao concluir os trabalhos, no prazo de vigência da autorização e sem prejuízo das informações pedidas pelo DNPM, o titular da pesquisa apresentará Relatório dos trabalhos realizados, elaborado por profissional legalmente habilitado.

Parágrafo único. O DNPM dará baixa na transcrição do título de autorização de pesquisa, ficando livre a área, nos seguintes casos:

I – se, findo o prazo de vigência da autorização e desde que não tenha sido requerida sua renovação, deixar o titular de apresentar o Relatório referido no item VIII deste artigo e no art. 26 deste Regulamento;

II – se, findo o prazo de vigência da renovação da autorização, deixar o titular de apresentar o Relatório de que trata o item anterior;

III – se, embora apresentado no prazo previsto, não forem satisfeitas as exigências do DNPM: para complementação do Relatório de que tratam os itens anteriores.

Art. 26. O relatório referido no item VIII do artigo anterior será circunstanciado e deverá conter dados informativos sobre a reserva mineral, a qualidade do minério ou substância mineral útil, a exeqüibilidade de lavra, e, especificamente, sobre:

a) situação, vias de acesso e de comunicação;

b) planta de levantamento geológico da área pesquisada, em escala adequada, com locação dos trabalhos de pesquisa;

c) descrição detalhada dos afloramentos naturais da jazida e daqueles criados pelos trabalhos de pesquisa, ilustrada com cortes geológico-estruturais e perfis de sondagens;

d) qualidade do minério ou substância mineral útil e definição do corpo mineral;

e) gênese da jazida, sua classificação e comparação com outras da mesma natureza;

f) relatório dos ensaios de beneficiamento;

g) demonstração da exeqüibilidade econômica da lavra;

h) tabulação das espessuras, áreas, volumes e teores necessários ao cálculo das reservas medida, indicada e inferida.

Parágrafo único. Considera-se:

I – reserva medida: a tonelagem de minério computada pelas dimensões reveladas em afloramentos, trincheiras, galerias, trabalhos subterrâneos e sondagens, e na qual o teor é determinado pelos resultados de amostragem pormenorizada, devendo os pontos de inspeção, amostragem e medida estar tão proximamente espacejados e o caráter geológicos tão bem definido que as dimensões, a forma e o teor da substância mineral possam ser perfeitamente estabelecidos. A tonelagem e o teor computados devem ser rigorosamente determinados dentro dos limites estabelecidos, os quais não devem apresentar variação superior ou inferior a 20% (vinte por cento) da quantidade verdadeira;

II – reserva indicada: a tonelagem e o teor do minério computados parcialmente de medidas e amostras específicas, ou de dados da produção e parcialmente por extrapolação até distância razoável com base em evidências geológicas;

III – reserva inferida: estimativa feita com base no conhecimento dos caracteres geológicos do depósito mineral, havendo pouco ou nenhum trabalho de pesquisa.

Art. 27. Independente do resultado da pesquisa o titular da autorização é obrigado a apresentar, no prazo de sua vigência relatório dos trabalhos realizados, sendo-lhe vedada a autorização de novas pesquisas até que satisfaça a exigência.

Art. 28. Em caso de retificação do Alvará de Pesquisa o prazo para a efetivação dos trabalhos contar-se-á da data da publicação do novo Alvará.

Art. 29. As autorizações de pesquisa ficam adstritas às seguintes áreas máximas:

Classes III, IV e V – 2.000 hectares;

Classes I e VII – 1.000 hectares;

Classes VI – 500 hectares;

Classes II e VIII – 50 hectares.

• Classes com redação dada pelo Decreto nº 64.590, de 27.5.1969.

§ 1º. A critério do Ministério das Minas e Energia, os pedidos de autorização de pesquisa formulados por empresa de mineração para a execução de trabalhos em regiões ínvias e de difícil acesso, e em regiões interiorizadas, em se tratando de jazidas minerais que exijam investimentos de vulto e apurada técnica, relativos a substâncias minerais incluídas em uma das Classes I, III, IV, V e ainda enxofre e sal-gema da Classe VII, poderão consignar áreas atingindo até o limite máximo de 10.000 (dez mil) hectares.

• § 1º com redação dada pelo Decreto nº 64.590, de 27.5.1969.

§ 2º. O disposto no parágrafo anterior somente se aplica à empresa de mineração que, sem prejuízo das demais exigências deste Regulamento, satisfizer as seguintes condições:

a) firmar termo de compromisso com o Ministério das Minas e Energia, através do DNPM, de que os recursos de que trata o art. 16, inciso IV do Código de Mineração ou o contrato de financiamento referido no art. 20, inciso VI deste Regulamento, se destinam especificamente à realização dos trabalhos previstos nos planos de pesquisas;

b) comprovar que tem capacidade técnico-administrativa e que poderá dispor de equipamentos adequados à realização dos trabalhos de pesquisa, ou que terceiros eventualmente incumbidos da execução desses trabalhos, sob a responsabilidade da empresa requerente, satisfazem a tais requisitos.

• ***§ 2º com redação dada pelo Decreto nº 64.590, de 27.5.1969.***

§ 3º. A fixação da área até o limite máximo estabelecido no § 1º deste artigo será proposta pelo DNPM ao Ministro das Minas e Energia, no mesmo processo regularmente examinado e informado, para a outorga da autorização de pesquisa.

• ***§ 3º com redação dada pelo Decreto nº 64.590, de 27.5.1969.***

§ 4º. Em regiões ínvias e de difícil acesso, e em regiões interiorizadas, a área mínima de cada pedido de autorização de pesquisa, excetuadas as jazidas das Classes II, VI e VIII, será de 1.000 (mil) hectares.

• ***§ 4º com redação dada pelo Decreto nº 88.814, de 4.10.1983.***

§ 5º. É considerada como ínvia e de difícil acesso a Amazônia Legal, definida no art. 2º da Lei nº 5.173, de 27 de outubro de 1966, excetuadas as áreas urbanas e suburbanas das cidades sedes de município.

• ***§ 5º com redação dada pelo Decreto nº 64.590, de 27.5.1969.***

§ 6º. As demais regiões ínvias e de difícil acesso, e as interiorizadas, serão definidas e especificadas em portaria do Ministro das Minas e Energia por proposta do DNPM.

• ***§ 6º com redação dada pelo Decreto nº 64.590, de 27.5.1969.***

§ 7º. Sempre que o Ministro das Minas e Energia, de acordo com o parágrafo anterior, expedir portaria definindo e especificando regiões ínvias e de difícil acesso, e as interiorizadas, os requerentes de autorização de pesquisa cujas áreas se situam em tais regiões deverão enquadrar os seus pedidos nos prazos e condições que forem determinados nas referidas portarias, sob pena de serem os mesmos indeferidos e arquivados.

• ***§ 7º com redação dada pelo Decreto nº 64.590, de 27.5.1969.***

Art. 30. *À mesma pessoa natural ou jurídica não serão concedidos mais de 5 (cinco) títulos de autorização de pesquisa de jazidas da mesma Classe.*

• ***Art. 30, tacitamente revogado pelo art. 1º, do Decreto-Lei nº 723, de 31.7.1969. Ver art. 37, parágrafo único, do Código de Mineração.***

Art. 31. O titular da autorização de pesquisa é obrigado, sob pena de sanções previstas no Capítulo XVI deste Regulamento:

I – a iniciar os trabalhos de pesquisa:

a) dentro de 60 (sessenta) dias da publicação do Alvará de Pesquisa no *Diário Oficial* da União, se for o proprietário do solo;

b) no prazo referido na letra *"a"*, quando terceiro e se tiver ajustado com o proprietário do solo ou o posseiro, o valor e a forma de pagamento das indenizações referidas no art. 37 deste Regulamento;

c) dentro de 60 (sessenta) dias do ingresso judicial na área de pesquisa, quando a avaliação da indenização pela ocupação e danos processar-se em juízo;

II – a não interromper, sem justificativa, os trabalhos de pesquisa por mais de 3 (três) meses consecutivos ou por 120 (cento e vinte) dias não consecutivos.

Parágrafo único. O início ou reinício, as interrupções de trabalho, bem como a ocorrência de outra substância mineral útil não constante do Alvará de autorização, deverão ser prontamente comunicados ao DNPM.

Art. 32. Realizada a pesquisa e apresentado o Relatório referido no inciso VIII do art. 25 e no art. 26 deste Regulamento, o DNPM mandará verificar *in loco* a sua exatidão e em face do parecer conclusivo da Divisão de Fomento da Produção Mineral, proferirá despacho:

a) de aprovação do Relatório, quando ficar demonstrada a existência de jazida aproveitável técnica e economicamente;

b) de não aprovação do Relatório, quando ficar constatada insuficiência dos trabalhos de pesquisa ou deficiência técnica na sua elaboração, que impossibilitem a avaliação da jazida;

c) de arquivamento do Relatório, quando ficar provada a inexistência de jazida aproveitável técnica e economicamente.

Parágrafo único. A aprovação ou o arquivamento do Relatório importará na declaração oficial de que a área está convenientemente pesquisada.

Art. 33. O titular da autorização de pesquisa, uma vez aprovado o Relatório, terá 1 (um) ano para requerer a concessão de lavra e, dentro deste prazo, poderá negociar o respectivo direito.

Art. 34. *Findo o prazo do artigo anterior, sem que o titular, ou sucessor por título legítimo, haja requerido a concessão da lavra, caducará seu direito, podendo o Governo outorgá-la a terceiro que a requerer, satisfeitas as demais exigências previstas neste Regulamento.*

Parágrafo único. *Caberá ao Diretor-Geral do DNPM arbitrar a indenização a ser paga ao titular ou ao seu sucessor, por quem vier a obter a concessão de lavra.*

- ***Art. 34, tacitamente revogado pelo art. 1º, da Lei nº 6.403, de 15.12.1976. Ver art. 32 do Código de Mineração.***

Art. 35. O titular ou titulares de autorizações de pesquisa da mesma substância mineral, em áreas contíguas ou próximas, poderão, a critério do DNPM, apresentar um plano único de pesquisa e também um só relatório dos trabalhos excetuados abrangendo todo o conjunto e especificando para cada área os dados referidos na letra *"h"* e parágrafo único do art. 26 deste Regulamento.

Parágrafo único. O disposto neste artigo poderá, a critério do DNPM, estender-se ao requerente individual de autorizações de pesquisa da mesma substância mineral, em áreas contíguas ou próximas.

Art. 36. Sempre que o Governo cooperar nos trabalhos de pesquisa, será reembolsado das despesas, de acordo com as condições estipuladas no ajuste de cooperação técnica celebrado entre o DNPM e o titular da autorização.

Parágrafo único. A importância correspondente às despesas reembolsadas será recolhida ao Banco do Brasil S.A. pelo titular à conta do "Fundo Nacional de Mineração – Parte Disponível".

CAPÍTULO VI
DO PAGAMENTO DA RENDA E DAS INDENIZAÇÕES

Art. 37. O titular de autorização de pesquisa poderá realizar os trabalhos respectivos e as obras e serviços auxiliares necessários, em terrenos de domínio público ou particular, abrangidos pelas áreas a pesquisar, desde que pague ao proprietário do solo ou posseiro uma renda pela ocupação dos terrenos e uma indenização pelos danos e prejuízos causados pelos trabalhos realizados, observadas as seguintes condições:

I – a renda não poderá exceder ao montante do rendimento líquido máximo da propriedade, referido à extensão da área a ser realmente ocupada;

II – a indenização pelos danos causados não poderá exceder o valor venal da propriedade na extensão da área efetivamente ocupada pelos trabalhos de pesquisa, salvo no caso previsto no inciso seguinte;

III – quando os danos forem de molde a inutilizar para fins agrícolas e pastorís, toda a propriedade em que estiver encravada a área necessária aos trabalhos de pesquisa, a indenização correspondente poderá atingir o valor venal máximo de toda a propriedade;

IV – os valores venais referidos nos incisos II e III serão obtidos por comparação com valores venais de propriedades da mesma espécie, localizadas na mesma região;

V – no caso de terrenos públicos é dispensado o pagamento da renda, ficando o titular da pesquisa sujeito apenas ao pagamento relativo a danos e prejuízos.

Art. 38. Se até a data da transcrição do título de autorização, o titular da pesquisa deixar de juntar ao processo prova de acordo celebrado com o proprietário do solo ou posseiro sobre a renda e indenização referidas no artigo anterior o Diretor-Geral do DNPM enviará, dentro de 3 (três) dias, ao Juiz de Direito da Comarca da situação da jazida, cópias do título de autorização e do plano de pesquisa.

§ 1º. Dentro de 15 (quinze) dias da data do recebimento da comunicação, o Juiz, *ex officio*, mandará proceder à avaliação da renda e dos danos e prejuízos na forma prescrita nos arts. 957 e 958 do Código de Processo Civil.

• Código de Processo Civil

Art. 957. *Concluídos os estudos, apresentarão os arbitradores minucioso laudo sobre o traçado da linha demarcanda, tendo em conta os títulos, marcos, rumos, a fama da vizinhança, as informações de antigos moradores do lugar e outros elementos que coligirem.*

Parágrafo único. *Ao laudo, anexará o agrimensor a planta da região e o memorial das operações de campo, os quais serão juntos aos autos, podendo as partes, no prazo comum de 10 (dez) dias, alegar o que julgarem conveniente.*

Art. 958. *A sentença, que julgar procedente a ação, determinará o traçado da linha demarcanda.*

§ 2º. Serão intimados para acompanhar a avaliação o Promotor de Justiça da Comarca, como representante da União, e as partes interessadas.

§ 3º. O plano de pesquisa, com orçamento aprovado pelo DNPM, deverá ser indicado no laudo de avaliação e considerado como elemento atendível na apuração da indenização.

§ 4º. Apresentado o laudo de avaliação, o Juiz, no prazo máximo de 30 (trinta) dias, contados da data do despacho referido no § 1º, fixará o valor da renda e dos danos, não cabendo de sua decisão de recurso com efeito suspensivo.

§ 5º. Julgada a avaliação, o titular da autorização de pesquisa será intimado a depositar, no prazo de 8 (oito) dias, quantia correspondente ao valor da renda de 2 (dois) anos e à caução para pagamento da indenização.

§ 6º. Efetivado o depósito, o Juiz, dentro de 8 (oito) dias e mediante requerimento do titular, mandará intimar o proprietário do solo ou posseiro a permitir os trabalhos de pesquisa, dando conhecimento do "despacho" ao diretor-Geral do DNPM, e, se for o caso, às autoridades policiais locais, para que garantam a execução dos trabalhos.

§ 7º. Se o prazo da pesquisa for prorrogado o Diretor-Geral do DNPM o comunicará ao Juiz, no prazo e condições indicadas no *caput* deste artigo.

§ 8º. Dentro de 8 (oito) dias do recebimento da comunicação referida no parágrafo anterior, o Juiz intimará o titular da pesquisa a depositar nova quantia correspondente ao valor da renda relativa ao prazo de prorrogação.

§ 9º. Efetivado o depósito, o Juiz dentro de 8 (oito) dias e mediante requerimento do titular, mandará intimar o proprietário do solo ou posseiro a permitir a continuação dos trabalhos de pesquisa no prazo da prorrogação, comunicará seu despacho ao Diretor-Geral do DNPM e, se for o caso, às autoridades policiais locais, para que garantam a continuação dos trabalhos.

§ 10. Concluídos os trabalhos de pesquisa, o titular da autorização e o Diretor-Geral do DNPM comunicarão o fato ao Juiz a fim de ser encerrado o processo judicial.

§ 11. As despesas judiciais com o processo de avaliação serão pagas pelo titular da autorização de pesquisa.

CAPÍTULO VII – DO RECONHECIMENTO GEOLÓGICO

Art. 39. O Reconhecimento Geológico, pelos métodos de prospecção aérea, visa a obter informações preliminares regionais úteis à formulação de requerimento de autorização de pesquisa.

Art. 40. Entende-se por Reconhecimento Geológico, pelos métodos de prospecção aérea:

I – a tomada de fotografias aéreas, novas, em escala adequada ao objetivo visado;

II – a utilização de equipamento geofísico, ou de sensores remotos, adequados aos diversos métodos de prospecção aérea;

III – a interpretação foto-geológica e geofísica, para identificação de indícios de mineralização na área permissionada.

Parágrafo único. A interpretação a que se refere o item III só poderá ser feita por profissionais técnica e legalmente habilitados.

Art. 41. A permissão do Reconhecimento Geológico poderá ser concedida para área onde já existam pedidos de pesquisa, autorizações de pesquisa ou concessão de lavra, respeitados os direitos dos respectivos titulares.

Art. 42. A permissão será concedida, em caráter precário, pelo Diretor-Geral do DNPM com prévio assentimento do Conselho de Segurança Nacional, a vista de parecer do Estado-Maior das Forças Armadas (EMFA), à sociedade ou firma individual autorizada a funcionar como empresa de mineração, sob as seguintes condições:

I – o Reconhecimento Geológico será realizado em toda a extensão da área permissionada, a qual fica adstrita ao limite máximo de doze mil quilômetros quadrados;

II – o prazo máximo e improrrogável de validade da permissão será de 90 (noventa) dias, contados na data da publicação da autorização no *Diário Oficial* da União;

III – assistirá ao seu titular apenas o direito de prioridades para pleitear autorização de pesquisa na área permissionada, desde que requerida no prazo estipulado no inciso anterior, obedecidos os limites de áreas previstos no art. 29 e o disposto no art. 30 deste Regulamento;

IV – obrigatoriedade de apresentar ao DNPM no prazo mencionado no inciso II, ainda que não exercido o direito de prioridade de que trata o inciso III, relatório dos resultados do Reconhecimento Geológico, contendo cópia dos elementos utilizados na preparação e execução das diversas fases dos trabalhos, tais como, cobertura fotográfica, mosaicos, foto-interpretação, esboços geológicos; para uso do Governo e conhecimento do público.

Parágrafo único. Descumprida a obrigação de que trata o inciso IV deste artigo será vedado ao titular da permissão efetuar Reconhecimento Geológico em outras áreas ainda que autorizado; neste caso a permissão será declarada sem efeito pelo Diretor-Geral do DNPM.

Art. 43. O pedido de permissão para realizar Reconhecimento Geológico será formulado em requerimento dirigido ao Diretor-Geral do DNPM, entregue mediante recibo no Protocolo desse Departamento, onde será mecânicamente numerado e registrado, devendo conter em duas vias, os seguintes elementos de informação e prova:

I – qualificação da firma individual ou sociedade, com a indicação do título de autorização para funcionar como empresa de mineração e de seu registro no órgão de Registro do Comércio de sua sede;

II – prova de que o requerente ou terceiro que se encarregar da execução dos serviços, está inscrito no EMFA, para fins de aero-levantamento, bem como dispõe de capacidade técnica e equipamentos adequados à realização do Reconhecimento;

III – mapa em escala adequada da área pretendida para o Reconhecimento Geológico, definida por meridianos e paralelos;

IV – plano de vôo da área a ser sobrevoada em toda a sua extensão, contendo, entre outras, informações sobre a altura e espaçamento das linhas de vôo;

V – memorial técnico descrevendo e justificando os equipamentos de vôo e as características dos instrumentos fotogramétricos e geofísicos a serem utilizados.

§ 1º. Ultimada a instrução, o Diretor-Geral do DNPM encaminhará ao EMFA a segunda via do requerimento e dos documentos apresentados pela interessada.

§ 2º. Emitido o parecer pelo EMFA, o processo será por ele encaminhado à Secretaria Geral do Conselho de Segurança Nacional (SG/CSN).

§ 3º. Apreciado pela SG/CSN, o processo será remetido ao Diretor-Geral do DNPM para as providências cabíveis.

§ 4º. Caberá ao EMFA a fiscalização das atividades relativas ao Reconhecimento Geológico.

§ 5º. O requerimento desacompanhado dos elementos de prova e informação mencionados neste artigo será indeferido, de plano, pelo Diretor-Geral do DNPM.

Art. 44. O ato de permissão do Reconhecimento Geológico será transcrito no livro próprio do DNPM.

CAPÍTULO VIII – DA CONCESSÃO DE LAVRA

Art. 45. Entende-se por lavra o conjunto de operações coordenadas objetivando o aproveitamento industrial da jazida, a começar da extração das substâncias minerais úteis que contiver até o seu beneficiamento.

Art. 46. Na outorga da lavra serão observadas as seguintes condições:

I – a jazida deverá estar pesquisada;

II – a área de lavra será adequada à condução técnico-econômica dos trabalhos de extração e beneficiamento, respeitados os limites da área de pesquisa.

Parágrafo único. Considera-se satisfeita a condição referida no inciso I:

a) a jazida pesquisada pelo DNPM e considerada como aproveitável técnica e economicamente;

b) a jazida que tenha relatório de pesquisa, apresentado pelo seu titular, aprovado pelo DNPM;

c) na fase de lavra, a jazida declarada em disponibilidade e cujo relatório de pesquisa, em reexame, seja considerado satisfatório pelo DNPM.

Art. 47. Somente as firmas individuais ou as sociedades, autorizadas a funcionar como empresa de mineração, poderão habilitar-se à concessão de lavra, que não ficará sujeita a restrições quanto ao número de concessões outorgadas à mesma pessoa jurídica.

Art. 48. O requerimento de concessão de lavra será dirigido ao Ministro das Minas e Energia, pelo titular da autorização de pesquisa ou seu sucessor, devendo ser instruído com os seguintes elementos de informação e prova:

I – indicação do registro do título de autorização para funcionar como empresa de mineração no órgão de Registro do Comércio de sua sede;

II – designação das substâncias minerais a lavrar, com indicação do Alvará de Pesquisa e da aprovação do respectivo Relatório;

III – denominação e descrição da localização do campo pretendido para a lavra, relacionando-o, com precisão e clareza, aos vales dos rios ou córregos, constantes de mapas ou plantas de notória autenticidade e precisão, às estradas de ferro e rodovias, a marcos naturais ou acidentes topográficos de inconfundível determinação; confrontações com áreas objeto de autorização de pesquisa e concessão de lavra; indicação do Distrito, Município, Comarca e Estado, nome e residência do proprietário do solo ou posseiro;

IV – definição gráfica da área pretendida, delimitada por figura geométrica formada, obrigatoriamente, por segmentos de retas com orientação Norte-Sul e Leste-Oeste verdadeiros, com 2 (dois) de seus vértices, ou excepcionalmente 1 (um), amarrado a ponto fixo e inconfundível do terreno, sendo os vetores de amarração definidos por seus comprimentos e rumos verdadeiros, configuradas, ainda, as propriedades territoriais por ela interessadas, com os nomes dos superficiários;

V – planta de situação;

VI – servidões de que deverá gozar a mina;

VII – plano de aproveitamento econômico da jazida, com descrição das instalações de beneficiamento, firmado por profissional legalmente habilitado;

VIII – prova de disponibilidade de fundos ou da existência de compromissos de financiamento, necessários à execução do plano de aproveitamento econômico e operação da mina;

IX – prova de assentimento da "Comissão Especial da Faixa de Fronteiras", quando a lavra se situar dentro da área de sua jurisdição.

Art. 49. O plano de aproveitamento econômico da jazida será apresentado em duas vias e constará de:

I – memorial explicativo;

II – projetos ou anteprojetos referentes:

a) ao método de mineração a ser adotado, bem como referência à escala de produção prevista inicialmente e à sua projeção;

b) à iluminação, ventilação, transporte, sinalização e segurança do trabalho, quando se tratar de lavra subterrânea;

c) ao transporte na superfície e ao beneficiamento e aglomeração do minério;

d) às instalações de energia, de abastecimento de água e condicionamento de ar;

e) à higiene da mina e dos respectivos trabalhos;

f) às moradias e suas condições de habitalidade, para todos os que residem no local da mineração;

g) às instalações de captação e proteção das fontes, adução, distribuição e utilização de água, para as jazidas da Classe VIII;

III – cronograma com indicação das datas previstas para o início e conclusão de cada um dos projetos ou anteprojetos de que trata o item anterior, bem como da data de início do trabalho de lavra.

• ***Inciso III com redação dada pelo Decreto nº 66.404, de 1º.4.1970.***

Art. 50. O dimensionamento das instalações e equipamentos previstos no plano de aproveitamento econômico da jazida deverá ser condizente com a produção justificada no Memorial Explicativo e apresentar previsão das ampliações futuras.

Art. 51. O requerimento, numerado e registrado, mecânica e cronologicamente, no DNPM, será juntado ao processo de pesquisa, fornecendo-se ao interessado, recibo com as indicações do protocolo e menção dos documentos apresentados.

Parágrafo único. No caso de formulação de exigências para melhor instrução do processo, terá o requerente o prazo de 60 (sessenta) dias para satisfazê-las, admitida sua prorrogação por igual período, a juízo do Diretor-Geral do DNPM.

Art. 52. A concessão será recusada se a lavra for considerada prejudicial ao bem público ou comprometer interesses que superem a utilidade da exploração industrial, a juízo do Governo. Neste último caso e desde que haja sido aprovado o Relatório, o pesquisador terá direito de receber do Governo a indenização das despesas feitas com os trabalhos de pesquisa.

Art. 53. A concessão de lavra terá como título um Decreto do Poder Executivo, publicado no *Diário Oficial* da União e transcrito em livro próprio do DNPM.

Art. 54. Além das obrigações gerais constantes deste Regulamento, o titular da concessão de lavra ficará sujeito às exigências abaixo discriminadas, sob pena de sanções previstas no Capítulo XVI deste Regulamento:

I – iniciar os trabalhos previstos no plano de aproveitamento econômico da jazida, dentro do prazo de 6 (seis) meses, contados da data da publicação do decreto de Concessão no *Diário Oficial* da União, salvo motivo de força maior, a juízo do DNPM;

II – lavrar a jazida de acordo com o plano de aproveitamento econômico aprovado pelo DNPM, cuja segunda via, devidamente autenticada, deverá ser mantida no local da mina;

III – extrair somente as substâncias minerais indicadas no decreto de concessão;

IV – comunicar imediatamente ao DNPM o descobrimento de qualquer outra substância mineral não incluída no decreto de concessão;

V – executar os trabalhos de mineração com observância das normas regulamentares;

VI – confiar a direção dos trabalhos de lavra a técnico legalmente habilitado ao exercício da profissão;

VII – não dificultar ou impossibilitar, por lavra ambiciosa, o ulterior aproveitamento econômico da jazida;

VIII – responder pelos danos e prejuízos causados a terceiros, resultantes, direta ou indiretamente, da lavra;

IX – promover a segurança e a salubridade das habitações existentes no local;

X – evitar o extravio das águas e drenar as que possam ocasionar danos e prejuízos aos vizinhos;

XI – evitar poluição do ar, ou da água, resultantes dos trabalhos de mineração;

XII – proteger e conservar as fontes de água, bem como utilizá-las segundo os preceitos técnicos, quando se tratar de lavra de jazida da Classe VIII;

XIII – tomar as providências indicadas pela fiscalização dos órgãos federais;

XIV – não suspender os trabalhos de lavra, sem prévia comunicação ao DNPM;

XV – manter a mina em bom estado, no caso de suspensão temporária dos trabalhos de lavra, de modo a permitir a retomada das operações;

__XVI__ – apresentar ao DNPM, nos primeiros 6 (seis) meses de cada ano, Relatório das atividades do ano anterior.

- ***Inciso XVI, tacitamente revogado pela Lei nº 6.403, de 15.12.1976. Ver item XVI, do art. 47 do Código Mineração.***

Art. 55. O aproveitamento, pelo concessionário de lavra, de substância referidas no item IV do artigo anterior, dependerá de aditamento ao seu título de lavra.

Art. 56. Os trabalhos de lavra, uma vez iniciados, não poderão ser interrompidos por mais de 6 (seis) meses consecutivos, salvo motivo comprovado de força maior.

Art. 57. O Relatório Anual das atividades realizadas no ano anterior deverá conter, dentre outros, dados sobre:

I – método de lavra, transporte e distribuição, no mercado consumidor, das substâncias minerais extraídas;

II – modificações verificadas nas reservas, características das substâncias minerais produzidas, teor mínimo economicamente compensador e relação observada, entre a substância útil e a estéril;

III – quadro mensal, em que figurem, além de outros, os elementos de produção, estoque, preço médio de venda, destino do produto bruto e do beneficiado, recolhimento do imposto único e pagamento ou depósito judicial do dízimo devido ao proprietário do solo;

IV – número de trabalhadores da mina e do beneficiamento;

V – investimentos feitos na mina e em novos trabalhos de pesquisa;

VI – balanço anual da empresa.

Art. 58. Quando o melhor conhecimento da jazida, obtido durante os trabalhos de lavra, justificar mudança no plano de aproveitamento econômico, ou as condições do mercado exigirem modificações na escala de produção, deverá o concessionário propor as necessárias alterações ao DNPM, para exame e eventual aprovação.

Art. 59. Subsistirá a Concessão, quanto aos direitos, obrigações, limitações e efeitos dela decorrentes, quando o concessionário à alienar ou gravar, na forma da lei.

§ 1º. Os atos de alienação ou oneração só terão validade depois de averbados à margem da transcrição do respectivo título de concessão, no livro de "Registro dos Decretos de Lavra".

§ 2º. A concessão de lavra é indivisível, e somente transmissível a quem fôr capaz de exercê-la de acordo com as disposições deste Regulamento.

• § 2º, tacitamente revogado pela Lei nº 7.085, de 21.12.1982. Ver art. 56 do Código de Mineração.

Art. 60. As dívidas e encargos que recaírem sobre a concessão resolvem-se com a extinção desta, ressalvada a responsabilidade pessoal do devedor.

Art. 61. No curso de qualquer medida judicial não poderá haver embargo, arresto ou seqüestro que resulte em interrupção dos trabalhos de lavra.

Art. 62. Para a suspensão temporária da lavra, a empresa concessionária, após comunicação ao DNPM, será obrigada a pleiteá-la ao Ministro das Minas e Energia, em requerimento justificativo da medida, instruído com relatório dos trabalhos efetuados, do estudo da mina e de suas possibilidades futuras.

§ 1º. Após verificação *in loco,* o DNPM emitirá parecer conclusivo para apreciação e decisão final do Ministro das Minas e Energia.

§ 2º. Recusadas as razão da suspensão temporária dos trabalhos, caberá ao DNPM sugerir ao Ministro das Minas e Energia as medidas que se fizerem necessárias ao seu prosseguimento e a aplicação de sanções, se for o caso.

§ 3º. O titular do Decreto de Concessão de Lavra, em caso de renúncia do seu título, deverá comunicá-la ao Ministro das Minas e Energia.

Art. 63. Considera-se ambiciosa a lavra conduzida sem observância do plano preestabelecido ou efetuada de modo a dificultar ou impossibilitar o ulterior aproveitamento econômico de jazida.

Art. 64. A lavra praticada nas condições referidas no artigo anterior, ou com infração das disposições deste Regulamento, sujeita o concessionário a sanções, que podem ir da advertência à caducidade.

Art. 65. Caberá ao Diretor-Geral do DNPM, por edital publicado no *Diário Oficial* da União, declarar a disponibilidade da jazida:

I – cuja concessão de lavra tenha sido revogada, anulada ou declarada caduca e desde que, a critério do DNPM, a jazida seja considerada inesgotada e economicamente aproveitável;

II – cujos trabalhos de lavra de mina manifestada, a critério do DNPM, tenham sido abandonados ou suspensos definitivamente e desde que a jazida seja considerada inesgotada e economicamente aproveitável;

III – quando, embora com relatório de pesquisa aprovado, tenha o titular da autorização ou sucessor decaído do diretor de requerer a lavra.

§ 1º. Declarada em disponibilidade, a lavra da jazida poderá ser requerida por terceiro interessado, desde que satisfaça as exigência deste Regulamento.

- ***§ 1º, tacitamente revogado pela Lei nº 6.403, de 15.12.1976. Ver §§ 1º, 2º e 3º, do art. 65 do Código de Mineração.***

§ 2º. Ao titular da concessão de lavra ou do manifesto de mina, cuja jazida seja declarada em disponibilidade, não caberá direito à indenização.

§ 3º. A declaração de disponibilidade será averbada à margem da transcrição do respectivo título da concessão ou do manifesto.

CAPÍTULO IX – DA IMISSÃO DE POSSE DA JAZIDA

Art. 66. O titular da concessão de lavra deverá requerer ao DNPM a posse da jazida, dentro de 90 (noventa) dias a contar da publicação do respectivo Decreto do *Diário Oficial* da União.

§ 1º. Dada entrada do requerimento, será expedida guia para o pagamento de emolumentos correspondente a 5 (cinco) salários-mínimos mensal, de maior valor do País, a ser recolhido ao Banco do Brasil S.A., à conta do "Fundo Nacional de Mineração – Parte Disponível".

§ 2º. Feita a prova do recolhimento, caberá ao DNPM fixar a data da imissão de posse da jazida, que será comunicada por ofício ao interessado e por publicação de edital no *Diário Oficial* da União.

§ 3º. O interessado fica obrigado a preparar o terreno e tudo quanto for necessário para que o ato de imissão de posse se realize na data fixada, cabendo-lhe confeccionar os marcos, preferencialmente, em concreto armado, que deverão conter na sua extremidade superior a sigla "DNPM".

Art. 67. A imissão de posse processar-se-á pela seguinte forma:

I – serão intimados por meio de ofício ou telegrama os concessionários das minas limítrofes, se as houver, 8 (oito) dias de antecedência, para, por si ou seus representantes, presenciar o ato e, em especial, assistir à demarcação;

II – no dia e hora determinados, serão fixados os marcos dos limites da jazida, que o concessionário terá para esse fim preparado, e colocados nos pontos indicados no decreto de concessão, imitindo-se, em seguida, o concessionário na posse da jazida.

§ 1º. Ao representante do DNPM caberá lavrar termo das ocorrências, que assinará com o titular de lavra, testemunhas aos concessionários das minas limítrofes, presentes ao ato.

§ 2º. Os marcos deverão ser conservados bem visíveis e só poderão ser arrancados ou mudados com autorização expressa do DNPM, sob as penas da lei.

Art. 68. Da imissão de posse, caberá recurso ao Ministro das Minas e Energia, dentro de 15 (quinze) dias, contados da data de sua efetivação, sendo que o seu provimento importará na anulação da imissão.

CAPÍTULO X – DO GRUPAMENTO MINEIRO

Art. 69. Entende-se por Grupamento Mineiro a reunião, em uma só unidade de mineração, de várias concessões de lavra da mesma substância mineral, outorgadas a um só titular, em área de um mesmo jazimento ou zona mineralizada.

Art. 70. A constituição do Grupamento Mineiro ficará a critério do DNPM, e será autorizada pelo seu Diretor-Geral em requerimento instruído, em duplicata, com os seguintes elementos de informação e prova:

I – qualificação do interessado;

II – planta onde figurem as áreas de lavra a serem agrupadas, com indicação dos decretos de concessão;

III – plano integrado de aproveitamento econômico das jazidas que, dentre outros, deverá conter os seguintes elementos:

a) memorial explicativo;

b) método de mineração a ser adotado, com referência à escala de produção prevista e à sua projeção.

Art. 71. O ato de autorização de que trata o artigo anterior será transcrito em livro próprio do DNPM e anotado nos processos referentes às concessões de lavra agrupadas.

Parágrafo único. A lavra das jazidas agrupadas só poderá ter início após a transcrição do ato de autorização.

Art. 72. A alienação ou transferência de concessão ou concessões de lavra agrupadas só terá validade após sua averbação no livro próprio mencionado no artigo anterior e no de transcrição do título na concessão alienada ou transferida.

Art. 73. O relatório anual das atividades do grupamento mineiro deverá referir-se à lavra no seu conjunto.

Art. 74. O titular do Grupamento Mineiro poderá, a juízo do DNPM e desde que por este autorizado, concentrar suas atividades em uma ou algumas das concessões, contanto que a intensidade da lavra seja compatível com a importância da reserva total das jazidas agrupadas.

Art. 75. As atividades do grupamento mineiro, com relação à lavra no seu conjunto, ficarão sujeitas às obrigações e penalidades estabelecidas neste Regulamento para as concessões em geral.

CAPÍTULO XI – DO CONSÓRCIO DE MINERAÇÃO

Art. 76. Entende-se por Consórcio de Mineração a entidade constituída de titulares de concessões de lavra próxima ou vizinhas, abertas ou situadas sobre o mesmo jazimento ou zona mineralizada, com o objetivo de incrementar a produtividade da extração.

Art. 77. A constituição do Consórcio de Mineração será autorizada por Decreto do Presidente da República.

§ 1º. O Consórcio de Mineração ficará sujeito ao cumprimento das condições fixadas em Caderno de Encargos, a ser elaborado por Comissão designada pelo Ministro das Minas e Energia e anexado ao decreto de autorização.

§ 2º. O decreto de autorização será transcrito no livro próprio do DNPM e anotado nos processos referentes às concessões de lavra dos titulares que constituírem o Consórcio.

§ 3º. Os atos constitutivos e o decreto de autorização serão registrados no órgão de Registro do Comércio da sede do Consórcio.

Art. 78. O requerimento de constituição do Consorcio de Mineração será dirigido ao Ministro das Minas e Energia, entregue mediante recibo no Protocolo do DNPM, onde será mecanicamente numerado e registrado, devendo conter, em duplicata, os seguintes elementos:

I – qualificação dos interessados, com indicação dos decretos de concessão de lavra;

II – memorial justificativo dos benefícios resultantes de sua constituição, com a indicação dos recursos econômicos e financeiros de que disporá a nova entidade;

III – minuta dos Estatutos do Consórcio;

IV – plano de trabalhos e realizar e, se for o caso, enumeração das providências e favores a serem pleiteados do poder público.

§ 1º. O requerimento desacompanhado dos elementos mencionados nos incisos deste artigo será indeferido, de plano, pelo Diretor-Geral do DNPM.

§ 2º. Ultimada a instrução no DNPM, o processo será encaminhado ao Ministro das Minas e Energia para apreciação e posterior designação da Comissão com as atribuições de elaborar o Caderno de Encargos referido no § 1º do artigo anterior.

Art. 79. O relatório anual das atividades do Consórcio de Mineração deverá referir-se à lavra no seu conjunto.

Art. 80. As infrações ou inadimplemento das obrigações e condições a que ficará sujeito o Consórcio de Mineração, implicará na revogação do ato autorizador de sua constituição e das respectivas concessões.

§ 1º. O processo administrativo de revogação será instaurado no DNPM, *ex officio* ou mediante denúncia comprovada.

§ 2º. O Consórcio será intimado, mediante edital publicado no *Diário Oficial* da União, a apresentar defesa, dentro de 60 (sessenta) dias.

§ 3º. Findo o prazo, com a juntada da defesa ou informação de sua não apresentação, o processo será submetido à apreciação do Ministro das Minas e Energia, devidamente instruído pelo DNPM.

§ 4º. O Ministro das Minas e Energia se julgar insubsistentes os motivos da instauração do processo administrativo determinará seu arquivamento, caso contrário, o encaminhará, com relatório e parecer conclusivo, ao Presidente da República.

CAPÍTULO XII – DAS SERVIDÕES

Art. 81. A propriedade onde se localiza a jazida, bem como as limítrofes ou vizinhas, para efeitos de pesquisa e lavra, ficam sujeitas a servidões de solo e subsolo, que serão constituídas para os seguintes fins:

a) construção de oficinas, instalações, inclusive as de engenho de beneficiamento obras acessórias e moradias;

b) abertura de vias de transporte e linhas de comunicação;

c) captação e adução de água necessária aos serviços de mineração e ao pessoal;

d) transmissão de energia elétrica;

e) escoamento das águas da mina e do engenho de beneficiamento;

f) abertura de passagem de pessoal e material, de conduto de ventilação e de energia elétrica;

g) utilização das aguadas sem prejuízo das atividades preexistentes;

h) bota-fora do material desmontado e dos refugos do engenho.

Art. 82. Constituem-se as servidões mediante indenização prévia do valor do terreno ocupado e dos prejuízos resultantes dessa ocupação.

§ 1º. Não havendo acordo entre as partes, o pagamento será feito mediante depósito judicial da importância fixada para indenização, através de vistoria ou perícia com arbitramento inclusive da renda pela ocupação, seguindo-se o competente mandato de imissão de posse na área, se necessário.

§ 2º. O valor da indenização e dos danos, a serem pagos pelo titular da autorização de pesquisa ou concessão de lavra ao proprietário do solo ou das benfeitorias, obedecerá no que for aplicável, às prescrições contidas nos arts. 37 e 38 deste Regulamento.

Art. 83. A indenização, não paga na oportunidade própria ficará sujeita à correção monetária, mediante aplicação dos índices fixados pela autoridade competente.

Art. 84. No caso de constituição de servidão, os trabalhos de pesquisa ou lavra não poderão ser iniciados antes de paga ou depositada a importância relativa à indenização e de fixada a renda pela ocupação do terreno serviente.

Art. 85. O DNPM poderá promover vistoria *in loco*, para constatar a real necessidade ou conveniência econômica do estabelecimento da servidão, indispensável aos trabalhos da pesquisa ou lavra.

CAPÍTULO XIII – DA PARTICIPAÇÃO NOS RESULTADOS DA LAVRA

Art. 86. *É assegurado ao proprietário do solo, onde se situe a jazida o direito de participação nos resultados da lavra, a qual corresponderá ao dízimo do imposto único sobre minerais.*

- ***Art. 86, tacitamente revogado pela Lei nº 8.901,de 30.06.1994. Ver letra "b", do art. 11 do Código de Mineração.***

Art. 87. O disposto no artigo anterior somente se aplica às concessões de lavra outorgadas após 14 de março de 1967.

Art. 88. *A participação nos resultados da lavra será paga pelo concessionário ao proprietário do solo, trimestralmente, em quantias correspondentes ao dízimo do total do imposto único devido e recolhido durante o trimestre considerado à exatoria federal ou a estabelecimento de crédito do lugar de situação da jazida.*

Parágrafo único. *A exatoria federal ou o estabelecimento de crédito encarregado do recolhimento, fornecerá ao proprietário do solo, mediante requerimento, certidão ou extrato de conta contendo o valor total do imposto único recolhido durante o trimestre considerado, bem como a quantidade de minério a que o imposto se referir, com indicação do respectivo decreto de concessão de lavra.*

- ***Art. 88, tacitamente revogado pela Lei nº 8.901,de 30.06.1994. Ver letra "b", do art. 11 do Código de Mineração.***

Art. 89. As quantias correspondentes à participação referida no artigo anterior serão depositadas, trimestralmente, pelo concessionário da lavra, no Juízo da Comarca de situação da jazida quando:

I – houver dúvida sobre a titularidade da propriedade de solo;

II – o proprietário do solo se encontrar em lugar incerto e não sabido;

III – o proprietário do solo recusar o recebimento.

Parágrafo único. O levantamento dos depósitos far-se-á mediante alvará judicial.

Art. 90. O direito de participação nos resultados da lavra não poderá ser objeto de transferência ou caução separadamente do imóvel; entretanto, é facultado ao proprietário do solo, após a concessão da lavra:

I – transferir ou caucionar o direito ao recebimento do determinadas prestações;

II – renunciar ao direito de participação.

Parágrafo único. Os atos enumerados neste artigo somente valerão contra terceiros a partir de sua inscrição no Registro de Imóveis.

Art. 91. As disposições deste capítulo não se aplicam à lavra de jazidas e minas cuja exploração constituir objeto de monopólio estatal, as quais não estão sujeitas a participação nos resultados da lavra.

CAPÍTULO XIV – DA OCORRÊNCIA DE MINERAIS NUCLEARES

• *Ver CF/1988, arts. 22, XXIII e 177, V.*

Art. 92. Os titulares de autorização da pesquisa ou de concessão de lavra são obrigados a comunicar à Comissão Nacional de Energia Nuclear (CNEN) e ao DNPM qualquer descoberta de minerais nucleares, sob pena de caducidade da autorização ou concessão.

Art. 93. Quando se verificar, em jazida em lavras a ocorrência de minerais nucleares, a concessão somente será mantida se o valor da substância mineral, objeto do decreto, for superior ao valor econômico ou estratégico dos minerais nucleares que contiver.

Parágrafo único. Se a ocorrência de minerais nucleares predominar, a juízo do Governo ouvidos a C.N.E.N. e o DNPM, sobre a substância mineral constante do título da lavra, a concessão será revogada, mediante justa indenização do investimento efetuado pelo concessionário.

CAPÍTULO XV – DA EMPRESA DE MINERAÇÃO

Art. 94. Entende-se por Empresa de Mineração, a firma individual ou sociedade organizada na conformidade da lei brasileira e domiciliada no país, qualquer que seja a sua forma jurídica, com o objetivo principal de realizar exploração e aproveitamento de jazidas minerais no território nacional.

§ 1º. A firma individual só poderá ser constituída por brasileiro.

§ 2º. Da sociedade poderão participar como sócios ou acionistas pessoas físicas ou jurídicas, nacionais ou estrangeiras, nominalmente representadas no instrumento de sua constituição.

Art. 95. A firma individual ou sociedade, uma vez constituída e registrada no órgão de Registro do Comércio de sua sede, depende de autorização outorgada por Alvará do Ministro das Minas e Energia para funcionar como empresa de mineração.

§ 1º. O requerimento dará entrada no DNPM e será instruído com os seguintes documentos:

I – prova de registro no órgão de Registro do Comércio de sua sede;

II – tratando-se de firma limitada ou de sociedade anônima, além da prova referida no inciso I, fotocópia autenticada ou segunda via do contrato social, ou folha do *Diário Oficial* da União ou do Órgão Oficial do Estado, contendo os atos de constituição.

§ 2º. A sociedade, da qual participem pessoas jurídicas estrangeiras, deverá ainda instruir o requerimento com os seguintes documentos, relativos a essas pessoas, devidamente legalizados e traduzidos:

a) escritura ou instrumento de constituição;

b) estatutos, se exigidos, no país de origem;

c) certificado de estarem legalmente constituídas na forma das leis do país de origem.

Art. 96. O título de autorização para funcionar como empresa de mineração será uma via autêntica do respectivo Alvará, publicado no *Diário Oficial* da União, transcrito no livro próprio do DNPM e registrado em original ou certidão, no órgão de Registro do Comércio de sua sede.

Parágrafo único. Registrado o título, a interessada o comprovará ao DNPM, mediante certidão que será anexada ao processo de autorização.

Art. 97. As alterações que importarem em modificações no registro da empresa de mineração no órgão de Registro do Comércio serão submetidas, previamente, à aprovação do Ministro das Minas e Energia e, depois de aprovadas, registradas naquele órgão.

Parágrafo único. Será expedido novo Alvará em caso de alteração da forma jurídica, da razão social ou da denominação da empresa de mineração.

Art. 98. As empresas de mineração que realizarem alterações no seu registro, sem prévia aprovação do Ministro das Minas e Energia, ficam sujeitas ao cancelamento do título de autorização, além da perda dos demais direitos outorgados e sem prejuízo da aplicação da multa.

CAPÍTULO XVI – DAS SANÇÕES E DAS NULIDADES

Art. 99. O inadimplemento das obrigações decorrentes das autorizações de pesquisa ou das concessões de lavra, tendo em vista a gravidade da infração, implicará nas seguintes sanções:

I – advertência;

II – multa;

III – caducidade.

§ 1º. A aplicação das penalidades de advertência e multa serão da competência do DNPM; a de caducidade de autorização de pesquisa, do Ministro das Minas e Energia e a de caducidade da concessão de lavra, do Presidente da República.

§ 2º. A aplicação da penalidade de advertência deve ser precedida de processo administrativo, assegurando-se ao notificado o direito de ampla defesa.

• ***§ 2º com redação dada pelo Decreto nº 88.814, de 4.10.1983.***

Art. 100. Aos infratores de disposições deste Regulamento serão aplicadas multas, obedecidos os seguintes critérios:

I – inadimplemento das obrigações impostas no item III do art. 25, nos itens I e II e parágrafo único do art. 31, bem como no art. 56 deste Regulamento: multa em quantia correspondente a 5 (cinco) vezes o maior valor de referência estabelecido de acordo com o disposto no art. 2º, parágrafo único da Lei nº 6.205, de 29 de abril de 1975.

• ***Inciso I com redação pelo Decreto nº 88.814, de 4.10.1983.***

II – inadimplemento das obrigações impostas no art. 66, e nos ítens I, V, VI e VIII a XVI do art. 54 deste Regulamento: multa de 10 (dez) salários mínimos mensal de maior valor do País;

III – inadimplemento das obrigações impostas nos itens II, III e IV do art. 54 deste Regulamento: multa de 20 (vinte) salários mínimos mensal de maior valor do País;

IV – infrigência ao disposto no art. 97 deste Regulamento, quando anteriormente haja sido advertida a empresa por infração da mesma espécie: multa em quantia correspondente em até 25 (vinte e cinco) vezes o maior valor de referência estabelecido de acordo com o disposto no art. 2º, parágrafo único da Lei nº 6.205, de 29 de abril de 1975.

• ***Inciso IV com redação dada pelo Decreto nº 88.814, de 4.10.1983.***

V – prática de lavra ambiciosa (art. 63 e item VII do art. 54 deste Regulamento): multa de 50 (cinqüenta) salários mínimos mensal de maior valor no País.

Parágrafo único. Em caso de reincidência, específica ou genérica, a multa será cobrada em dobro.

Art. 101. As infrações de que trata o artigo anterior serão apuradas mediante processo administrativo, instaurado por auto de infração lavrado por funcionário qualificado.

§ 1º. O auto deverá relatar com clareza a infração, mencionando o nome do infrator, o respectivo título de autorização de pesquisa, de concessão de lavra ou de autorização para funcionar como empresa de mineração e tudo mais que possa esclarecer o processo.

§ 2º. Do auto de infração, que será publicado no *Diário Oficial* da União remeter-se-á cópia ao autuado, que terá o prazo de 30 (trinta) dias, contados da publicação, para apresentar defesa.

§ 3º. Findo o prazo, com a juntada da defesa ou informação de não haver sido apresentada, o processo será submetido à apreciação e decisão do Diretor-Geral do DNPM.

§ 4º. O despacho de imposição de multa será publicado no *Diário Oficial* da União e comunicado, em ofício ao infrator.

§ 5º. O valor da multa mediante, guia fornecida pelo DNPM, será recolhido ao Banco do Brasil S.A., à conta do "Fundo Nacional de Mineração – Parte Disponível", no prazo de 30 (trinta) dias, contados da data da publicação do despacho referido no parágrafo anterior.

§ 6º. Do despacho de imposição da multa, caberá recurso ao Ministro das Minas e Energia, no prazo de 30 (trinta) dias, contados de sua publicação, desde que, no primeiro decêndio do aludido prazo, o seu valor seja depositado, para garantia de instância e mediante guia especial fornecida pelo DNPM, no Banco do Brasil S.A., à conta do "Fundo Nacional de Mineração – Parte Disponível".

§ 7º. O recurso dará entrada no Protocolo do DNPM e, depois de instruído, será remetido, com parecer conclusivo do Diretor-Geral ao Ministro das Minas e Energia.

§ 8º. A multa não recolhida no prazo fixado será cobrada judicialmente, em ação executiva.

Art. 102. A caducidade da autorização de pesquisa ou da concessão de lavra será declarada desde que verificada qualquer das seguintes infrações:

I – quando o infrator, apesar de advertência ou multa:

a) prosseguir no descumprimento dos prazos de início ou reinício dos trabalhos de pesquisa ou de lavra;

b) prosseguir na prática deliberada dos trabalhos de pesquisa em desacordo com as condições constantes do título de autorização;

II – quando o infrator, embora multado por mais de duas vezes no intervalo de um ano, prosseguir no descumprimento das determinações da fiscalização;

III – prática de lavra ambiciosa ou de extração de substância não compreendida no decreto de lavra, independentemente de advertência ou multa;

IV – caracterização comprovada de abandono ou suspensão definitiva dos trabalhos de pesquisa ou de lavra.

Art. 103. São anuláveis as autorizações de pesquisas ou as concessões de lavra outorgadas com infringência de dispositivos do Código de Mineração ou deste Regulamento.

§ 1º. A anulação será promovida *ex officio* nos casos de:

a) imprecisão intencional da definição das áreas de pesquisa ou lavra;

b) inobservância do disposto no item I do art. 25 deste Regulamento.

§ 2º. Nos demais casos e sempre que possível, o DNPM, procurará sanar a deficiência por via de atos de retificação.

§ 3º. A nulidade poderá ser pleiteada judicialmente em ação proposta por qualquer interessado, no prazo de 1 (um) ano, a contar da publicação do alvará de pesquisa ou do decreto de lavra no *Diário Oficial* da União.

Art. 104. Em casos de caducidade ou de nulidade da autorização ou concessão, salvo as hipóteses de abandono, o titular não perderá a propriedade dos bens que, a juízo do DNPM, possam ser retirados sem prejudicar o conjunto da mina.

Art. 105. O processo administrativo de declaração de caducidade ou de nulidade da autorização de pesquisa será instaurado *ex officio* ou mediante denúncia comprovada.

§ 1º. O titular da autorização será intimado, mediante ofício que lhe será enviado e publicado no *Diário Oficial* da União, ou por edital, quando se encontrar em lugar incerto e não sabido, a apresentar, no prazo de 60 (sessenta) dias, contados da publicação, defesa contra os motivos argüidos na denúncia ou que tenham dado margem à instauração do processo.

§ 2º. Findo o prazo, com a juntada da defesa ou informação de não haver sido apresentada o processo será submetido à apreciação e decisão do Ministro das Minas e Energia.

§ 3º. Do despacho ministerial declaratório de caducidade ou de nulidade caberá pedido de reconsideração, no prazo de 15 (quinze) dias, contados da publicação do referido despacho.

§ 4º. O pedido de reconsideração não atendido, será encaminhado em grau de recurso *ex officio* ao Presidente da República, no prazo de 30 (trinta) dias, a contar de seu recebimento, dando-se ciência antecipada ao interessado que poderá aduzir novos elementos de defesa.

Art. 106. O processo administrativo de caducidade ou de anulação da concessão de lavra, instaurado *ex officio* ou mediante denúncia comprovada, obedecerá ao disposto no § 1º do artigo anterior.

§ 1º. Concluída a instrução, com a juntada de defesa ou informação de não haver sido apresentada, o Diretor-Geral do DNPM, encaminhará o processo ao Ministro das Minas e Energia.

§ 2º. Examinadas as peças do processo, especialmente as razões de defesa, o Ministro o encaminhará, com relatório e parecer conclusivo, à Presidência da República.

CAPÍTULO XVII – DA GARIMPAGEM, FAISCAÇÃO E CATA

Art. 107. *Para os efeitos deste Regulamento, considera-se:*

I – garimpagem, o trabalho individual através de instrumentos rudimentares de aparelhos manuais ou de máquinas simples e portáveis, na extração de pedras preciosas, semi-preciosas e minerais metálicos ou não metálicos, valiosos, em depósitos de eluvião ou aluvião, nos álveos de cursos d'água ou nas margens reservadas bem como nos depósitos secundários ou chapadas (grupiaras), vertentes e altos de morros, depósitos esses genericamente denominados garimpos;

II – faiscação, o trabalho individual através de instrumentos rudimentares, de aparelhos manuais ou de máquinas simples e portáteis, na extração de metais nobres nativos em depósitos de eluvião ou aluvião, fluviais ou marinhos, depósitos esses genericamente denominados faisqueiras;

III – cata, o trabalho individual por processos equiparáveis aos de garimpagem e faiscação na parte decomposta dos afloramentos dos filões veeiros, de extração de substâncias minerais úteis, sem o emprego de explosivos, e de apuração por processos rudimentares.

• Art. 107, tacitamente revogado pela Lei nº 7.805, de 18.7.1989.

Art. 108. *Ao trabalhador que extraia substâncias minerais úteis, por processo rudimentar e individual de mineração, garimpagem, faiscação ou cata, denominar-se-á, genericamente, garimpeiro.*

• Art. 108, tacitamente revogado pela Lei nº 7.805, de 18.7.1989.

Art. 109. *A garimpagem, a faiscação e a cata caracterizam-se:*

I – pela forma rudimentar de mineração;

II – pela natureza dos depósitos trabalhados;

III – pelo caráter individual do trabalho, sempre por conta própria.

• Art. 109, tacitamente revogado pela Lei nº 7.805, de 18.7.1989.

Art. 110. *A garimpagem, a faiscação ou a cata, dependem de permissão do Governo Federal, não cabendo outro ônus ao garimpeiro senão o pagamento da menor taxa remuneratória cobrada pelas exatorias federais ao que pretender executar esses trabalhos.*

§ 1º. A permissão constará da matrícula do garimpeiro, renovada anualmente nas exatorias federais dos municípios onde forem realizados esses trabalhos e será válida somente para a região jurisdicionada pela respectiva exatoria que a concedeu.

§ 2º. A matrícula, que é pessoal será feita a requerimento verbal do interessado e registrada em livro próprio da Exatoria Federal, mediante apresentação do comprovante de quitação do imposto sindical e o pagamento da taxa remuneratória cobrada pela Exatoria.

§ 3º. Ao garimpeiro matriculado será fornecido Certificado de Matrícula, do qual constará seu retrato, nome, nacionalidade e endereço, e que valerá como documento oficial para o exercício da atividade na zona nele especificada.

§ 4º. Será apreendido o material de garimpagem, faiscação ou cata, quando o garimpeiro não possuir o necessário Certificado de Matrícula, sendo o produto vendido em hasta pública e recolhido ao Banco do Brasil S.A., à conta do "Fundo Nacional de Mineração – Parte Disponível."

• Art. 110, tacitamente revogado pela Lei nº 7.805, de 18.7.1989.

Art. 111. *As permissões para garimpagem, faiscação ou cata, em terras ou águas de domínio privado, dependem de consentimento prévio do proprietário do solo.*

Parágrafo único. *A contribuição do garimpeiro ajustada com o proprietário do solo para fazer garimpagem, faiscação ou cata, não poderá exceder o dízimo do valor do imposto único que for arrecadado pela Exatoria Federal ou estabelecimento de crédito da jurisdição local, referente à substância encontrada.*

- ***Art. 111, tacitamente revogado pela Lei nº 7.805, de 18.7.1989.***

Art. 112. *A autorização de pesquisa, obtida por outrem, não interrompe o trabalho do garimpeiro matriculado e localizado na respectiva área, salvo quando comprovados os efetivos transtornos que estiverem causando aos trabalhos de pesquisa.*

Parágrafo único. *Concedida a lavra, cessarão os trabalhos de garimpagem, faiscação ou cata.*

- ***Art. 112, tacitamente revogado pela Lei nº 7.805, de 18.7.1989.***

Art. 113. Por motivo de ordem pública, ou de malbaratamento de determinada riqueza mineral, poderá o Ministro das Minas e Energia, por proposta do Diretor-Geral do DNPM, determinar o fechamento de certas áreas às atividades de garimpagem, faiscação ou cata, ou excluir destas a extração de determinados minerais.

CAPÍTULO XVIII – DA COMPETÊNCIA DO DEPARTAMENTO NACIONAL DA PRODUÇÃO MINERAL

Art. 114. Compete ao DNPM a execução deste Regulamento, bem como a fiscalização das atividades concernentes à mineração, ao comércio e à industrialização das matérias-primas minerais.

§ 1º. A execução e fiscalização referidas neste artigo não abrangem as jazidas da Classe V, as quais se incluem na competência do Conselho Nacional do Petróleo (CNP), na forma da legislação específica.

§ 2º. Visando à perfeita coordenação entre todos os Órgãos que executam e (ou) fiscalizam a política de mineração, em território nacional, caberá à Comissão Nacional de Energia Nuclear (CNEN) ao Conselho Nacional de Petróleo (CNP) e à Petróleo Brasileiro Sociedade Anônima (PETROBRÁS), manter o Departamento Nacional de Produção Mineral (DNPM), informado a respeito das áreas em que desenvolvam suas atividades, do mesmo modo, caberá ao DNPM solicitar parecer a cada um daqueles Órgãos quanto a possíveis interferências em áreas de interesse para suas atividades específicas.

Art. 115. As pessoas, naturais ou jurídicas, que exerçam atividades de pesquisa, lavra, beneficiamento distribuição, consumo ou industrialização de reservas minerais, são obrigadas a facilitar aos agentes do DNPM a inspeção de instalações equipamentos e trabalhos, bem como fornecer-lhes informações sobre:

I – volume da produção e características qualitativas dos produtos;

II – condições técnicas e econômicas da execução dos serviços ou da exploração das atividades mencionadas no *caput* deste artigo;

III – mercados e preços de venda;

IV – quantidade e condições técnicas e econômicas do consumo de produtos minerais.

Art. 116. Caberá ao DNPM dirimir dúvidas sobre a classificação e especificação das jazidas, admitido recurso ao Ministro das Minas e Energia.

Art. 117. Será obrigatória a audiência prévia do DNPM sempre que o Governo Federal tratar de qualquer assunto referente à matéria-prima mineral ou ao seu produto.

Art. 118. Caberá ao DNPM fixar em ato interno, e de conhecimento público, os prazos de tramitação dos processos, tendo em vista o interesse e a conveniência de seu rápido andamento e final conclusão.

CAPÍTULO XIX
DOS LIVROS E REGISTROS

Art. 119. Haverá no DNPM os seguintes livros e registros:

Livro A – "Registro das Jazidas e Minas Conhecidas", de inscrição das jazidas e minas manifestadas de acordo com o art. 10 do Decreto nº 24.642, de 10 de julho de 1934, e a Lei nº 94, de 10 de setembro de 1935;

Livro B – "Registro dos Alvarás de Pesquisa", de transcrição dos respectivos títulos de autorização;

Livro C – "Registro dos Decretos de Lavra", de transcrição dos respectivos títulos de concessão;

Livro D – "Registro das Empresas de Mineração", de transcrição dos respectivos títulos de autorização para funcionar;

Livro E – "Registro dos Grupamentos Mineiros", de transcrição dos respectivos atos de autorização;

Livro F – "Registro dos Consórcios de Mineração", de transcrição das autorizações respectivas;

Livro G – "Registro dos Reconhecimentos Geológicos", de transcrição das permissões respectivas;

Livro H – "Registro dos Licenciamentos", de transcrição das respectivas licenças;

Livro I – "Registro de Permissões de Lavra Garimpeira", de transcrição das respectivas permissões.

• ***Livro I, redação dada pelo Decreto nº 98.812, de 9.1.1990.***

CAPÍTULO XX
DAS DISPOSIÇÕES FINAIS E TRANSITÓRIAS

Art. 120. Em zona declarada Reserva Nacional de determinada substância mineral ou em áreas específicas objeto de pesquisa ou lavra sob regime de monopólio, o Governo poderá, mediante condições especiais condizentes com os interesses da União e da economia nacional, outorgar autorização de pesquisa, ou concessão de lavra de outra substância mineral, quando os trabalhos relativos à autorização ou concessão forem compatíveis e independentes dos relativos à substância da Reserva ou do monopólio.

§ 1º. Tratando-se de Reserva Nacional a pesquisa ou lavra de outra substância mineral somente será autorizada ou concedida nas condições especiais estabelecidas pelo Ministro das Minas e Energia, ouvidos, previamente, os órgãos governamentais interessados.

§ 2º. Tratando-se de monopólio, a pesquisa ou lavra de outra substância mineral somente será autorizada ou concedida com prévia audiência do órgão executor do monopólio, e nas condições especiais estabelecidas pelo Ministro das Minas e Energia.

§ 3º. Verificada, a qualquer tempo, a incompatibilidade ou a dependência dos trabalhos, a autorização de pesquisa ou concessão de lavra será revogada.

§ 4º. O direito de prioridade de que trata o Capítulo IV deste Regulamentos, não se aplica às hipóteses previstas neste artigo, cabendo ao Governo outorgar a autorização ou a concessão tendo em vista os interesses da União e da economia nacional.

> ***Art. 121.*** *A autorização de pesquisa, requerida por terceiro em área sujeita a licenciamento, somente será outorgada se ficar comprovada a não exploração da jazida licenciada ou o aproveitamento das substâncias minerais em desacordo com a utilização e destinação referidas no art. 13 deste Regulamento, ou, ainda, a falta de pagamento durante seis meses consecutivos, do imposto único sobre minerais.*

• Art. 121, tacitamente revogado pela Lei nº 6.567, de 24.9.1978.

Art. 122. A propositura de qualquer ação ou medida judicial não poderá impedir o prosseguimento dos trabalhos da pesquisa ou lavra.

Parágrafo único. Instaurada a instância judicial, será processada a necessária vistoria *ad perpetuam rei memoriam*, a fim de evitar-se solução de continuidade dos trabalhos em realização.

Art. 123. Correrá por conta dos requerentes a publicação no *Diário Oficial* da União dos decretos de lavra e de autorização de Consórcio de Mineração, dos alvarás, bem como das autorizações e permissões outorgadas pelo DNPM.

Parágrafo único. A publicação de editais em jornais particulares, promovida pelos interessados correrá por sua conta, devendo ser enviado o respectivo exemplar ao DNPM, para anexação ao processo.

Art. 124. *O comércio no mercado interno ou externo, de pedras preciosas, de metais nobres e de outros minerais a serem especificados, fica sujeito a registro especial, nos termos de regulamento a ser baixado pelo Governo Federal.*

Parágrafo único. *O comércio referido neste artigo ficará sob a jurisdição dos seguintes Ministérios:*

a) *Minas e Energia por intermédio do Departamento Nacional da Produção Mineral;*

b) *Fazenda, por intermédio da Diretoria das Rendas Internas;*

c) *Indústria e do Comércio, por intermédio do Departamento Nacional do Comércio.*

• Art. 124, tacitamente revogado pelo Decreto-lei nº 1.038, de 21.10.1969.

Art. 125. As atividades da produção, comércio, distribuição, consumo e exportação de substâncias minerais ou fósseis, originárias do País, inclusive águas minerais, bem como as de garimpagem, faiscação e cata e as subordinadas a regime de licenciamento, estão sujeitas à incidência do imposto único sobre os minerais do País, estabelecida em lei específica.

Art. 126. Os atuais titulares de licenciamento terão o prazo de 1 (um) ano contado da vigência deste Regulamento, para requerer o registro de suas licenças do DNPM, (parágrafo único do art. 11 e § 1º do art. 13).

Brasília, 2 de julho de 1968.

José Costa Cavalcanti

DOU de 5.7.1968

CONSTITUIÇÃO DA REPÚBLICA FEDERATIVA DO BRASIL

(*Excertos*)

Art. 1º. A República Federativa do Brasil, formada pela união indissolúvel dos Estados e Municípios e do Distrito Federal, constitui-se em Estado Democrático de Direito e tem como fundamentos:

- *V. art. 60, § 4º, I e II.*

I – a soberania;

....

Art. 3º. Constituem objetivos fundamentais da República Federativa do Brasil:

....

II – garantir o desenvolvimento nacional;

....

Art. 20. São bens da União:

- *V. Lei nº 9.636, de 15.5.1998 e Decreto-Lei nº 9.760, de 5.4.1946, sobre bens imóveis da União.*
- *V. novo Código Civil, Lei nº 10.406, de 10.1.2002, art. 99, III.*

I – os que atualmente lhe pertencem e os que lhe vierem a ser atribuídos;

II – as terras devolutas indispensáveis à defesa das fronteiras, das fortificações e construções militares, das vias federais de comunicação e à preservação ambiental, definidas em lei;

III – os lagos, rios e quaisquer correntes de água em terrenos de seu domínio, ou que banhem mais de um Estado, sirvam de limites com outros países, ou se estendam a território estrangeiro ou dele provenham, bem como os terrenos marginais e as praias fluviais;

IV – as ilhas fluviais e lacustres nas zonas limítrofes com outros países; as praias marítimas; as ilhas oceânicas e as costeiras, excluídas, destas, as áreas referidas no art. 26, II;

V – os recursos naturais da plataforma continental e da zona econômica exclusiva;

VI – o mar territorial;

- *V. Lei nº 8.617, de 4.1.1993, sobre o mar territorial, a zona contígua, a zona econômica exclusiva e plataforma continental; e Decreto nº 1.265, de 11.10.1994, sobre a Política Marítima Nacional.*

VII – os terrenos de marinha e seus acrescidos;

VIII – os potenciais de energia hidráulica;

IX – os recursos minerais, inclusive os do subsolo;

X – as cavidades naturais subterrâneas e os sítios arqueológicos e pré-históricos;

XI – as terras tradicionalmente ocupadas pelos índios.

§ 1º. É assegurada, nos termos da lei, aos Estados, ao Distrito Federal e aos Municípios, bem como a órgãos da Administração Direta da União, participação no resultado da exploração de petróleo ou gás natural, de recursos hídricos para fins de geração de energia elétrica e de outros recursos minerais no respectivo território, plataforma continental, mar territorial ou zona econômica exclusiva, ou compensação financeira por essa exploração.

- *V. Lei nº 7.990, de 28.12.1989, que institui, para os Estados, Distrito Federal e Municípios, compensação financeira pelo resultado da exploração de petróleo ou gás natural, de recursos hidrícos para fins de geração de energia elétrica, de recursos minerais em seus respectivos territórios, plataforma continental, mar territorial ou zona econômica exclusiva.*
- *V. Decreto nº 1, de 11.1.1991, regulamenta o pagamento da compensação financeira instituída pela Lei nº 7.990, de 28.12.1989.*
- *V. Lei nº 8.001, de 13.3.1990, que define os percentuais da distribuição da compensação financeira instituída pela Lei nº 7.990, de 28.12.1989.*
- *V. Lei nº 9.427, de 26.12.1996, que institui a Agência Nacional de Energia Elétrica – ANEEL, e disciplina o regime de concessões de serviços públicos de energia elétrica.*
- *V. Lei nº 9.478, de 6.8.1997, dispõe sobre a política energética nacional, as atividades relativas ao monopólio do petróleo, institui o Conselho Nacional de Política Energética e a Agência Nacional do Petróleo e dá outras providências.*
- *V. Lei nº 9.984, de 17.7.2000, dispõe sobre a criação da Agência Nacional de Água – ANA, entidade federal de implementação da Política Nacional de Recursos Hídricos e de coordenação do Sistema Nacional de Gerenciamento de Recursos Hídricos.*

§ 2º. A faixa de até 150 km (cento e cinqüenta quilômetros) de largura, ao longo das fronteiras terrestres, designada como faixa de fronteira, é considerada fundamental para defesa do Território Nacional, e sua ocupação e utilização serão reguladas em lei.

- *V. Lei nº 9.871, de 23.11.1999, estabelece prazo para as ratificações de concessões e alienações dos Estados na faixa de fronteira, com redação dada pela Lei nº 10.787, de 26.11.2003.*

Art. 21. Compete à União:

....

XII – explorar, diretamente ou mediante autorização, concessão ou permissão:

• *Inciso XII com redação dada pela Emenda Constitucional nº 8, de 15.8.1995.*

....

b) os serviços e instalações de energia elétrica e o aproveitamento energético dos cursos de água, em articulação com os Estados onde se situam os potenciais hidroenergéticos;

• *V. Lei nº 9.427, de 26.12.1996, que institui a Agência Nacional de Energia Elétrica – ANEEL, e disciplina o regime de concessões de serviços públicos de energia elétrica — Lei nº 9.648, de 27.5.1998, regulamentada pelo Decreto nº 2.655, de 2.7.1998, que autoriza o Poder Executivo a promover a reestruturação da Centrais Elétricas Brasileiras – ELETROBRÁS e de suas subsidiárias.*

....

XXIII – explorar os serviços e instalações nucleares de qualquer natureza e exercer monopólio estatal sobre a pesquisa, a lavra, o enriquecimento e reprocessamento, a industrialização e o comércio de minérios nucleares e seus derivados, atendidos os seguintes princípios e condições:

a) toda atividade nuclear em Território Nacional somente será admitida para fins pacíficos e mediante aprovação do Congresso Nacional;

• *V. Decreto-Lei nº 1.809, de 7.10.1980, regulamentado pelo Decreto nº 2.210, de 22.4.1997, que institui o SIPRON – Sistema de Proteção ao Programa Nuclear Brasileiro.*

b) sob regime de concessão ou permissão, é autorizada a utilização de radioisótopos para a pesquisa e usos medicinais, agrícolas, industriais e atividades análogas;

c) a responsabilidade civil por danos nucleares independe da existência de culpa;

• *V. Lei nº 6.453, de 17.10.1977, sobre responsabilidade civil por danos nucleares e responsabilidade criminal por atos relacionados com atividades nucleares.*

....

Art. 22. Compete privativamente à União legislar sobre:

....

III – requisições civis e militares, em caso de iminente perigo e em tempo de guerra;

IV – águas, energia, informática, telecomunicações e radiodifusão;

• *V. Lei nº 4.117, de 27.8.1962, Código Brasileiro de Telecomunicações e Lei nº 9.472, de 16.7.1997, Lei Geral das Telecomunicações — Lei nº 9.427, de 26.12.1996, que institui a Agência Nacional de Energia Elétrica – ANEEL, e disciplina o regime de concessões de serviços públicos de energia elétrica — Lei nº 8.987, de 13.2.1995, sobre concessões e permissões de serviços público — Lei nº 9.295, de 19.7.1996, sobre organização e órgão regulador dos serviços de telecomunicações — Decreto nº 3.896, de 23.8.2001, dispõe sobre a regência dos serviços de telecomunicações e dá outras providências — Resolução ANATEL nº 270, de 19.7.2001, Regimento Interno da Agência Nacional de Telecomunicações.*

....

XII – jazidas, minas, outros recursos minerais e metalurgia;

- *V. Decreto-Lei nº 227, de 28.2.1967, Código de Mineração.*

....

XXVI – atividades nucleares de qualquer natureza;

- *V. Decreto-Lei nº 1.809, de 7.10.1980, regulamentado pelo Decreto nº 2.210, de 22.4.1997, que institui o SIPRON – Sistema de Proteção ao Programa Nuclear Brasileiro.*

....

Parágrafo único. Lei complementar poderá autorizar os Estados a legislar sobre questões específicas das matérias relacionadas neste artigo.

Art. 23. É competência comum da União, dos Estados, do Distrito Federal e dos Municípios:

....

VI – proteger o meio ambiente e combater a poluição em qualquer de suas formas;

- *V. Lei nº 6.938, de 31.8.1981; Lei nº 9.605, de 12.2.1998; Lei nº 9.966, de 28.4.2000; Decreto nº 99.274, de 6.6.1990, sobre a Política Nacional do Meio Ambiente e Lei de Crimes Ambientais — Decreto nº 3.179, de 21.9.1999, sobre sanções aplicáveis às condutas e atividades lesivas ao meio ambiente — Decreto nº 4.297, de 10.7.2002, estabelece critérios para o Zoneamento Ecológico-Econômico do Brasil – ZEE. — Decreto nº 750, de 10.2.1993, dispõe sobre o corte, a exploração e a supressão de vegetação primária ou nos estágios avançado e médio de regeneração da Mata Atlântica.*

VII – preservar as florestas, a fauna e a flora;

- *V. Lei nº 4.771, de 15.9.1965, Código Florestal — Lei nº 5.197, de 3.1.1967, Código de Caça — Decreto-Lei nº 221, de 28.2.1967, Código de Pesca.*

....

XI – registrar, acompanhar e fiscalizar as concessões de direitos de pesquisa e exploração de recursos hídricos e minerais em seus territórios;

- *V. Lei nº 9.433, de 8.1.1997, sobre a Política Nacional de Recursos Hídricos e Sistema Nacional de gerenciamento de Recursos Hídricos.*

....

Art. 43. Para efeitos administrativos, a União poderá articular sua ação em um mesmo complexo geoeconômico e social, visando a seu desenvolvimento e à redução das desigualdades regionais.

....

§ 2º. Os incentivos regionais compreenderão, além de outros, na forma da lei:

....

IV – prioridade para o aproveitamento econômico e social dos rios e das massas de água represadas ou represáveis nas regiões de baixa renda, sujeitas a secas periódicas.

....

Art. 49. É da competência exclusiva do Congresso Nacional:

....

XVI – autorizar, em terras indígenas, a exploração e o aproveitamento de recursos hídricos e a pesquisa e lavra de riquezas minerais;

....

Art. 91. O Conselho de Defesa Nacional é órgão de consulta do Presidente da República nos assuntos relacionados com a soberania nacional e a defesa do Estado democrático, e dele participam como membros natos:

....

§ 1º. Compete ao Conselho de Defesa Nacional:

....

III – propor os critérios e condições de utilização de áreas indispensáveis à segurança do Território Nacional e opinar sobre seu efetivo uso, especialmente na faixa de fronteira e nas relacionadas com a preservação e a exploração dos recursos naturais de qualquer tipo;

....

Art. 155. Compete aos Estados e ao Distrito Federal instituir impostos sobre:

• *Art. 155, caput, com redação dada pela Emenda Constitucional nº 3, de 17.3.1993.*

I – transmissão *causa mortis* e doação, de quaisquer bens ou direitos;

• *Inciso I com redação dada pela Emenda Constitucional nº 3, de 17.3.1993.*

....

§ 3º. À exceção dos impostos de que tratam o inciso II do *caput* deste artigo e o art. 153, I e II, nenhum outro imposto poderá incidir sobre operações relativas a energia elétrica, serviços de telecomunicações, derivados de petróleo, combustíveis e minerais do País.

• *§ 3º com redação dada pela Emenda Constitucional nº 33, de 11.12.2001.*

....

Art. 170. A ordem econômica, fundada na valorização do trabalho humano e na livre iniciativa, tem por fim assegurar a todos existência digna, conforme os ditames da justiça social, observados os seguintes princípios:

I – soberania nacional;

II – propriedade privada;

III – função social da propriedade;

IV – livre concorrência;

• *V. arts. 1º, caput; 20, I; 21, VIII; 27, V; e 54, caput, da Lei nº 8.884, de 11.6.1994, sobre a livre concorrência.*

....

VI – defesa do meio ambiente, inclusive mediante tratamento diferenciado conforme o impacto ambiental dos produtos e serviços e de seus processos de elaboração e prestação;

• *Inciso VI com redação dada pela Emenda Constitucional nº 42, de 19.12.2003.*

• *V. Lei nº 9.605, de 12.2.1998, Lei de Crimes Ambientais. — Regulamentada pelo Decreto nº 3.179, de 21.9.1999.*

....

IX – tratamento favorecido para as empresas de pequeno porte constituídas sob as leis brasileiras e que tenham sua sede e administração no País.

• *Inciso IX com redação dada pela Emenda Constitucional nº 6, de 15.8.1995.*

• *V. Lei nº 9.841, de 5.10.1999, Estatuto da Microempresa e da Empresa de Pequeno Porte. — Lei nº 9.317, de 5.12.1996, Regime Tributário Simplificado - SIMPLES.*

....

Parágrafo único. É assegurado a todos o livre exercício de qualquer atividade econômica, independentemente de autorização de órgãos públicos, salvo nos casos previstos em lei.

....

Art. 174. Como agente normativo e regulador da atividade econômica, o Estado exercerá, na forma da lei, as funções de fiscalização, incentivo e planejamento, sendo este determinante para o setor público e indicativo para o setor privado.

§ 1º. A lei estabelecerá as diretrizes e bases do planejamento do desenvolvimento nacional equilibrado, o qual incorporará e compatibilizará os planos nacionais e regionais de desenvolvimento.

§ 2º. A lei apoiará e estimulará o cooperativismo e outras formas de associativismo.

§ 3º. O Estado favorecerá a organização da atividade garimpeira em cooperativas, levando em conta a proteção do meio ambiente e a promoção econômico-social dos garimpeiros.

§ 4º. As cooperativas a que se refere o parágrafo anterior terão prioridade na autorização ou concessão para pesquisa e lavra dos recursos e jazidas de minerais garimpáveis, nas áreas onde estejam atuando, e naquelas fixadas de acordo com o art. 21, XXV, na forma da lei.

....

Art. 176. As jazidas, em lavra ou não, e demais recursos minerais e os potenciais de energia hidráulica constituem propriedade distinta da do solo, para efeito de exploração ou aproveitamento, e pertencem à União, garantida ao concessionário a propriedade do produto da lavra.

§ 1º. A pesquisa e a lavra de recursos minerais e o aproveitamento dos potenciais a que se refere o *caput* deste artigo somente poderão ser efetuados mediante autorização ou concessão da União, no interesse nacional, por brasileiros ou empresa constituída sob as leis brasileiras e que tenha sua sede e administração no País, na forma da lei, que estabelecerá as condições específicas quando essas atividades se desenvolverem em faixa de fronteira ou terras indígenas.

• *§ 1º com redação dada pela Emenda Constitucional nº 6, de 15.8.1995.*

§ 2º. É assegurada participação ao proprietário do solo nos resultados da lavra, na forma e no valor que dispuser a lei.

• *V. Lei regulamentadora nº 8.901, de 30.6.1994.*

§ 3º. A autorização de pesquisa será sempre por prazo determinado e as autorizações e concessões previstas neste artigo não poderão ser cedidas ou transferidas, total ou parcialmente, sem prévia anuência do poder concedente.

§ 4º. Não dependerá de autorização ou concessão o aproveitamento do potencial de energia renovável de capacidade reduzida.

Art. 177. Constituem monopólio da União:

I – a pesquisa e a lavra das jazidas de petróleo e gás natural e outros hidrocarbonetos fluidos;

II – a refinação do petróleo nacional ou estrangeiro;

III – a importação e exportação dos produtos e derivados básicos resultantes das atividades previstas nos incisos anteriores;

IV – o transporte marítimo do petróleo bruto de origem nacional ou de derivados básicos de petróleo produzidos no País, bem assim o transporte, por meio de conduto, de petróleo bruto, seus derivados e gás natural de qualquer origem;

V – a pesquisa, a lavra, o enriquecimento, o reprocessamento, a industrialização e o comércio de minérios e minerais nucleares e seus derivados.

§ 1º. A União poderá contratar com empresas estatais ou privadas a realização das atividades previstas nos incisos I a IV deste artigo, observadas as condições estabelecidas em lei.

• *§ 1º com redação dada pela Emenda Constitucional nº 9, de 9.11.1995.*

§ 2º. A lei a que se refere o § 1º disporá sobre:

I – a garantia do fornecimento dos derivados de petróleo em todo o Território Nacional;

II – as condições de contratação;

III – a estrutura e atribuições do órgão regulador do monopólio da União.

• *§ 2º acrescido pela Emenda Constitucional nº 9, de 9.11.1995.*

• *V. Lei nº 9.478, de 6.8.1997, institui o Conselho Nacional de Política Energética e a Agência Nacional do Petróleo — Lei nº 9.847, de 26.10.1999, sobre a fiscalização relativa às atividades de que trata a Lei nº 9.478, de 6.8.1997.*

§ 3º. A lei disporá sobre o transporte e a utilização de materiais radioativos no Território Nacional.

• *Antigo § 2º, renumerado pela Emenda Constitucional nº 9, de 9.11.1995.*

§ 4º. A lei que instituir contribuição de intervenção no domínio econômico relativa às atividades de importação ou comercialização de petróleo e seus derivados, gás natural e seus derivados e álcool combustível deverá atender aos seguintes requisitos:

I – a alíquota da contribuição poderá ser:

a) diferenciada por produto ou uso;

b) reduzida e restabelecida por ato do Poder Executivo, não se lhe aplicando o disposto no art. 150, III, *b*;

II – os recursos arrecadados serão destinados:

a) ao pagamento de subsídios a preços ou transporte de álcool combustível, gás natural e seus derivados e derivados de petróleo;

b) ao financiamento de projetos ambientais relacionados com a indústria do petróleo e do gás;

c) ao financiamento de programas de infra-estrutura de transportes.

• *§ 4º acrescido pela Emenda Constitucional nº 33, de 11.12.2001.*

- *V. Lei nº 10.336, de 19.12.2001, que institui Contribuição de Intervenção no Domínio Econômico incidente sobre a importação e a comercialização de petróleo e seus derivados, gás natural e seus derivados, e álcool etílico combustível (Cide).*
- *V. Lei nº 10.453, de 13.5.2002, sobre subvenções ao preço e ao transporte do álcool combustível e subsídios ao preço do gás liqüefeito de petróleo – GLP, dispõe em seu art. 1º: "Parcela dos recursos financeiros oriundos da arrecadação da contribuição de intervenção no domínio econômico de que trata o art. 177, § 4º, da Constituição, será destinada à concessão de subvenções aos preços ou ao transporte do álcool combustível e de subsídios ao preço do gás liqüefeito de petróleo – GLP."*

....

Art. 225. Todos têm direito ao meio ambiente ecologicamente equilibrado, bem de uso comum do povo e essencial à sadia qualidade de vida, impondo-se ao Poder Público e à coletividade o dever de defendê-lo e preservá-lo para as presentes e futuras gerações.

....

§ 2º. Aquele que explorar recursos minerais fica obrigado a recuperar o meio ambiente degradado, de acordo com solução técnica exigida pelo órgão público competente, na forma da lei.

- *V. Decreto-Lei nº 227, de 28.2.1967, Código de Mineração.*

....

Art. 231. São reconhecidos aos índios sua organização social, costumes, línguas, crenças e tradições, e os direitos originários sobre as terras que tradicionalmente ocupam, competindo à União demarcá-las, proteger e fazer respeitar todos os seus bens.

....

§ 3º. O aproveitamento dos recursos hídricos, incluídos os potenciais energéticos, a pesquisa e a lavra das riquezas minerais em terras indígenas só podem ser efetivados com autorização do Congresso Nacional, ouvidas as comunidades afetadas, ficando-lhes assegurada participação nos resultados da lavra, na forma da lei.

§ 4º. As terras de que trata este artigo são inalienáveis e indisponíveis, e os direitos sobre elas, imprescritíveis.

....

§ 6º. São nulos e extintos, não produzindo efeitos jurídicos, os atos que tenham por objeto a ocupação, o domínio e a posse das terras a que se refere este artigo, ou a exploração das riquezas naturais do solo, dos rios e dos lagos nelas existentes, ressalvado relevante interesse público da União, segundo o que dispuser lei complementar, não gerando a nulidade e a extinção direito à indenização ou a ações contra a União, salvo, na forma da lei, quanto às benfeitorias derivadas da ocupação de boa-fé.

§ 7º. Não se aplica às terras indígenas o disposto no art. 174, §§ 3º e 4º.

....

Brasília, 5 de outubro de 1988.

LEGISLAÇÃO COMPLEMENTAR E ALTERADORA

LEI Nº 5.732, DE 16 DE NOVEMBRO DE 1971

Dispõe sobre os dividendos da União na Companhia Vale do Rio Doce – CVRD, altera o Decreto-Lei nº 1.038, de 21 de outubro de 1969, e dá outras providências.

O Presidente da República, faço saber o Congresso Nacional decreta e eu sanciono a seguinte Lei:

Art. 1º. A União destinará, dos dividendos que lhe couberem na Companhia Vale do Rio Doce – CVRD, a partir dos correspondentes ao exercício social de 1971:

I – 80% (oitenta por cento), a investimentos de risco, através da Companhia de Pesquisa de Recursos Minerais – CPRM, que os contabilizará, como crédito da União para integralização de capital, incorporando-os ao fundo financeiro previsto no art. 25 do Decreto-Lei nº 764, de 15 de agosto de 1969, para aplicação prioritária na prestação de assistência financeira à pesquisa mineral;

II – 20% (vinte por cento) ao Fundo Nacional de Mineração, para aplicação exclusiva na investigação e no desenvolvimento de processos de beneficiamento mineral.

• ***Vide Lei nº 5.926, de 9.10.1973, a seguir nesta edição.***

Parágrafo único. As parcelas de que tratam os itens I e II deste artigo serão depositadas no Banco Nacional do Desenvolvimento Econômico e no

Banco do Brasil S.A., respectivamente, em duodécimos mensais, a partir do primeiro dia de distribuição dos dividendos aos demais acionistas, à conta, a primeira, da Companhia de Pesquisa de Recursos Minerais – CPRM, e a segunda, do Fundo Nacional de Mineração.

Art. 2º. Os arts. 18 e 19 do Decreto-Lei nº 1.038, de 21 de outubro de 1969, passam a vigorar com a seguinte redação:

• Alterações já efetuadas no corpo da Lei.

Art. 3º. O § 1º do art. 6º do Decreto-Lei nº 764, de 15 de agosto de 1969, passa a vigorar com a seguinte redação:

§ 1º. Não se aplica à CPRM o disposto nos artigos 31 e 32 do Código de Mineração, ficando, outrossim, em seu favor, ampliado de 10 (dez) vezes o número de autorizações de pesquisa para cada substância mineral, bem como de 5 (cinco) vezes o número do limite máximo para a mesma classe, de que trata o art. 26 do mesmo Código de Mineração (Decreto-Lei nº 227 de 28 de fevereiro de 1967).

• § 1º com redação dada pela Lei nº 5.732, de 16.11.1971.

Art. 4º. Esta Lei entrará em vigor na data de sua publicação, revogadas as disposições em contrário.

Brasília, 16 de novembro de 1971; 150º da Independência e 83º da República.

Emílio G. Médici

DOU de 18.11.1971

LEI Nº 5.874, DE 11 DE MAIO DE 1973

Acrescenta parágrafos ao art. 17, do Decreto-Lei nº 1.038, de 21 de outubro de 1969, que "estabelece normas relativas ao Imposto Único sobre Minerais, e dá outras providências."

O Presidente da República, faço saber que o Congresso Nacional decreta e eu sanciono a seguinte Lei:

Art. 1º. O art. 17 do Decreto-Lei nº 1.038, de 21 de outubro de 1969, é acrescido dos seguintes parágrafos:

• Alterações já efetuadas no corpo da Lei.

Art. 2º. Os dividendos, que couberem à União por sua participação na Companhia de Pesquisa de Recursos Minerais – C.P.R.M., serão contabilizados pela sociedade, como crédito da União, para integralização de seu capital.

Art. 3º. Esta Lei entra em vigor na data de sua publicação, revogadas as disposições em contrário.

Brasília, 11 de maio de 1973; 152º da Independência e 85º da República.

Emílio G. Médici

DOU de 15.5.1973

LEI Nº 5.926, DE 9 DE OUTUBRO DE 1973

Altera o art. 1º, da Lei nº 5.732, de 16 de novembro de 1971, que dispõe sobre os dividendos da União na Companhia Vale do Rio Doce – CVRD – e dá outras providências.

O Presidente da República, faço saber que o Congresso Nacional decreta e eu sanciono a seguinte Lei:

Art. 1º. A partir do exercício social de 1973, os dividendos que forem atribuídos à União, por sua participação no capital social da Companhia Vale do Rio Doce – CVRD – a que se refere o art. 1º, da Lei nº 5.732, de 16 de novembro de 1971, terão a seguinte destinação:

I – na proporção de 0,5% (meio por cento) do capital social da Sociedade à conta e à ordem do Departamento Nacional da Produção Mineral – DNPM;

II – o restante será contabilizado na Sociedade como crédito da União para aumento do capital social.

Parágrafo único. Os recursos de que trata o item I serão depositados no Banco do Brasil S.A., em duodécimos, a partir da data de início do pagamento dos dividendos aos demais acionistas.

Art. 2º. Os recursos previstos no item I do art. 1º serão aplicados pelo DNPM no desenvolvimento de processos de beneficiamento de minerais, mediante convênio com a Companhia de Pesquisa de Recursos Minerais – CPRM.

Art 3º Esta Lei entrará em vigor na data de sua publicação, revogadas as disposições em contrário.

Brasília, 9 de outubro de 1973; 152º da Independência e 85º da República.

Emílio G. Médici

DOU de 10.10.1973

LEI Nº 6.403, DE 15 DE DEZEMBRO DE 1976

Modifica dispositivos do Decreto-Lei nº 227, de 28 de fevereiro de 1967 (Código de Mineração), alterado pelo Decreto-Lei nº 318, de 14 de março de 1967.

O Presidente da República, faço saber que o Congresso Nacional decreta e eu sanciono a seguinte Lei:

Art. 1º. O § 1º do art. 8º; o art. 11; o item I do art. 16; os arts. 18, 19, 20 e 32; o item XVI do art. 47; e os arts. 75 e 76 do Decreto-Lei nº 227, de 28 de fevereiro de 1967, alterado pelo Decreto-Lei nº 318, de 14 de março de 1967, passam a vigorar com a seguinte redação, acrescido o seu art. 65 dos §§ 1º, 2º e 3º:

- ***Alteração já efetuada no corpo da Lei.***

Art. 2º. Esta Lei entra em vigor na data de sua publicação.

Art. 3º. Revogam-se as disposições em contrário.

Brasília, 15 de dezembro de 1976; 155º da Independência e 88º da República.

Ernesto Geisel – Shigeaki Ueki

DOU de 16.12.1976

LEI Nº 6.567, DE 24 DE SETEMBRO DE 1978

Dispõe sobre regime especial para exploração e o aproveitamento das substâncias minerais que especifica e dá outras providências.

O Presidente da República, faço saber que o Congresso Nacional decreta e eu sanciono a seguinte Lei:

Art. 1º. Poderão ser aproveitados pelo regime de licenciamento, ou de autorização e concessão, na forma da lei:

I – areias, cascalhos e saibros para utilização imediata na construção civil, no preparo de agregados e argamassas, desde que não sejam submetidos a processo industrial de beneficiamento, nem se destinem como matéria-prima à indústria de transformação;

II – rochas e outras substâncias minerais, quando aparelhadas para paralelepípedos, guias, sarjetas, moirões e afins;

III – argilas usadas no fabrico de cerâmica vermelha;

IV – rochas, quando britadas para uso imediato na construção civil e os calcários empregados como corretivo de solo na agricultura.

Parágrafo único. O aproveitamento das substâncias minerais referidas neste artigo fica adstrito à área máxima de cinqüenta hectares.

• Art. 1º com redação dada pela Lei nº 8.982, de 24.1.1995.

Art. 2º. O aproveitamento mineral por licenciamento é facultado exclusivamente ao proprietário do solo ou a quem dele tiver expressa autorização, salvo se a jazida situar-se em imóveis pertencentes a pessoa jurídica de direito público, bem como na hipótese prevista no § 1º do art. 10.

Art. 3º. O licenciamento depende da obtenção, pelo interessado, de licença específica, expedida pela autoridade administrativa local, no município de situação da jazida, e da efetivação do competente registro no Departamento Nacional da Produção Mineral (DNPM), do Ministério das Minas e Energia, mediante requerimento cujo processamento será disciplinado em portaria do Diretor-Geral desse órgão, a ser expedida no prazo de 60 (sessenta) dias da publicação desta Lei.

Parágrafo único. Tratando-se de aproveitamento de jazida situada em imóvel pertencente a pessoa jurídica de direito público, o licenciamento ficará sujeito ao prévio assentimento desta e, se for o caso, à audiência da autoridade federal sob cuja jurisdição se achar o imóvel, na forma da legislação específica.

Art. 4º. O requerimento de registro de licença sujeita o interessado ao pagamento de emolumentos em quantia correspondente a 12 (doze) vezes o valor atualizado da Obrigação Reajustável do Tesouro Nacional (ORTN), a qual deverá ser antecipadamente recolhida ao Banco do Brasil S.A., à conta do Fundo Nacional de Mineração-Parte Disponível, Instituído pela Lei nº 4.425, de 8 de outubro de 1964.

Art. 5º. Da instrução do requerimento de registro da licença deverá constar, dentre outros elementos, a comprovação da nacionalidade brasileira do interessado, pessoa natural, ou registro da sociedade no órgão de registro de comércio de sua sede, se se tratar de pessoa jurídica, bem assim da inscrição do requerente no órgão próprio do Ministério da Fazenda, como contribuinte do imposto único sobre minerais, e memorial descritivo da área objetivada na licença.

Parágrafo único. O licenciamento fica adstrito à área máxima de 50 (cinqüenta) hectares.

Art. 6º. Será autorizado pelo Diretor-Geral do DNPM e efetuado em livro próprio o registro da licença, do qual se formalizará extrato a ser publicado no *Diário Oficial* da União, valendo como título do licenciamento.

Parágrafo único. Incumbe à autoridade municipal exercer vigilância para assegurar que o aproveitamento da substância mineral só se efetive depois de apresentado ao órgão local competente o título de licenciamento de que trata este artigo.

Art. 7º. O licenciado é obrigado a comunicar, imediatamente, ao DNPM a ocorrência de qualquer substância mineral útil não compreendida no licenciamento.

§ 1º. Se julgada necessária a realização de trabalhos de pesquisa, em razão das novas substâncias ocorrentes na área, o DNPM expedirá ofício ao titular, concedendo-lhe o prazo de 60 (sessenta) dias, contado da publicação da respectiva intimação no *Diário Oficial* da União, para requerer a competente autorização, na forma do art. 16 do Código de Mineração.

§ 2º. O plano de pesquisa pertinente deverá abranger as novas substâncias minerais ocorrentes, bem como as constantes do título de licenciamento, com a finalidade de determinar-se o potencial econômico da área.

§ 3º. Decorrido o prazo fixado no § 1º, sem que haja o licenciado formulado requerimento de autorização de pesquisa, será determinado o cancelamento do registro da licença, por ato do Diretor-Geral do DNPM, publicado no *Diário Oficial* da União.

§ 4º. O aproveitamento de substância mineral, de que trata o art. 1º, não constante do título de licenciamento, dependerá da obtenção, pelo interessado, de nova licença e da efetivação de sua averbação à margem do competente registro no DNPM.

Art. 8º. A critério do DNPM, poderá ser exigida a apresentação de plano de aproveitamento econômico da jazida, observado o disposto no art. 39 do Código de Mineração.

Parágrafo único. Na hipótese prevista neste artigo, aplicar-se-á ao titular do licenciamento o disposto no art. 47 do Código de Mineração.

Art. 9º. O titular do licenciamento é obrigado a apresentar ao DNPM, até 31 de março de cada ano, relatório simplificado das atividades desenvolvidas no ano anterior, consoante for estabelecido em portaria do Diretor-Geral desse órgão.

Art. 10. Será ainda determinado o cancelamento do registro de licença, por ato do Diretor-Geral do DNPM, publicado no *Diário Oficial* da União, nos casos de:

I – insuficiente produção da jazida, considerada em relação às necessidades do mercado consumidor;

II – suspensão, sem motivo justificado, dos trabalhos de extração, por prazo superior a 6 (seis) meses;

III – aproveitamento de substâncias minerais não abrangidas pelo licenciamento, após advertência.

§ 1º. Publicado o ato determinativo do cancelamento do registro de licença, a habilitação ao aproveitamento da jazida, sob o regime de licenciamento, estará facultada a qualquer interessado, independentemente de autorização do proprietário do solo, observados os demais requisitos previstos nesta Lei.

§ 2º. É vedado ao proprietário do solo, titular do licenciamento cujo registro haja sido cancelado, habilitar-se ao aproveitamento da jazida na forma do parágrafo anterior.

Art. 11. O titular do licenciamento obtido nas circunstâncias de que trata o § 1º do artigo anterior é obrigado a pagar ao proprietário do solo renda pela ocupação do terreno e indenização pelos danos ocasionados ao imóvel, em decorrência do aproveitamento da jazida, observado, no que couber, o disposto no art. 27 do Código de Mineração.

Art. 12. (Revogado).

• ***Art. 12 revogado pela Lei nº 8.982, de 24.1.1995.***

Art. 13. Os requerimentos de autorização de pesquisa de substâncias minerais integrantes da Classe II e de argilas empregadas no fabrico de cerâmica vermelha, pendentes de decisão, serão arquivados por despacho do Diretor-Geral do DNPM, assegurada aos respectivos interessados a restituição dos emolumentos que hajam sido pagos.

Art. 14. Nos processos referentes a requerimentos de registro de licença, pendentes de decisão, os interessados deverão recolher, no prazo de 60 (sessenta) dias a partir da entrada em vigor desta Lei, os emolumentos pertinentes, nos termos do art. 4º, e apresentar ao DNPM, dentro do mesmo prazo, o respectivo comprovante, sob pena do indeferimento do pedido.

Art. 15. O item II do art. 22 (Vetado) do Decreto-Lei nº 227, de 28 de fevereiro de 1967, alterado pelo Decreto-Lei nº 318, de 14 de março de 1967 e pela Lei nº 6.403, de 15 de dezembro de 1976, passam a vigorar com a seguinte redação:

• ***Alteração já efetuada no corpo da Lei.***

Art. 16. Esta Lei entra em vigor na data de sua publicação.

Art. 17. Revogam-se as disposições em contrário, especialmente o art. 8º do Decreto-Lei nº 227, de 28 de fevereiro de 1967, alterado pela Lei nº 6.403, de 15 de dezembro de 1976.

Brasília, em 24 de setembro de 1978; 157º da Independência e 90º da República.

Ernesto Geisel – Shigeaki Ueki

DOU de 26.9.1978

LEI Nº 6.726, DE 21 DE NOVEMBRO DE 1979

Dá nova redação ao parágrafo único do art. 27 do Decreto-Lei nº 7.841 de 8 de agosto de 1945 – Código de Águas Minerais.

O Presidente da República, faço saber que o Congresso Nacional decreta e eu sanciono a seguinte Lei:

Art. 1º. O parágrafo único do art. 27 do Decreto-Lei nº 7.841, de 8 de agosto de 1945, passa a ter a seguinte redação:

- ***Alteração já efetuada no corpo da Lei.***

Art. 2º. Esta Lei entrará em vigor na data de sua publicação.

Art. 3º. Revogam-se as disposições em contrário.

Brasília, em 21 de novembro de 1979; 158º da Independência e 91º da República.

João Figueiredo

DOU de 22.11.1979

LEI Nº 7.085, DE 21 DE DEZEMBRO DE 1982

Modifica dispositivos do Decreto-Lei nº 227, de 28 de fevereiro de 1967 – Código de Mineração, com as alterações posteriores.

O Presidente da República, faço saber que o Congresso Nacional decreta e eu sanciono a seguinte Lei:

Art. 1º. Os seguintes dispositivos do Decreto-Lei nº 227, de 28 de fevereiro de 7967, alterado pelo Decreto-Lei nº 318, de 14 de março de 1967, pelo Decreto-Lei, 330, de 13 de setembro de 1967, pelo Decreto-Lei nº 723, de 31 e julho de 1969, pela Lei nº 6.403, de 15 de dezembro de 1976, e pela Lei nº 6.567, de 24 de setembro de 1978, passam a vigorar com a seguinte redação:

- ***Alteração já efetuada no corpo da Lei.***

Art. 2º. Esta Lei entra em vigor na data de sua publicação.

Art. 3º. Revogam-se as disposições em contrário.

Brasília, em 21 de dezembro de 1982; 161º da Independência e 94º da República.

João Figueiredo – Cesar Cals Filho

DOU de 22.12.1982

LEI Nº 7.805, DE 18 DE JULHO DE 1989

Altera o Decreto-Lei nº 227, de 28 de fevereiro de 1967, cria o regime de permissão de lavra garimpeira, extingue o regime de matrícula, e dá outras providências.

O Presidente da República, faço saber que o Congresso Nacional decreta e eu sanciono a seguinte Lei:

Art. 1º. Fica instituído o regime de permissão de lavra garimpeira.

Parágrafo único. Para os efeitos desta Lei, o regime de permissão de lavra garimpeira é o aproveitamento imediato de jazimento mineral que, por sua natureza, dimensão, localização e utilização econômica, possa ser lavrado, independentemente de prévios trabalhos de pesquisa, segundo critérios fixados pelo Departamento Nacional de Produção Mineral – DNPM.

Art. 2º. A permissão de lavra garimpeira em área urbana depende de assentimento da autoridade administrativa local, no Município de situação do jazimento mineral.

Art. 3º. A outorga da permissão de lavra garimpeira depende de prévio licenciamento ambiental concedido pelo órgão ambiental competente.

Art. 4º. A permissão de lavra garimpeira será outorgada pelo Diretor-Geral do Departamento Nacional de Produção Mineral – DNPM, que regulará, mediante portaria, o respectivo procedimento para habilitação.

Art. 5º. A permissão de lavra garimpeira será outorgada a brasileiro, a cooperativa de garimpeiros, autorizada a funcionar como empresa de mineração, sob as seguintes condições:

I – a permissão vigorará por até 5 (cinco) anos, podendo, a critério do Departamento Nacional de Produção Mineral – DNPM, ser sucessivamente renovada;

II – o título é pessoal e, mediante anuência do Departamento Nacional de Produção Mineral – DNPM, transmissível a quem satisfizer os requisitos desta Lei. Quando outorgado a cooperativa de garimpeiros, a transferência dependerá ainda de autorização expressa da Assembléia Geral;

III – a área permissionada não poderá exceder 50 (cinqüenta) hectares, salvo quando outorgada a cooperativa de garimpeiros.

Art. 6º. Se julgar necessária a realização de trabalhos de pesquisa, o Departamento Nacional de Produção Mineral – DNPM, de ofício ou por solicitação do permissionário, intima-lo-á a apresentar projetos de pesquisa, no prazo de 90 (noventa) dias, contado da data da publicação de intimação do Diário Oficial da União.

Parágrafo único. Em caso de inobservância, pelo interessado, do prazo a que se refere o *caput* deste artigo, o Departamento Nacional de Produção Mineral – DNPM cancelará a permissão ou reduzir-lhe-á a área.

Art. 7º. A critério do Departamento Nacional de Produção Mineral – DNPM, será admitida a permissão de lavra garimpeira em área de manifesto de mina ou de concessão de lavra, com autorização do titular, quando houver viabilidade técnica e econômica no aproveitamento por ambos os regimes.

§ 1º. Havendo recusa por parte do titular da concessão ou do manifesto, o Departamento Nacional de Produção Mineral – DNPM conceder-lhe-á o prazo de 90 (noventa) dias para que apresente projeto de pesquisa para efeito de futuro aditamento de nova substância ao título original, se for o caso.

§ 2º. Decorrido o prazo de que trata o parágrafo anterior sem que o titular haja apresentado o projeto de pesquisa, o Departamento Nacional de Produção Mineral – DNPM poderá conceder a permissão de lavra garimpeira.

Art. 8º. A critério do Departamento Nacional de Produção Mineral – DNPM, será admitida a concessão de lavra em área objeto de permissão de lavra garimpeira, com autorização do titular, quando houver viabilidade técnica e econômica no aproveitamento por ambos os regimes.

Art. 9º. São deveres do permissionário de lavra garimpeira:

I – iniciar os trabalhos de extração no prazo de 90 (noventa) dias, contado da data da publicação do título no Diário Oficial da União, salvo motivo justificado;

II – extrair somente as substâncias minerais indicadas no título;

III – comunicar imediatamente ao Departamento Nacional de Produção Mineral – DNPM a ocorrência de qualquer outra substância mineral não incluída no título, sobre a qual, nos casos de substâncias e jazimentos garimpáveis, o titular terá direito de aditamento ao título permissionado;

IV – executar os trabalhos de mineração com observância das normas técnicas e regulamentares, baixadas pelo Departamento Nacional de Produção Mineral – DNPM e pelo órgão ambiental competente;

V – evitar o extravio das águas servidas, drenar e tratar as que possam ocasionar danos a terceiros;

VI – diligenciar no sentido de compatibilizar os trabalhos de lavra com a proteção do meio ambiente;

VII – adotar as providências exigidas pelo Poder Público;

VIII – não suspender os trabalhos de extração por prazo superior a 120 (cento e vinte) dias, salvo motivo justificado;

IX – apresentar ao Departamento Nacional de Produção Mineral – DNPM, até o dia 15 de março de cada ano, informações quantitativas da produção e comercialização, relativas ao ano anterior; e

X – responder pelos danos causados a terceiros, resultantes, direta ou indiretamente, dos trabalhos de lavra.

§ 1º. O não-cumprimento das obrigações referidas no *caput* deste artigo sujeita o infrator às sanções de advertência e multa, previstas nos incisos I e II do art. 63 do Decreto-Lei nº 227, de 28 de fevereiro de 1967, e de cancelamento da permissão.

§ 2º. A multa inicial variará de 10 (dez) a 200 (duzentas) vezes o Maior Valor de Referência – MVR, estabelecido de acordo com o disposto no art. 2º da Lei nº 6.205, de 29 de abril de 1975, devendo as hipóteses e os respectivos valores ser definidos em portaria do Diretor-Geral do Departamento Nacional de Produção Mineral – DNPM.

§ 3º. A permissão de lavra garimpeira será cancelada, a juízo do Departamento Nacional de Produção Mineral – DNPM, na hipótese de que trata o parágrafo único do art. 6º desta Lei.

§ 4º. O disposto no § 1º deste artigo não exclui a aplicação das sanções estabelecidas na legislação ambiental.

Art. 10. Considera-se garimpagem a atividade de aproveitamento de substâncias minerais garimpáveis, executadas no interior de áreas estabelecidas para este fim, exercida por brasileiro, cooperativa de garimpeiros, autorizada a funcionar como empresa de mineração, sob o regime de permissão de lavra garimpeira.

§ 1º. São considerados minerais garimpáveis o ouro, o diamante, a cassiterita, a columbita, a tantalita e wolframita, nas formas aluvionar, eluvionar e coluvial; a sheelita, as demais gemas, o rutilo, o quartzo, o berilo, a muscovita, o espodumênio, a lepidolita, o feldspato, a mica e outros, em tipos de ocorrência que vierem a ser indicados, a critério do Departamento Nacional de Produção Mineral – DNPM.

§ 2º. O local em que ocorre a extração de minerais garimpáveis, na forma deste artigo, será genericamente denominado garimpo.

Art. 11. O Departamento Nacional de Produção Mineral – DNPM estabelecerá as áreas de garimpagem, levando em consideração a ocorrência de bem mineral garimpável, o interesse do setor mineral e as razões de ordem social e ambiental.

Art. 12. Nas áreas estabelecidas para garimpagem, os trabalhos deverão ser realizados preferencialmente em forma associativa, com prioridade para as cooperativas de garimpeiros.

Art. 13. A criação de áreas de garimpagem fica condicionada à prévia licença do órgão ambiental competente.

Art. 14. Fica assegurada às cooperativas de garimpeiros prioridade para obtenção de autorização ou concessão para pesquisa e lavra nas áreas onde estejam atuando, desde que a ocupação tenha ocorrido nos seguintes casos:

I – em áreas consideradas livres, nos termos do Decreto-Lei nº 227, de 28 de fevereiro de 1967;

II – em áreas requeridas com prioridade, até a entrada em vigor desta Lei,

III – em áreas onde sejam titulares de permissão de lavra garimpeira.

§ 1º. A cooperativa comprovará, quando necessário, o exercício anterior da garimpagem na área.

§ 2º. O Departamento Nacional de Produção Mineral – DNPM promoverá a delimitação da área e proporá sua regulamentação na forma desta Lei.

Art. 15. Cabe ao Poder Público favorecer a organização da atividade garimpeira em cooperativas, devendo promover o controle, a segurança, a higiene, a proteção ao meio ambiente na área explorada e a prática de melhores processos de extração e tratamento.

Art. 16. A concessão de lavras depende de prévio licenciamento do órgão ambiental competente.

Art. 17. A realização de trabalhos de pesquisa e lavra em áreas de conservação dependerá de prévia autorização do órgão ambiental que as administre.

Art. 18. Os trabalhos de pesquisa ou lavra que causarem danos ao meio ambiente são passíveis de suspensão temporária ou definitiva, de acordo com parecer do órgão ambiental competente.

Art. 19. O titular de autorização de pesquisa, de permissão de lavra garimpeira, de concessão de lavra, de licenciamento ou de manifesto de mina responde pelos danos causados ao meio ambiente.

Art. 20. O beneficiamento de minérios em lagos, rios e quaisquer correntes de água só poderá ser realizado de acordo com a solução técnica aprovada pelos órgãos competentes.

Art. 21. A realização de trabalhos de extração de substâncias minerais, sem a competente permissão, concessão ou licença, constitui crime, sujeito a penas de reclusão de 3 (três) meses a 3 (três) anos e multa.

Parágrafo único. Sem prejuízo da ação penal cabível, nos termos deste artigo, a extração mineral realizada sem a competente permissão, concessão ou licença acarretará a apreensão do produto mineral, das máquinas, veículos e equipamentos utilizados, os quais, após transitada em julgado a sentença que condenar o infrator, serão vendidos em hasta pública e o produto da venda recolhido à conta do Fundo Nacional de Mineração, instituído pela Lei nº 4.425, de 8 de outubro de 1964.

Art. 22. Fica extinto o regime de matrícula de que tratam o inciso III, do art. 2º, e o art. 73 do Decreto-Lei nº 227, de 28 de fevereiro de 1967.

Parágrafo único. Os certificados de matrícula em vigor terão validade por mais 6 (seis) meses, contados da data de publicação desta Lei.

Art. 23. A permissão de lavra garimpeira de que trata esta Lei:

a) não se aplica a terras indígenas;

b) quando na faixa de fronteira, além do disposto nesta Lei, fica ainda sujeita aos critérios e condições que venham a ser estabelecidos, nos termos do inciso III, do § 1º, do art. 91, da Constituição Federal.

Art. 24. O Poder Executivo regulamentará esta Lei no prazo de 120 (cento e vinte) dias, contados da data de sua publicação.

Art. 25. Esta Lei entra em vigor na data de sua publicação.

Art. 26. Revogam-se as disposições em contrário.

Brasília, 18 de julho de 1989; 168º da Independência e 101º da República.

José Sarney – Vicente Cavalcante Fialho

DOU de 20.7.1989

LEI Nº 7.886, DE 20 DE NOVEMBRO DE 1989

Regulamenta o art. 43 do Ato das Disposições Constitucionais Transitórias e dá outras providências.

O Presidente da República, Faço saber que o Congresso Nacional decreta e eu sanciono a seguinte Lei:

Art. 1º. Tornar-se-ão sem efeito, no dia 5 de outubro de 1989, e, sem exceção, na forma do art. 43 do Ato das Disposições Constitucionais Transitórias, as autorizações de pesquisa, as concessões de lavra, os manifestos de minas, as licenças e demais títulos atributivos de direitos minerários, caso os respectivos trabalhos de pesquisa ou de lavra não hajam sido comprovadamente iniciados nos prazos legais ou estejam inativos.

Art. 2º. Os titulares de direitos minerários deverão comprovar, até 30 de novembro de 1989, junto ao Departamento Nacional da Produção Mineral – DNPM, que os trabalhos de pesquisa ou de lavra, de que trata o artigo anterior, foram iniciados nos prazos legais e não se encontravam inativos na data referida no art. 1º.

Art. 3º. Consideram-se inativos, para os fins desta Lei, os trabalhos de pesquisa ou lavra:

a) que tenham sido interrompidos, suspensos ou abandonados em desacordo com os prazos e preceitos legais;

b) que configurem lavra simbólica.

Parágrafo único. Entende-se por lavra simbólica a lavra realizada em flagrante desacordo com o plano de aproveitamento econômico previamente aprovado e de forma incompatível com as finalidades e condições da respectiva concessão, cuja prática possa impedir ou restringir, de alguma forma, o aproveitamento da jazida, segundo o seu efetivo potencial econômico.

Art. 4º. A comprovação de que trata o art. 2º desta Lei deverá ser efetuada, mediante protocolização junto ao DNPM, dos seguintes elementos, conforme o caso:

a) relatório dos trabalhos de pesquisa realizados até 5 de outubro de 1989, acompanhado do programa e do cronograma físico-financeiro dos trabalhos a realizar e de documentos idôneos demonstrativos das ocorrências;

b) relatório dos trabalhos de lavra realizados até 5 de outubro de 1989, acompanhado do programa e cronograma físico-financeiro dos trabalhos a realizar, bem como dos três últimos relatórios anuais de lavra, a que se refere o art. 57, do Decreto-Lei nº 227, de 28 de fevereiro de 1967, com cópia dos documentos demonstrativos.

Art. 5º. O DNPM cancelará, *ex officio*, os atos vigentes na data da publicação desta Lei, que autorizem o adiamento ou a suspensão dos trabalhos de pesquisa ou lavra, se constatar a inexistência de condições ou circunstâncias que justifiquem a manutenção de tais autorizações, assegurada defesa ao interessado.

Art. 6º. O DNPM fará publicar, no Diário Oficial da União, até 120 (cento e vinte) dias após a data da publicação desta Lei, relação completa dos títulos minerários tornados sem efeito com base nesta Lei, declarando a libertação ou a disponibilidade das respectivas áreas e assegurando defesa aos interessados, nos termos da legislação minerária pertinente.

Parágrafo único. No prazo de até 2 (dois) anos, o DNPM, mediante edital publicado no Diário Oficial da União, colocará em disponibilidade para pesquisa ou lavra as áreas cujos títulos foram tornados sem efeito, por força desta Lei, fixando prazo compatível para recebimento de propostas dos interessados.

Art. 7º. O DNPM levará em conta, para os efeitos do artigo anterior, a eventual existência da garimpagem, respeitando, na outorga de novos títulos minerários, a prioridade das cooperativas de garimpeiros para pesquisar e lavrar jazidas de minerais garimpáveis nas áreas onde estejam atuando e o estabelecimento de área para o exercício da atividade de garimpagem.

Parágrafo único. Em áreas ocupadas por garimpeiro que, por ignorância ou falta de recursos, não manifestou ao DNPM o exercício de atividades, comprovada a circunstância pelo interessado, fica aberta, por 90 (noventa) dias da data da publicação desta Lei, a permissão para regularizar a exploração existente.

Art. 8º. Os arts. 20 e 26, do Decreto-Lei nº 227, de 28 de fevereiro de 1967, passam a vigorar com a seguinte redação:

• ***Alterações já efetuadas no corpo da Lei.***

Art. 9º. A aplicação do disposto nesta Lei não gera direito a indenização contra a União, a qualquer título ou fundamento.

Art. 10. Esta Lei entra em vigor na data de sua publicação, devendo o Poder Executivo regulamentá-la no prazo de 60 (sessenta) dias.

Art. 11. Revogam-se as disposições em contrário.

Brasília, 20 de novembro de 1989; 168º da Independência e 101º da República.

José Sarney – Vicente Cavalcante Fialho

DOU de 21.11.1989

LEI Nº 8.001, DE 13 DE MARÇO DE 1990

Define os percentuais da distribuição da compensação financeira de que trata a Lei nº 7.990, de 28 de dezembro de 1989, e dá outras providências.

O Presidente da República, faço saber que o Congresso Nacional decreta e eu sanciono a seguinte lei:

Art. 1º. A distribuição mensal da compensação financeira de que trata o inciso I do § 1º do art. 17 da Lei nº 9.648, de 27 de maio de 1998, com a redação alterada por esta Lei, será feita da seguinte forma:

• Art. 1º, caput, com redação dada pela Lei nº 9.984, de 17.7.2000.

I – quarenta e cinco por cento aos Estados;

• Inciso I com redação dada pela Lei nº 9.984, de 17.7.2000.

II – quarenta e cinco por cento aos Municípios;

• Inciso II com redação dada pela Lei nº 9.984, de 17.7.2000.

III – três por cento ao Ministério do Meio Ambiente;

• Inciso III com redação dada pela Lei nº 9.993, de 24.7.2000.

IV – três por cento ao Ministério de Minas e Energia;

• Inciso IV com redação dada pela Lei nº 9.993, de 24.7.2000.

V – quatro por cento ao Fundo Nacional de Desenvolvimento Científico e Tecnológico – FNDCT, criado pelo Decreto-Lei nº 719, de 31 de julho de 1969, e restabelecido pela Lei nº 8.172, de 18 de janeiro de 1991.

• Inciso V com redação dada pela Lei nº 9.993, de 24.7.2000.

§ 1º. Na distribuição da compensação financeira, o Distrito Federal receberá o montante correspondente às parcelas de Estado e de Municípios.

• § 1º com redação dada pela Lei nº 9.984, de 17.7.2000.

§ 2º. Nas usinas hidrelétricas beneficiadas por reservatórios de montante, o acréscimo de energia por eles propiciado será considerado como geração associada a este reservatórios regularizadores, competindo à ANEEL efetuar a avaliação correspondente para determinar a proporção da compensação financeira devida aos Estados, Distrito Federal e Municípios afetados por esse reservatórios.

• § 2º com redação dada pela Lei nº 9.984, de 17.7.2000.

§ 3º. A Usina de Itaipu distribuirá mensalmente, respeitados os percentuais definidos no *caput* deste artigo, sem prejuízo das parcelas devidas aos órgãos da administração direta da União, aos Estados e aos Municípios por ela diretamente afetados, oitenta e cinco por cento dos *royalties* devidos por Itaipu Binacional ao Brasil, previstos no Anexo *C*, item III do Tratado de Itaipu, assinado em 26 de março de 1973, entre a República Federativa do Brasil e a República do Paraguai, bem como nos documentos interpretativos subseqüentes, e quinze por cento aos Estados e Municípios afetados por reservatórios a montante da Usina de Itaipu, que contribuem para o incremento de energia nela produzida.

• ***§ 3º com redação dada pela Lei nº 9.984, de 17.7.2000.***

§ 4º. A cota destinada ao Ministério do Meio Ambiente será empregada na implementação da Política Nacional de Recursos Hídricos e do Sistema Nacional de Gerenciamento de Recursos Hídricos e na gestão da rede hidrometeorológica nacional.

• ***§ 4º com redação dada pela Lei nº 9.984, de 17.7.2000.***

§ 5º. (Revogado).

• ***§ 5º revogado dada pela Lei nº 9.984, de 17.7.2000.***

§ 6º. No mínimo trinta por cento dos recursos a que se refere o inciso V do *caput* serão destinados a projetos desenvolvidos por instituições de pesquisa sediadas nas regiões Norte, Nordeste, e Centro-Oeste, incluindo as respectivas áreas das Superintendências Regionais.

• ***§ 6º acrescido pela Lei nº 9.993, de 24.7.2000.***

Art. 2º. Para efeito do cálculo de compensação financeira de que trata o art. 6º da Lei nº 7.990, de 28 de dezembro de 1989, entende-se por faturamento líquido o total das receitas de vendas, excluídos os tributos incidentes sobre a comercialização do produto mineral, as despesas de transporte e as de seguros.

§ 1º. O percentual da compensação, de acordo com as classes de substâncias minerais, será de:

I – minério de alumínio, manganês, sal-gema e potássio: 3% (três por cento);

II – ferro, fertilizante, carvão e demais substâncias minerais: 2% (dois por cento), ressalvado o disposto no inciso IV deste artigo;

III – pedras preciosas, pedras coradas lapidáveis, carbonados e metais nobres: 0,2% (dois décimos por cento);

IV – ouro: 1% (um por cento), quando extraído por empresas mineradoras, isentos os garimpeiros.

§ 2º. A distribuição da compensação financeira referida no *caput* deste artigo será feita da seguinte forma:

• ***§ 2º, caput, com redação dada pela Lei nº 9.993, de 24.7.2000.***

I – 23% (vinte e três por cento) para os Estados e o Distrito Federal;

II – 65% (sessenta e cinco por cento) para os Municípios;

II-A – 2% (dois por cento) para o Fundo Nacional de Desenvolvimento Científico e Tecnológico – FNDCT, instituído pelo Decreto-Lei nº 719, de 31 de julho de 1969, e restabelecido pela Lei nº 8.172, de 18 de janeiro de 1991, destinado ao desenvolvimento científico e tecnológico do setor mineral;

• ***Inciso II-A acrescido pela Lei nº 9.993, de 24.7.2000.***

III – 10% (dez por cento) para o Ministério de Minas e Energia, a serem integralmente repassados ao Departamento Nacional de Produção Mineral – DNPM, que destinará 2% (dois por cento) desta cota-parte à proteção mineral em regiões mineradoras, por intermédio do Instituto Brasileiro de Meio Ambiente e dos Recursos Naturais Renováveis – Ibama.

• ***Inciso III com redação dada pela Lei nº 9.993, de 24.7.2000.***

§ 3º. O valor resultante da aplicação do percentual, a título de compensação financeira, em função da classe e substância mineral, será considerado na estrutura de custos, sempre que os preços forem administrados pelo Governo.

§ 4º. No caso das substâncias minerais extraídas sob o regime de permissão da lavra garimpeira, o valor da compensação será pago pelo primeiro adquirente, conforme dispuser o regulamento.

Art. 3º. O art. 8º da Lei nº 7.990, de 28 de dezembro de 1989, passa a ter a seguinte redação:

*"**Art. 8º.** O pagamento das compensações financeiras previstas nesta Lei, inclusive o da indenização pela exploração do petróleo, do xisto betuminoso e do gás natural, será efetuado mensalmente, diretamente aos Estados, ao Distrito Federal, aos Municípios e aos órgãos da Administração Direta da União, até o último dia útil do segundo mês subseqüente ao do fato gerador, devidamente corrigido pela variação do Bônus do Tesouro Nacional (BTN), ou outro parâmetro de correção monetária que venha a substituí-lo, vedada a aplicação dos recursos em pagamento de dívida e no quadro permanente de pessoal."*

Art. 4º. O Departamento Nacional de Águas e Energia Elétrica adotará providências no sentido de que, na aplicação desta Lei, não sejam afetadas as contas de consumo mensal equivalente ao valor de até 30 Kwh, inclusive, quer o fornecimento seja feito sob a forma medida, quer sob a forma de estimativa.

Art. 5º. Esta Lei entra em vigor na data de sua publicação.

Art. 6º. Revogam-se as disposições em contrário.

Brasília, 13 de março de 1990; 169º da Independência e 102º da República.

José Sarney

DOU de 14.3.1990

LEI Nº 8.901, DE 30 DE JUNHO DE 1994

Regulamenta o disposto no § 2º do art. 176 da Constituição Federal e altera dispositivos do Decreto-Lei nº 227, de 28 de fevereiro de 1967 – Código de Mineração, adaptando-o às normas constitucionais vigentes.

O Presidente da República, Faço saber que o Congresso Nacional decreta e eu sanciono a seguinte Lei:

Art. 1º. O art. 11 do Decreto-Lei nº 227, de 28 de fevereiro de 1967, passa a vigorar com a seguinte redação:

- ***Alterações já efetuadas no corpo da Lei.***

Art. 2º. O art. 79 do Decreto-Lei nº 227, de 28 de fevereiro de 1967, passa vigorar com a seguinte redação:

- ***Alterações já efetuadas no corpo da Lei.***

Art. 3º. Esta Lei entra em vigor na data de sua publicação.

Art. 4º. Revogam-se as disposições em contrário.

Brasília, 30 de junho de 1994; 173º da Independência e 106º da República.

Itamar Franco – Alexis Stepanenko

DOU de 1º.7.1994

LEI Nº 8.982, DE 24 DE JANEIRO DE 1995

Dá nova redação ao art. 1º da Lei nº 6.567, de 24 de setembro de 1978, alterado pela Lei nº 7.312, de 16 de maio de 1985.

O Presidente da República, Faço saber que o Congresso Nacional decreta e eu sanciono a seguinte lei:

Art. 1º. O art. 1º da Lei nº 6.567, de 24 de setembro de 1978, alterado pela Lei nº 7.312, de 16 de maio de 1985, passa a vigorar com a seguinte redação:

- ***Alterações já efetuadas no corpo da Lei.***

Art. 2º Esta Lei entra em vigor na data de sua publicação.

Art. 3º Revoga-se o art. 12 da Lei nº 6.567, de 24 de setembro de 1978.

Brasília, 24 de janeiro de 1995; 174º da Independência e 107º da República.

Fernando Henrique Cardoso

DOU de 25.1.1995

LEI Nº 9.314, DE 14 DE NOVEMBRO DE 1996

Altera dispositivos do Decreto-Lei nº 227, de 28 de fevereiro de 1967, e dá outras providências.

O Presidente da República, faço saber que o Congresso Nacional decreta e eu sanciono a seguinte Lei:

Art. 1º. Os arts. 2º, 3º, 6º, 7º, 15, 16, 17, 20, 22, 23, 24, 25, 26, 30, 31, 37, 38, 41, 43, 44, 55, o *caput* do 58, 63, 64, 81, 85, 92 e 93 do Decreto-Lei nº 227, de 28 de fevereiro de 1967 – Código de Mineração, alterado pelo Decreto-Lei nº 318, de 14 de março de 1967 e pelas Lei nºs 6.403, de 15 de dezembro de 1976, 6.567, de 24 de setembro de 1978, 7.085, de 21 de dezembro de 1982, 7.805, de 18 de julho de 1989, 7.886, de 20 de novembro de 1989 e 8.901, de 30 de junho de 1994, passam a vigorar com a seguinte redação:

• ***Alterações já efetuadas no corpo da Lei.***

Art. 2º. Fica suprimido o título do Capítulo VII – "Da Empresa de Mineração" do Decreto-Lei nº 227, de 28 de fevereiro de 1967, passando o referido capítulo a ter o título "Das Disposições Finais", com início no art. 81 do citado diploma e renumerado, em conseqüência, o seu atual Capítulo VIII.

• ***Alterações já efetuadas no corpo da Lei.***

Art. 3º. Esta Lei entra em vigor sessenta dias após a data de sua publicação, revogadas as disposições em contrário, especialmente os arts. 5º, 21, 79, 80 e 82 do Decreto-Lei nº 227, de 28 de fevereiro de 1967.

• ***Alterações já efetuadas no corpo da Lei.***

Art. 4º. O Poder Executivo fará publicar no Diário Oficial da União, na íntegra, o texto do Decreto-Lei nº 227, de 28 de fevereiro de 1967, com todas as alterações subseqüentes à sua publicação e as decorrentes desta Lei, no prazo de noventa dias da promulgação desta Lei.

Brasília, 14 de novembro de 1996; 175º da Independência e 108º da República.

Fernando Henrique Cardoso – Raimundo Brito

DOU de 18.11.1996

LEI Nº 9.827, DE 27 DE AGOSTO DE 1999

Acrescenta parágrafo único ao art. 2º do Decreto-Lei nº 227, de 28 de fevereiro de 1967, com a redação dada pela Lei nº 9.314, de 14 de novembro de 1996.

O Presidente da República, Faço saber que o Congresso Nacional decreta e eu sanciono a seguinte Lei:

Art. 1º. O art. 2º do Decreto-Lei nº 227, de 28 de fevereiro de 1967, com a redação dada pela Lei nº 9.314, de 14 de novembro de 1996, passa a vigorar acrescido do seguinte parágrafo único:

- ***Alterações já efetuadas no corpo da Lei.***

Art. 2º. O Poder Executivo regulamentará esta Lei no prazo de 60 (sessenta) dias.

Art. 3º. Esta Lei entra em vigor na data de sua publicação.

Brasília, 27 de agosto de 1999; 178º da Independência e 111º da República.

Fernando Henrique Cardoso

DOU de 28.8.1999

LEI Nº 9.984, DE 17 DE JULHO DE 2000

Dispõe sobre a criação da Agência Nacional de Água – ANA, entidade federal de implementação da Política Nacional de Recursos Hídricos e de coordenação do Sistema Nacional de Gerenciamento de Recursos Hídricos, e dá outras providências. (Excertos)

O Vice-Presidente da República no exercício do cargo de Presidente da República, faço saber que o congresso nacional decreta e eu sanciono a seguinte Lei:

....

Art. 29. O art. 1º da Lei nº 8.001, de 13 de março de 1990, com a redação dada pela Lei nº 9.433, de 1997, passa a vigorar com a seguinte redação:

- ***Alterações já efetuadas no corpo da Lei.***

....

Art. 33. Esta Lei entra em vigor na data de sua publicação.

Brasília, 17 de julho de 2000; 179º da Independência e 112º da República.

Marco Antonio de Oliveira Maciel

DOU de 18.7.2000

LEI Nº 9.993, DE 24 DE JULHO DE 2000

Destina recursos da compensação financeira pela utilização de recursos hídricos para fins de geração de energia elétrica e pela exploração de recursos minerais para o setor de ciência e tecnologia. (Excertos)

O Presidente da República,

Faço saber que o Congresso Nacional decreta e eu sanciono a seguinte Lei:

Art. 1º. Esta Lei altera a redação da Lei nº 8.001, de 13 de março de 1990, com o objetivo de destinar ao Fundo Nacional de Desenvolvimento Científico e Tecnológico recursos oriundos da compensação financeira pela utilização de recursos hídricos para fins de geração de energia elétrica e pela exploração de recursos minerais.

Art. 2º. O art. 1º da Lei nº 8.001, de 13 de março de 1990, com a alteração do art. 54 da Lei nº 9.433, de 8 de janeiro de 1997, passa a vigorar com a seguinte redação:

• ***Alterações já efetuadas no corpo da Lei.***

....

Art. 6º. O § 2º do art. 2º da Lei nº 8.001, de 13 de março de 1990, passa a vigorar com a seguinte redação:

• ***Alterações já efetuadas no corpo da Lei.***

....

Art. 11. Esta Lei entra em vigor na data de sua publicação.

Brasília, 24 de julho de 2000; 179º da Independência e 112º da República.

Fernando Henrique Cardoso

DOU de 25.7.2000

DECRETO-LEI Nº 4.146, DE 4 DE MARÇO DE 1942

Dispõe sobre a proteção dos depósitos fossilíferos.

O Presidente da República, usando da atribuição que lhe confere o art. 180 da Constituição,

Decreta:

Art. 1º. Os depósitos fossilíferos são propriedade da Nação, e, como tais, a extração de espécimes fósseis depende de autorização prévia e fiscalização do Departamento Nacional da Produção Mineral, do Ministério da Agricultura.

Parágrafo único. Independem dessa autorização e fiscalização as explorações de depósitos fossilíferos feitas por museus nacionais e estaduais, e estabelecimentos oficiais congêneres, devendo, nesse caso, haver prévia comunicação ao Departamento Nacional da Produção Mineral.

Art. 2º. Revogam-se as disposições em contrário.

Rio de Janeiro, 4 de março de 1942, 121º da Independência e 54º da República.

Getúlio Vargas

DOU de 6.3.1943

DECRETO-LEI Nº 7.841, DE 8 DE AGOSTO DE 1945

Código de Águas Minerais.

O Presidente da República, usando da atribuição que lhe confere o artigo 180 da Constituição,

Decreta:

CÓDIGO DE ÁGUAS MINERAIS

Capítulo I – Disposições Preliminares

Art. 1º. Águas minerais são aquelas provenientes de fontes naturais ou de fontes artificialmente captadas que possuam composição química ou propriedades físicas ou físico-químicas distintas das águas comuns, com características que lhes confiram uma ação medicamentosa.

§ 1º. A presente Lei estabelece nos Capítulos VII e VIII os característicos de composição e propriedades para classificação como água mineral pela imediata atribuição de ação medicamentosa.

§ 2º. Poderão ser, também, classificadas como minerais, águas que, mesmo sem atingir os limites da classificação estabelecida nos Capítulos VII e VIII possuam inconteste e comprovada ação medicamentosa.

§ 3º. A ação medicamentosa referida no parágrafo anterior das águas que não atinjam os limites da classificação estabelecida nos Capítulos VII e VIII, deverá ser comprovada no local, mediante observações repetidas, estatísticas completas, documentos de ordem clínica e de laboratório, a cargo de médicos crenologistas, sujeitas as observações à fiscalização e aprovação da Comissão Permanente de Crenologia definida no art. 2º desta Lei.

Art. 2º. Para colaborar no fiel cumprimento desta Lei, fica criada a Comissão Permanente de Crenologia, diretamente subordinada ao Ministro da Agricultura.

§ 1º. A Comissão Permanente de Crenologia terá a Presidência do Diretor Geral do Departamento Nacional da Produção Mineral e se comporá de quatro especialistas no assunto, de livre escolha do Presidente da República; um dos membros será escolhido entre o pessoal do órgão técnico especializado do DNPM.

§ 2º. O regimento da Comissão Permanente de Crenologia, as atribuições e direitos de seus membros serão fixados posteriormente por portaria do Ministro da Agricultura e leis subseqüentes.

Art. 3º. Serão denominadas "águas potáveis de mesa" as águas de composição normal provenientes de fontes naturais ou de fontes artificialmente captadas que preencham tão somente as condições de potabilidade para a região.

Parágrafo único. O Ministro da Agricultura, em portaria, estabelecerá os limites de potabilidade, de acordo com os dados fornecidos pelo DNPM.

Art. 4º. O aproveitamento comercial das fontes de águas minerais ou de mesa, quer situadas em terrenos de domínio público, quer do domínio particular, far-se-á pelo regime de autorizações sucessivas de pesquisa e lavra instituído pelo Código de Minas, observadas as disposições especiais da presente Lei.

Parágrafo único. O aproveitamento comercial das águas de mesa é reservado aos proprietários do solo.

Capítulo II – Da Autorização de Pesquisa

Art. 5º. A pesquisa de água mineral, termal, gasosa, de mesa ou destinada a fins balneários, será regulada pelo disposto no Capítulo II do Código de Minas, ressalvadas as disposições especiais desta Lei.

Art. 6º. Por pesquisa de uma fonte de água mineral, termal, gasosa, potável de mesa ou destinada a fins balneários, entendem-se todos os trabalhos necessários ao conhecimento do valor econômico da fonte e de seu valor terapêutico, quando existente, abrangendo, no mínimo:

I – O estudo geológico da emergência, compreendendo uma área cuja extensão seja suficiente para esclarecer as relações existentes entre as fontes e os acidentes geológicos locais, permitindo formar-se juízo sobre as condições de emergência no sentido de ser fixado criteriosamente o plano racional de captação.

II – O estudo analítico das águas e dos seus gases espontâneos, quando existentes, do ponto de vista de suas características químicas, físico-químicas e bacteriológicas.

Parágrafo único. O estudo das águas constará no mínimo dos seguintes dados:

I – Pressão osmótica e grau crioscópico, condutividade elétrica, concentração iônica de hidrogênio, teor em radônio e torônio da água e dos seus gases espontâneos; temperatura e vasão.

II – Análise química compelta da água e dos gases dissolvidos, assim como sua classificação de acordo com as normais adotadas na presente Lei.

III – Análise bacteriológica, compreendendo "testes" de suspeição, confirmatório e completo para o grupo coli-aerogêneo, assim como contagem global em 24 horas a 37º C e em 48 horas a 20º C, executado este exame de acordo com técnica a ser adotada oficialmente; será desde logo considerada poluída e imprópria para o consumo toda a água que apresentar o grupo coli-aerogêneo presente em dez mililitros.

IV – Análise e vasão dos gases espontâneos.

Art. 7º. As análises químicas e determinações dos demais dados a que se refere o artigo precedente serão repetidas em análises completas ou de elementos característicos no mínimo, duas vezes num ano, ou tantas vezes quantas o DNPM julgar conveniente, até ficar comprovado possuir a água da fonte uma composição química regularmente definida, antes de se poder considerar, satisfatoriamente terminada a pesquisa autorizada.

Capítulo III – Da Autorização de Lavra

Art. 8º. A lavra de uma fonte de água mineral, termal, gasosa, potável de mesa ou destinada a fins balneários será, regulada pelo disposto no Capítulo III do Código de Minas, ressalvadas as disposições especiais da presente Lei.

Art. 9º. Por lavra de uma fonte de água mineral, termal, gasosa, potável de mesa ou destinada a fins balneários, entendem-se todos os trabalhos e atividades de captação, condução, distribuição e aproveitamento das águas.

Art. 10. A lavra de uma fonte de água mineral, termal, gasosa, potável de mesa ou destinada a fins balneários, será, solicitada ao Ministro da Agricultura em requerimento, no qual, além da observação dos dispositivos do Capítulo III do Código de Minas, figure:

I – Certificado de análise química, física, físico-química e bacteriológica da água, firmado pelo órgão técnico do DNPM e certidão da aprovação do seu relatório de pesquisa.

II – No caso das águas minerais que não atingirem os limites constantes dos Capítulos VII e VIII da presente Lei, além dos dados mencionados na alínea anterior, relação dos trabalhos submetidos à aprovação da Comissão Permanente de Crenologia sobre as propriedades terapêuticas da água proveniente da fonte, bem como certidão do parecer favorável desta Comissão para sua classificação como mineral.

III – Uma planta em duas vias indicando a situação exata das fontes e o esboço geológico dos arredores, com os necessários cortes geológicos, esclarecendo as condições de emergência das fontes.

IV – Plantas e desenhos complementares, em duas vias, com memória justificativa dos planos e processos adotados para captação e proteção das fontes, condução e distribuição das águas, além de dados sobre vasão e temperatura das fontes.

V – Plantas e desenhos complementares, em duas vias, relativas ao projeto de instalação para utilização das águas, em todas as suas modalidades, incluindo reservatório, maquinaria, aparelhamento balneário e hidroterático, etc.

Art. 11. O DNPM ao processar um pedido de autorização de lavra de fonte, poderá, ouvir, quando julgar conveniente, a Comissão permanente de Crenologia.

Art. 12. As fontes de água mineral, termal ou gasosa, em exploração regular, poderá ser assinalado, por decreto, um perímetro de proteção, sujeito a modificações posteriores se novas circunstâncias o exigirem.

Art. 13. Nenhuma sondagem ou qualquer outro trabalho subterrâneo poderá ser praticado no perímetro de proteção de uma fonte, sem autorização prévia do DNPM.

§ 1º. No caso de fossas, cisterna, pequenas galerias para extração de material e outros fins, fundações de casas e outros trabalhos a céu aberto o decreto que fixar o perímetro de proteção, imporá, aos proprietários obrigação de obterem, com uma antecedência de 90 dias, uma autorização do DNPM para tal fim.

§ 2º. Os trabalhos empreendidos no Perímetro de proteção de uma fonte poderão ser interditados pelo DNPM mediante solicitação do concessionário, quando forem julgadas procedentes as alegações.

Art. 14. O DNPM, a pedido de concessionário e após exame pericial realizado por técnicos que designar, poderá determinar a suspensão de sondagens ou trabalhos subterrâneos executados fora do perímetro de proteção, desde que sejam eles julgados suscetíveis de prejudicar uma fonte.

Art. 15. Quando a ocupação de um terreno compreendido num perímetro de proteção privar o proprietário de seu uso por período superior a um mês, ou quando, depois dos trabalhos executados, o terreno se tornar impróprio para o uso ao qual era destinado anteriormente, poderá o seu proprietário exigir do concessionário da fonte, pelo terreno ocupado ou desnaturado, uma indenização que será regulada nas formas previstas em lei.

Parágrafo único. As indenizações devidas pelo concessionário da fonte não poderão exceder o montante dos prejuízos materiais que sofrer o proprietário do terreno, assim como o preço dos trabalhos inutilizados, acrescido da importância necessária para o restabelecimento das condições primitivas, acrescentada uma parcela correspondente aos lucros cessantes.

Art. 16. A destruição ou a execução dos trabalhos em terrenos de outrem para proteção da fonte só poderá ter início depois da prestação de uma caução, cujo montante será fixado pela autoridade competente, mediante arbitramento ou acordo entre as partes; essa quantia servirá, de garantia para o pagamento das indenizações devidas.

Art. 17. Em caso de oposição do órgão técnico competente do DNPM, o concessionário só poderá realizar trabalhos nas fontes, após introduzir em seus projetos as alterações julgadas necessárias.

Parágrafo único. Na falta de decisão do DNPM por período superior a três meses, o concessionário poderá executar os trabalhos projetados independente de autorização, depois de comunicação àquele Departamento.

Art. 18. Quando o aproveitamento de uma fonte estiver sendo feito de modo a comprometê-la, ou estiver em desacordo com as condições técnicas e higiênicas estabelecidas na presente Lei, poderá ela ser interditada, até que sejam restabelecidas condições satisfatórias de exploração.

Capítulo IV – Das Estâncias que exploram Águas Minerais e das Organizações que exploram Águas Potáveis de Mesa

Art. 19. A instalação ou funcionamento de uma estância hidromineral, por parte de um titular de lavra de fonte, exige a satisfação dos seguintes requisitos mínimos, a critério do órgão competente do DNPM.

I – Montagem de instalações crenoterápicas convenientes, de acordo com a natureza das águas.

II – Construção ou existência de hotéis ou sanatórios com instalações higiênicas convenientes, providas de serviço culinário apto a atender às indicações dietéticas.

III – Contrato de médico especialistas encarregado da orientação do tratamento e facilidades gerais de tratamento e assistência médico-farmacêutica.

IV – Existência de laboratório para realização de exames bacteriológicos periódicos para verificação da pureza das águas em exploração ou contrato de tais serviços com organização idônea, a juízo do DNPM

V – Existência de um posto meteorológico destinado à obtenção das condições climáticas locais.

VI – Organização das fichas sanitárias dos funcionários das estâncias e dos hotéis, renovadas pelo menos cada seis meses.

VII – No caso de a água ser entregue engarrafada ao consumo, além dos requisitos especiais determinados para cada caso pelo órgão competente do DNPM, será, no mínimo exigida, na instalação de engarrafamento, a existência de uma máquina engarrafadora automática ou semi-automática e de uma máquina ou dispositivo destinado à lavagem do vasilhame durante o tempo necessário, com uma solução de soda cáustica a 10º Baumé aquecida a 60º C ou um outro processo ou dispositivo aprovado pelo DNPM, que assegure esterilização do vasilhame.

Art. 20. Às empresas que exploram água potável de mesa ou engarrafam águas minerais, serão aplicadas as exigências das alíneas IV, VI e VII do artigo precedente.

Art. 21. As empresas que aproveitam as águas minerais para preparo de sais medicinais estarão sujeitas a todas as exigências gerais desta Lei e mais às prescrições específicas que a Comissão permanente de Crenologia determinar para cada caso.

Art. 22. As estâncias serão classificadas pela Comissão Permanente de Crenologia em três grupos, segundo a qualidade de suas instalações.

Capítulo V – Da Fiscalização das Estâncias que exploram Água Mineral e das Organizações que exploram Águas Potáveis de Mesa ou Destinadas a Fins Balneários

Art. 23. A fiscalização da exploração, em todos os seus aspectos, de águas minerais, termais, gasosas e potáveis de mesa, engarrafadas ou destinadas a fins balneários, será exercida pelo DNPM, através do seu órgão técnico especializado.

Art. 24. As autoridades sanitárias e administrativas federais, estaduais e municipais, deverão auxiliar e assistir o DNPM em tudo que for necessário ao fiel cumprimento desta Lei.

Parágrafo único. O DNPM comunicará às autoridades estaduais e municipais, qualquer decisão que for tomada relativamente ao funcionamento de uma fonte situada em sua jurisdição.

Capítulo VI – Do Comércio da Água Mineral, Termal, Gasosa, de Mesa ou destinada a Fins Balneários

Art. 25. Só será permitida a exploração comercial de água (mineral, termal, gasosa, potável de mesa ou destinada a fins balneários) quando préviamente analisada no DNPM e após expedição do decreto de autorização de lavra.

Art. 26. Não poderão ser exploradas comercialmente, para quaisquer fins, as fontes sujeitas à influência de águas superficiais e por conseguinte suscetíveis de poluição.

Art. 27. Em cada fonte em exploração regular, além da determinação mensal da descarga e de certas propriedades físicas e físico-químicas, será exigida a realização de análises químicas periódicas, parciais ou completas, e, no mínimo, uma análise completa de três em três anos, para verificação de sua composição.

Parágrafo único. Em relação às qualidades higiênicas das fontes serão exigidos, no mínimo, quatro exames bacteriológicos por ano, um a cada trimestre, podendo, entretanto, a repartição fiscalizadora exigir as análises bacteriológicas que julgar necessárias para garantir a pureza da água da fonte e da água engarrafada ou embalada em plástico.

• ***Parágrafo único com redação dada pela Lei nº 6.726, de 21.11.1979.***

Art. 28. Uma vez classificada a água pelo DNPM, será proibido o emprego no comércio ou na publicidade da água, de qualquer designação suscetível de causar confusão ao consumidor, quanto à fonte ou procedência, sob pena de interdição.

Art. 29. Fica criado o rótulo padrão sujeito à aprovação do DNPM, devendo as águas engarrafadas indicar no mesmo:

I – Nome da fonte.

II – Natureza da água.

III – Localidade.

IV – Data e número da concessão.

V – Nome do concessionário.

VI – Constantes físico-químicas, composição analítica e classificação, segundo o DNPM.

VII – Volume do conteúdo.

VIII – Carimbo com ano e mês de engarrafamento.

§ 1º. As águas minerais carbogasosas naturais, quando engarrafadas, deverão declarar no rótulo, em local visível, "água mineral carbogasosa natural".

§ 2º. É obrigatória a notificação da adição de gás carbônico às águas engarrafadas, quando este não provenha da fonte; essas águas estão sujeitas às seguintes especificações, sem prejuízo das outras exigências constantes desta Lei:

I – As águas minerais deverão declarar no rótulo, em local visível, "Água Mineral gaseificada artificialmente".

II – As águas potáveis de mesa deverão declarar no rótulo, em local visível, "Água potável de mesa gaseificada artificialmente".

§ 3º. Nenhuma designação relativa ás características ou propriedades terapêuticas das fontes poderá constar dos rótulos, a menos que seja autorizada pela Comissão Permanente de Crenologia.

Art. 30. Os recipientes destinados ao engarrafamento da água para o consumo deverão ser de vidro transparente, de paredes internas lisas, fundo plano e ângulos internos arredondados, e com fecho inviolável, resistente a choques, aprovados pelo DNPM.

Art. 31. Constituirá motivo para interdição, apreensão do estoque e multa, além de qualquer infração aos dispositivos da presente Lei:

I – Expor à venda, ao consumo ou à utilização, água, cuja exploração não tenha sido legalmente autorizada por decreto de lavra.

II – Utilizar rótulo com dizeres diversos dos aprovados pelo DNPM.

III – Expor à venda água originária de outra fonte.

IV – Expor à venda ou utilizar água em condições higiênicas impróprias para o consumo.

§ 1º. Para efeito da interdição, apreensão e multa de que trata o presente artigo, o órgão técnico competente do DNPM poderá, a seu critério, tomar as seguintes medidas, além de outras previstas na presente Lei:

I – Apreensão e inutilização do estoque da água engarrafada.

II – Inabilitação do concessionário para adquirir selos de consumo enquanto durar a interdição.

III – Apreensão de guias e selos de consumo, em poder do interessado no momento da interdição que serão conservados em custódia até a regularização da situação, para abertura da fonte ou interdição definitiva.

§ 2º. A multa a que se refere este artigo será de Cr$ 5.000,00 a 20.000,00, sendo o infrator intimado a recolher aos cofres públicos a importância respectiva, que será elevada ao dobro no caso de reincidência, sem prejuízo do cumprimento das demais exigências deste artigo.

Art. 32. As disposições da presente Lei aplicam-se igualmente às águas nacionais utilizadas dentro do país e às que devam ser exportadas.

Art. 33. As águas minerais de procedência estrangeira só poderão ser expostas ao consumo, após cumprimento, no que lhes for aplicável a juízo do DNPM, das disposições sobre comércio das águas minerais nacionais estabelecidas na presente Lei.

Art. 34. As soluções salinas artificiais, quando vendidas em garrafas ou outros vasilhames, deverão trazer sobre o rótulo em lugar bem visível, a denominação "solução salina artificial".

Capítulo VII
Da Classificação Química das Águas Minerais

Art. 35. As águas minerais serão classificadas, quanto à composição química em:

I – Oligominerais, quando, apesar de não atingirem os limites estabelecidos neste artigo, forem classificadas como minerais pelo disposto nos §§ 2º e 3º do art. 1º da presente Lei.

II – Radíferas, quando contiverem substâncias radioativas dissolvidas que lhes atribuam radioatividade permanente.

III – Alcalino-bicarbonatadas, as que contiverem, por litro, uma quantidade de compostos alcalinos equivalente, no mínimo, a 0,200g de bicarbonato de sódio.

IV – Alcalino-terrosas as que contiverem, por litro, ums quantidade de compostos alcalino-terrosos equivalente no mínimo a 0,120g do carbonato de cálcio, distinguindo-se:

a) alcalino-terrosas cálcicas, as que contiverem, por litro, no mínimo 0,048g de cationte Ca, sob a forma do bicarbonato de cálcio;

b) alcalino-terrosas magnesianas, as que contiverem, por litro, no mínimo, 0,30g de cationte Mg, sob a forma de bicarbonato de magnésio.

V – Sulfatadas, as que contiverem, por litro, no mínimo 0,100g do anionte SO, combinado aos cationtes Na, K e Mg.

VI – Sulfurosas, as que contiverem, por litro, no mínimo 0,001g do anionte S.

VII – Nitratadas, as que contiverem, por litro, no mínimo 0,100g do anionte NO_3, de origem mineral.

VIII – Cloretadas, as que contiverem, por litro, no mínimo 0,500g do ClNa (cloreto de sódio).

IX – Ferruginosas, as que contiverem, por litro, no mínimo 0,500g do cationte Fe.

X – Radioativas, as que contiverem radônio em dissolução, obedecendo aos seguintes limites:

a) fracamente radioativas, as que apresentarem, no mínimo, um teor em radônio compreendido entre cinco e dez unidades Mache, por litro, a 20º C e 760 mm de Hg de pressão;

b) radioativas, as que apresentarem um teor em radônio compreendido entre dez e 50 unidades Mache por 1itro, a 20º C e 760 mm de Hg de pressão;

c) fortemente radioativas, as que possuirem um teor em radônio superior a 50 unidades Mache, por litro, a 20º C e 760 mm de Hg de pressão.

XI – Toriativas, as que possuírem um teor em torônio em dissolução, equivalente em unidades eletrostáticas, a duas unidades Mache por litro, no mínimo.

XII – Carbogasosas, as que contiverem, por litro, 200 ml de gás carbônico livre dissolvido, a 20º C e 760 mm de Hg de pressão.

§ 1º. As águas minerais deverão ser classificadas pelo DNPM de acordo com o elemento predominante, podendo ter classificação mista as que acusarem na sua composição mais de um elemento digno de nota, bem como as que contiverem iontes ou substâncias raras dignas de notas (águas iodadas, arseniadas, litinadas, etc.).

§ 2º. As águas das classes VII (nitratadas) e VIII (cloretadas) só serão consideradas minerais quando possuírem uma ação medicamentosa definida, comprovada conforme o § 3º do art. 1º da presente Lei.

Capítulo VIII – Da Classificação das Fontes de Água Mineral

Art. 36. As fontes de água mineral serão classificadas, além do critério químico, pelo seguinte:

1º) Quanto aos gases:

I – Fontes radioativas:

a) fracamente radioativas, as que apresentarem, no mínimo, uma vazão gasosa de um litro por minuto (l.p.m.) com um teor em radônio compreendido entre cinco e dez unidades Mache, por litro de gás espontâneo, a 20º C e 760 mm de Hg de pressão;

b) radioativas, as que apresentarem no mínimo, uma vazão gasosa de 1 l.p.m., com um teor compreendido entre dez e 50 unidades Mache, por litro de gás espontâneo, a 20º C e 760 mm de Hg de pressão;

c) fortemente radioativas, as que apresentarem, no mínimo, uma vazão gasosa de 1 l.p.m., com teor em radônio superior a 50 unidades Mache, por litro de gás espontâneo, a 20º C e 760 mm de Hg de pressão.

II – Fontes toriativas as que apresentarem, no mínimo, uma vazão gasosa de 1 l.p.m., com um teor em torônio na emergência equivalente em unidades eletrostáticas a duas unidades Mache por litro.

III – Fontes sulfurosas as que possuírem na emergência desprendimento definido de gás sulfídrico.

2º) Quanto à temperatura:

I – Fontes frias, quando sua temperatura for inferior a 25º C.

II – Fontes hipotermais, quando sua temperatura estiver compreendida entre 25 e 33º C.

III – Fontes mesotermais, quando sua temperatura estiver compreendida entre 33 e 36ºC.

IV – Fontes isotermais, quando sua temperatura estiver compreendida entre 36 e 38° C.

V – Fontes hipertermais, quando sua temperatura fôr superior a 38° C.

Capítulo IX – Da Tributação

Art. 37. O conjunto dos tributos que recaírem sobre as fontes e águas minerais está sujeito ao limite máximo de 8% da produção efetiva, calculado de acordo com o art. 68 do Código de Minas.

§ 1º. As águas potáveis de mesa, gaseificadas artificialmente ou não, pagarão sempre, no mínimo, o duplo dos tributos federais devidos pelas águas minerais, não se aplicando às mesmas o limite máximo de 8% previsto no art. 68 do Código de Minas.

§ 2º. As soluções salinas artificiais recolherão ao Tesouro Nacional como taxa de produção efetiva, contribuição correspondente a 20% do valor da produção.

Capítulo X – Disposições Gerais e Transitórias

Art. 38. Logo após a promulgação da presente Lei, todas as empresas que exploram água mineral, termal, gasosa, potável de mesa ou destinada a fins balneários, deverão realizar novos estudos de suas fontes, os quais deverão estar terminados no prazo máximo de dois anos.

Parágrafo único. Estes estudos serão realizados segundo os dispositivos da presente Lei, pelo órgão técnico competente do DNPM, de acordo com as normas estabelecidas pelo regimento em vigor.

Art. 39. Todas as empresas que exploram água mineral, termal, gasosa, de mesa ou destinada a fins balneários deverão, dentro do prazo de um ano de vigência desta Lei, estar rigidamente enquadradas nos seus dispositivos e nos do Código de Minas.

Art. 40. O DNPM deverá proceder, de acordo com os dispositivos desta Lei, à classificação de todas as fontes em exploração, no prazo máximo de dois anos, prorrogável a juízo do Ministro da Agricultura.

Parágrafo único. Será mantida a classificação de mineral para as águas em exploração regular diante do Código de Minas e cujos característicos químicos e físico-químicos satisfaçam aos limites de composição estabelecidos na legislação anterior.

Art. 41. O Governo expedirá oportunamente uma lei concedendo favores às estâncias hidrominerais.

Parágrafo único. Dentro de seis meses, a partir da publicação desta Lei, o DNPM apresentará ao Governo um anteprojeto regulando o assunto e as normas para classificação das estâncias segundo a qualidade de suas instalações.

Art. 42. Até que a Comissão Permanente de Crenologia organize um regulamento geral para exploração das estâncias, nenhuma pessoa poderá fazer uso continuado das fontes hidrominerais, ainda mesmo a título de repouso ou de turismo, sem a devida autorização médica.

Art. 43. Fica proibido o uso endovenoso de água mineral, em natureza, enquanto não ficar provada, em cada caso, a sua inocuidade para os pacientes, a juízo da Comissão Permanente de Crenologia.

Art. 44. Ao órgão técnico especializado do DNPM competirá:

I – Além das atribuições já fixadas em lei, manter os laboratórios e gabinetes técnicos e científicos necessários ao estudo das águas minerais sob seu aspecto químico, físico, físico-químico, farmaco-dinâmico e dos demais elementos terapêuticos para orientação científica das suas aplicações clínicas.

II – Fixar, mediante ampla colaboração com os interessados, os métodos de análises químicas e bacteriológicas, tendo em vista a uniformização dos resultados.

III – Promover articulação com os órgãos técnicos e administrativos competentes, no sentido de estabelecer intima colaboração com os Estados e Municípios, para a coordenação de esforços na organização e execução dos planos de aparelhamento e defesa das estâncias e na fiscalização do comércio de águas.

IV – Propor padrões regionais de potabilidade.

Art. 45. À requisição do concessionário, ou desde que seja julgada de interesse público, o DNPM poderá prestar assistência técnica aos trabalhos previstos nos capítulos II e III desta Lei, mediante indenização pelas despesas, relativas à assistência prestada ou pagamento de uma importância acordada previamente.

Art. 46. Dentro de seis meses a partir da data de sua constituição, a Comissão Permanente de Crenologia, proporá, ao Governo a regulamentação da presente Lei.

Parágrafo único. Os assuntos tratados no art. 29 e seus parágrafos e no art. 30 poderão ser objeto de modificação pela regulamentação a ser expedida oportunamente.

Art. 47. Fica incluída na classe XI de que trata o art. 3º do Código de Minas, a categoria de águas de mesa.

Art. 48. Esta Lei consolida todos os dispositivos legais sobre águas minerais e águas potáveis de mesa.

Art. 49. Esta Lei entra em vigor na data da publicação.

Art. 50. Ficam revogadas as disposições em contrário.

Rio de Janeiro, 8 de agosto de 1945, 124º da Independência e 57º da República.

Getúlio Vargas

DOU de 20.8.1945

DECRETO-LEI Nº 318, DE 14 DE MARÇO DE 1967

Dá nova redação ao preâmbulo e a dispositivos do Decreto-Lei nº 227, de 28 de fevereiro de 1967.

O Presidente da República, usando da atribuição que lhe confere o art. 30, do Ato Institucional nº 2, de 27 de outubro de 1965, combinado com o art. 9º do Ato Institucional nº 4, de 7 de dezembro de 1966; e

Considerando a representação que lhe fez o Conselho de Segurança Nacional sobre as implicações que poderão advir, para os altos interesses do país e a própria Segurança Nacional, a manutenção de dispositivos do Código de Minas com a redação que lhes foi dada pelo Decreto-Lei nº 227, de 28 de fevereiro de 1967; e

Considerando, ainda à vista da mencionada representação, que de fato, dispositivos do referido Decreto-Lei nºo 227, necessitam ser escoimados de imperfeições prejudiciais aos superiores interesses da Nação,

Resolve baixar o seguinte Decreto-Lei:

Art. 1º. Considere-se o preâmbulo do Decreto-Lei nº 227, de 28 de fevereiro de 1967, com a seguinte redação:

• Alteração já efetuada no corpo da Lei.

Art. 2º. O Decreto-Lei nº 227, de 28 de fevereiro de 1967, que deu nova redação ao Decreto-Lei nº 1.985 (Código de Minas), de 29 de janeiro de 1940, passa a vigorar com as seguintes alterações:

Alteração nº 1 – Os itens I e II do art. 2º, passam a ter a seguinte redação:

Alteração nº 2 – O art. 6º (*caput*) passa a ter a seguinte redação:

Alteração nº 3 – É revogado o item IV do art. 16, ficando remunerado o atual item V para IV.

Alteração nº 4 – O art. 17 (*caput*) passa a ter a seguinte redação:

Alteração nº 5 – O item II do art. 29, passa a ter a seguinte redação:

Alteração nº 6 – É revogado o art. 59, ficando renumerados, de 59 a 95, os atuais arts. 60 a 96.

Alteração nº 7 – O § 2º do art. 73, passa a ter a seguinte redação:

Alteração nº 8 – É acrescentado o art. 96, com a seguinte redação:

• Alterações já efetuadas no corpo da Lei.

Art. 3º. Este Decreto-Lei entrará em vigor na data de sua publicação, revogadas as disposições em contrário.

Brasília, 14 de março de 1967; 146º da Independência e 79º da República.

H. Castello Branco – Mauro Thibau

DOU de 14.3.1967

DECRETO-LEI Nº 330, DE 13 DE SETEMBRO DE 1967

Revoga dispositivos do Decreto-Lei nº 227, de 28 de fevereiro de 1967, alterado pelo Decreto-Lei nº 318, de 14 de março de 1967 (Código de Minas) e restaura vigência do art. 33, da Lei nº 4.118, de 27 de agosto de 1962.

O Presidente da República, usando das atribuições que lhe confere o art. 58, item I, da Constituição, e

Considerando que o Comércio dos minérios nucleares e seus concentrados e dos elementos nucleares e seus compostos constituem monopólio da União diz respeito à Segurança Nacional, e

Considerando mais a urgência de medidas que venham disciplinar o mercado brasileiro desses materiais,

Decreta:

Art. 1º. Ficam revogados os §§ 1º, 4º e 5º do art. 90 do Decreto-Lei nº 227, de 28 de fevereiro de 1967, alterado pelo Decreto-Lei nº 318, de 14 de março de 1967 (Código de Minas).

• Alteração já efetuada no corpo da Lei.

Art. 2º. Fica restaurado a vigência do art. 33 e seus parágrafos da Lei nº 4.118, de 27 de agosto de 1962.

Art. 3º. Este Decreto-Lei, que será submetido à apreciação do Congresso Nacional nos termos do parágrafo único do art. 58, da Constituição, entrará em vigor na data de sua publicação, revogadas as disposições em contrário.

Brasília, 13 de setembro de 1967; 146º da Independência e 79º da República.

A. Costa e Silva – José Costa Cavalcanti

DOU de 14.9.1967

DECRETO-LEI Nº 1.038, DE 21 DE OUTUBRO DE 1969

Estabelece normas relativas do Imposto Único sobre Minerais e dá outras providências.

Os Ministros da Marinha de Guerra, do Exército e da Aeronáutica Militar, usando das atribuições que lhes confere o art. 3º do Ato Institucional nº 16, de 14 de outubro de 1969, combinado com o § 1º do art. 2º do Ato Institucional nº 5, de 13 de dezembro de 1968,

Decretam:

CAPÍTULO I – DO IMPOSTO ÚNICO E SUA INCIDÊNCIA

Art. 1º. A extração, a circulação e a exportação das substâncias minerais ou fósseis originarias do País, enumeradas neste Decreto-Lei, ficam sujeitas ao imposto único sobre minerais, cobrado pela União.

Art. 2º. A incidência do imposto único exclui a cota de previdência e qualquer outro tributo sobre os produtos minerais brutos, a operações de extração, tratamento, circulação, distribuição ou consumo das substâncias minerais ou fósseis.

§ 1º. Para efeito do disposto neste artigo, são consideradas operações de tratamento de substâncias minerais:

I – os processos de beneficiamento realizados por fragmentação, pulverização, classificação, concentração, inclusive por separação magnética e flotação, homogeneização, desaguamento, inclusive secagem, desidratação, filtragem, e levigação;

II – os demais processos de beneficiamento de que não resulte modificação essencial na identidade dos minerais, ainda que exijam adição de outras substâncias;

III – os processos de aglomeração realizados por briquetagem, nodulação, sinterização e pelotização.

§ 2º. Os processos citados no parágrafo anterior, passíveis de dúvida na sua conceituação, serão objeto de consulta ao Ministério da Fazenda, ouvido o Ministério das Minas e Energia.

§ 3º. O valor dos depósitos ou jazidas minerais não será levado em conta no lançamento de impostos que incidirem sobre a propriedade do terreno onde estejam localizadas.

§ 4º. O disposto neste artigo não abrange o imposto sobre a renda e as taxas pela utilização de serviços públicos prestados ao contribuinte ou postos à sua disposição.

§ 5º. A incidência do imposto único é restrita à fase anterior à industrialização e não exclui a dos impostos sobre a produção e a circulação de produtos industrializados, inclusive serrados, polidos ou lapidados, obtidos de substâncias minerais.

Art. 3º. (Revogado).

• Art. 3º revogado pelo Decreto-Lei nº 1.412, de 31.7.1975.

CAPÍTULO II – DOS CONTRIBUINTES

Art. 4º. São contribuintes do imposto único sobre minerais:

I – o titular de direitos sobre a substância mineral;

II – o primeiro comprador, quando o mineral for obtido por faiscação, garimpagem, cata ou extraído por trabalhos rudimentares;

III – as pessoas físicas ou jurídicas que se dedicarem às atividades constantes do art. 2º deste Decreto-Lei.

Art. 5º. São também responsáveis, com o contribuinte, o beneficiador, o transportador, o adquirente e o consumidor.

CAPÍTULO III – DO FATO GERADOR E DO VALOR TRIBUTÁVEL

Art. 6º. Constitui fato gerador do imposto:

I – a saída de mineral enumerado na lista anexa da área titulada da jazida ou das áreas limítrofes ou vizinhas onde se situem as suas instalações de beneficiamento, previstas nos incisos I e II do § 1º, do art. 2º, deste Decreto-Lei;

II – a primeira aquisição ao produtor, quando se tratar de mineral enumerado na lista anexa obtido por faiscação, garimpagem, cata ou extraído por trabalhos rudimentares.

§ 1º. Na hipótese prevista no art. 8º o fato gerador ocorrerá no momento em que a substância mineral for consumida, ou utilizada economicamente.

- ***§ 1º acrescido pelo Decreto-Lei nº 1.412, de 31.7.1975.***

§ 2º. Quando o mineral for consumido dentro da área titulada da jazida ou destinado a instalações nela situadas, em que se realizem processos de aglomeração ou transformação, considera-se ocorrido o fato gerador antes de realizadas essas operações.

- ***Primitivo parágrafo único renumerado pelo Decreto-Lei nº 1.412, de 31.7.1975.***

Art. 7º. Constitui valor tributável:

I – nos casos dos minérios de ferro e de manganês, o valor industrial do minério na ocorrência do fato gerador, traduzido, respectivamente, por percentuais do preço médio FOB do ano anterior, fixados pelo Ministério da Fazenda, ouvido o Ministério das Minas e Energia;

II – no caso do carvão mineral, o preço de venda fixado pelo Governo Federal, deduzido o valor correspondente às cotas do imposto atribuídas à União e aos Estados, na parte referente ao carvão destinado às usinas geradoras de energia elétrica.

III – no caso de substância mineral consumida, transformada utilizada ou beneficiada pelo próprio titular da jazida, ou remetida a outro estabelecimento da mesma pessoa jurídica ou firma com a qual mantenha relações de interdependência, o seu valor industrial na ocorrência do fato gerador;

IV – nos casos não previstos nos itens precedentes, o preço da operação de que decorrer o fato gerador, incluídas as despesas acessórias debitadas ao comprador ou destinatário, salvo as de transporte e utilização de porto e seguro, efetivamente despendidas ou pagas, nas condições e limites fixados em regulamento, quando escrituradas em separado.

§ 1º. Para efeito do inciso III deste artigo, considera-se valor industrial e somatório das despesas diretas e indiretas das operações de lavra e beneficiamento, acrescidas das parcelas de lucro atribuídas às citadas operações.

§ 2º. O Ministério poderá permitir o lançamento do tributo *a posteriori* ou por estimativa nas condições em que especificar:

a) quando o valor tributável de qualquer substância mineral só poder ser conhecido após o fato gerador;

b) quando o local e as características da lavra, carregamento ou transporte de substâncias minerais impossibilitarem ou dificultarem a extração de nota fiscal.

§ 3º. Quando as jazidas de minérios de ferro ou de manganês apresentarem condições que dificultem a aplicação do disposto no inciso I poderá o Ministério da Fazenda, ouvido o Ministério das Minas e Energia, adotar o critério constante dos incisos III e IV, deste artigo.

Art. 8º. Não são tributáveis, enquanto não aproveitadas economicamente, as substâncias minerais estéreis eliminadas como rejeito ou resultantes de desmonte.

Art. 9º. Para atender a programas específicos de estimulo à indústria extrativa mineral, ou em casos de interesse nacional, o Ministério da Fazenda, ouvido o Ministério das Minas e Energia, poderá fixar o valor tributável de qualquer substância mineral.

Art. 10. O imposto único será calculado mediante aplicação das seguintes alíquotas sobre o valor tributável das substâncias minerais:

I – metais nobres, pedras preciosas, carbonados e semipreciosas lapidáveis – 1% (um por cento);

II – sal-gema e sal-marinho:

a) no exercício de 1972 – 16% (dezesseis por cento);

b) no exercício de 1973 – 15,5% (quinze e meio por cento);

c) a partir de 1974 – 15% (quinze por cento);

III – demais substâncias minerais – 15% (quinze por cento).

• ***Art. 10,caput, com redação dada pelo Decreto-Lei nº 1.172, de 2.6.1971.***

§ 1º. No caso de substâncias minerais destinadas ao exterior, o imposto único será calculado mediante aplicação das seguintes alíquotas sobre o valor tributário:

I – METAIS nobres, pedras preciosas, carbonados e semipreciosas lapidáveis – 1% (um por cento);

II – minério de ferro e de manganês – 7,5% (sete e meio por cento);

III – demais substâncias minerais – 4% (quatro por cento).

• ***Primitivo parágrafo único com redação dada pelo Decreto-Lei nº 1.172, de 2.6.1971e renumerado pelo Decreto-Lei nº 1.412, de 31.7.1975.***

§ 2º. O Ministro da Fazenda poderá autorizar a saída de substâncias, minerais, com suspensão total ou parcial do imposto, até que a venda para o mercado interno ou a exportação se efetive ou seja comprovada nos prazos fixados por essa autoridade.

• ***§ 2º acrescido pelo Decreto-Lei nº 1.412, de 31.7.1975.***

§ 3º. Não atendidos os requisitos a que se refere o parágrafo anterior, a obrigação tributária suspensa será imediatamente exigível do contribuinte originário ou do adquirente, conforme o caso.

• *§ 3º acrescido pelo Decreto-Lei nº 1.412, de 31.7.1975.*

Art. 11. As indústrias consumidoras de minerais do país poderão abater o imposto único pago relativamente aos minerais do País entrados em seus estabelecimentos do imposto sobre a circulação de mercadorias e do imposto sobre produtos industrializados devidos por esses estabelecimentos, na proporção noventa por cento e dez por cento, respectivamente.

CAPÍTULO IV – DAS ISENÇÕES

Art. 12. São isentas do imposto único:

I – As substâncias minerais extraídas por titular de autorização de pesquisa, de concessão de lavra ou de manifesto de mina, para análise ou ensaio industrial, declarada a isenção, em cada caso, pelo Ministério da Fazenda, de acordo com parecer conclusivo do Departamento Nacional da Produção Mineral, do Ministério das Minas e Energia;

II – A extração de substâncias minerais destinadas a emprego efetivo na construção e conservação de estradas de rodagem e de ferro, de aeroportos, túneis, barragens e outras obras semelhantes, ainda que submetidas às operações referidas nos incisos I e II do § 1º do art. 2º deste Decreto-Lei.

• ***Art. 12 com redação dada pelo Decreto-Lei nº 1.412, de 31.7.1975.***

CAPÍTULO V – DA RECEITA E SUA DESTINAÇÃO

Art. 13. A receita do imposto único sobre minerais, deduzidos 0,5% (cinco décimos por cento) a título de despesas de arrecadação e fiscalização, será assim distribuída:

- ***Resolução do Senado Federal n° 80, de 11.12.1989 – É suspensa, em virtude de decisão definitiva do Supremo Tribunal Federal nos autos do Recurso Extraordinário n° 108.174-1-SP, a execução da expressão "deduzidos 0,5% (cinco décimos por cento) a título de despesas de arrecadação e fiscalização", contida no art. 13 do Decreto-Lei nº 1.038, de 21 de outubro de 1969.***

I – 10% (dez por cento) à União;

II – 70 % (setenta por cento) diretamente ao Estado e ao Distrito Federal em cujo território houver sido extraído o mineral produtor da receita;

III – 20% (vinte por cento) diretamente ao Município em cujo território houver sido extraído o mineral produtor da receita.

§ 1º. Ao Distrito Federal e aos Estados não divididos em Municípios, caberá cumulativamente a cota atribuída aos Municípios.

§ 2º. Nos Territórios Federais caberá à União a cota atribuída aos Estados.

§ 3º. A cota de que trata o parágrafo anterior será destinada ao Território Federal em que houver sido extraído o mineral produtor da receita.

Art. 14. O imposto único será recolhido por guia ao órgão arrecadador, com jurisdição no município produtor, até o último dia do mês subseqüente àquele em que houver ocorrido o fato gerador.

§ 1º. O Ministro da Fazenda poderá, em casos excepcionais, fixar prazos para o recolhimento do tributo, diversos do estabelecido artigo;

§ 2º. Na hipótese da aquisição de substância mineral, obtida por faiscação, garimpagem, cata ou extraída por trabalhos rudimentares, o contribuinte poderá recolher o imposto ao órgão arrecadador de seu domicílio fiscal, indicando o município de origem do produto.

Art. 15. De cada recebimento proveniente do imposto único, o Banco do Brasil S.A. creditará:

I – a cota correspondente à União, à conta e ordem:

a) da Comissão do Plano do Carvão Nacional, a receita proveniente do carvão, observado o disposto nos artigos 2º do Decreto-Lei 765, de 15 de agosto de 1969;

b) do Departamento Nacional de Produção Mineral – Fundo Nacional de Mineração – a receita proveniente de outros minerais;

II – as cotas correspondentes aos Estados, Distrito Federal e Municípios, às respectivas contas e ordens;

III – as cotas destinadas aos Territórios Federais, nos termos dos §§ 2º e 3º do art. 13, às respectivas contas e ordens.

Art. 16. Os Estados, Territórios, Distrito Federal e Municípios aplicarão a cota do imposto único sobre minerais da seguinte forma:

I – os Estados, em investimento e financiamento de obras e projetos que, direta ou indiretamente, interessem à indústria de mineração:

II – os territórios, o Distrito Federal e os Municípios, prioritariamente, em investimentos nos setores de educação, saúde pública, assistência social, construção de estradas, energia elétrica, bem como em financiamentos e investimentos em outros setores que promovam o desenvolvimento da mineração.

Art. 17. Os Estados, Territórios, Distrito Federal e Municípios, apresentarão ao Ministério das Minas e Energia:

I – no 1º trimestre de cada exercício a estimativa da receita e respectivo plano de aplicação para o exercício subseqüente;

II – no 1º semestre de cada exercício a prova da aplicação dos recursos oriundos do imposto único, recebidos no exercício anterior, e a do encaminhamento das respectiva contas ao órgão competente para julgá-las.

§ 1º. A inobservância das exigências deste artigo autoriza a retenção das cotas subseqüentes.

§ 2º. A retenção e posterior liberação destas cotas serão feitas pelo Banco do Brasil S. A., mediante instruções do Ministério da Fazenda, por propostas do Ministério das Minas e Energia.

§ 3º. O disposto neste artigo não se aplica aos que tiverem recebido, no exercício anterior ao da elaboração do plano de aplicação, recursos oriundos do imposto único sobre minerais em importância inferior a 500 (quinhentas) vezes o valor do maior salário mínimo vigente no País naquele exercício.

§ 4º. As cotas dos Municípios, retidas durante 2 (dois) anos após exercício a que corresponderem, terão os seus valores transferidos pelo Banco do Brasil S.A., à Companhia de Pesquisa de Recursos Minerais C.P.R.M. que, em contrapartida, emitirá ações preferencias em favor dos Municípios, correspondentes aos valores recebidos.

• ***§ 4º acrescido pela Lei nº 5.874, de 11.5.1973.***

§ 5º. Antes da transferência pelo Banco do Brasil à Companhia de Recursos Minerais – C.P.R.M., das cotas retidas, na conformidade do disposto no parágrafo anterior, o Ministério das Minas e Energia concederá à Administração Municipal um prazo extraordinário de reabilitação de noventa dias.

• ***§ 5º acrescido pela Lei nº 5.874, de 11.5.1973.***

§ 6º. O Departamento Nacional da Produção Mineral – DNPM baixará instruções quanto às formas de liberação e de aplicação das cotas.

• ***§ 6º acrescido pelo Decreto-Lei nº 1.412, de 31.7.1975.***

CAPÍTULO VI – DO FUNDO NACIONAL DE MINERAÇÃO

Art. 18. O Fundo Nacional de Mineração, movimentável pelo Departamento Nacional da Produção Mineral (DNPM), do Ministério das Minas e Energia, destina-se a prover e financiar estudos e trabalhos de levantamento geológico, pesquisa mineral e investigação e desenvolvimento de processos de beneficiamento mineral, inclusive instalações e equipamentos, relacionados com o aproveitamento dos recursos minerais no território nacional, e será aplicado, em execução indireta, mediante convênio, na forma legal, com a Companhia de Pesquisa de Recursos Minerais – CPRM.

• ***Art. 18 com redação dada pela Lei nº 5.732, de 16.11.1971.***

Art. 19. O Fundo Nacional de Mineração será constituído:

I – da cota do imposto único sobre minerais pertencentes à União;

II – da parte destinada ao Departamento Nacional da Produção Mineral (DNPM), do Ministério das Minas e Energia, dos 5% (cinco por cento) de que trata o § 4º do art. 27 da Lei nº 2.004, de 3 de outubro de 1953, acrescentado pelo art. 1º do Decreto-Lei nº 523, de 8 de abril de 1969;

III – da parcela de 20% (vinte por cento) dos dividendos da União da Companhia Vale do Rio Doce – CVRD;

IV – dos valores que lhe devam ser creditados, na forma do Código de Mineração (Decreto-Lei nº 227, de 28 de fevereiro de 1967), e demais disposições legais em vigor;

V – de dotações consignadas no Orçamento Geral da União;

VI – dos rendimentos de depósitos e aplicações do próprio Fundo.

• ***Art. 19 com redação dada pela Lei nº 5.732, de 16.11.1971.***

CAPÍTULO VII – DO REGIME ESPECIAL DE COMERCIALIZAÇÃO

Art. 20. O comércio e a primeira aquisição de pedras preciosas, semipreciosas, carbonados, metais nobres e demais substâncias minerais, em bruto, cuja extração se faça pelo regime de matrícula definido no art. 9º do Código de Mineração, somente poderão ser exercidos, e a título precário, por pessoas jurídicas autorizadas pelo Ministério da Fazenda.

• Art. 20, caput, com redação dada pelo Decreto-Lei nº 2.016, de 3.3.1983.

§ 1º. A autorização só poderá ser dada a pessoa jurídica inscrita no Cadastro Geral de Contribuintes e que preencha as condições estabelecidas em Portaria do Ministro da Fazenda;

§ 2º. As pessoas legalmente estabelecidas, registradas na repartição fiscal do Ministério da Fazenda a que estejam jurisdicionadas, independem da autorização de que trata o parágrafo anterior para a aquisição dos minerais a que se refere este artigo e dos metais nobres puros ou titulados destinados à aplicação exclusiva nas respectivas indústrias, manufaturas ou atividades afins.

§ 3º. O conselho Monetário Nacional poderá, por proposta do Ministro da Fazenda, modificar o regime especial de comercialização dos metais nobres de produção nacional ou de procedência estrangeira.

CAPÍTULO VIII – DAS PENALIDADES

Art. 21. Aplicar-se-ão as seguintes multas, calculadas sobre o valor comercial das substâncias minerais a que se refere o art. 20 deste Decreto-Lei, quando encontradas em poder de:

I – garimpeiro, faiscador ou catador, fora do município do garimpo, faisqueira ou cata, desacompanhadas da Guia de Trânsito, devidamente registrada na repartição fiscal – 10% (dez por cento);

II – extrator, fora do local da extração, desacompanhadas, da Guia de Trânsito, devidamente registrada na repartição fiscal – 10% (dez por cento);

III – prepostos, administradores ou titulares de pessoas jurídicas que satisfaçam às exigências do art. 20 deste Decreto-Lei, desacompanhadas da Nota Fiscal de Aquisição, ou se a segunda via desta não houver sido entregue à repartição fiscal – 50% (cinqüenta por cento);

IV – garimpeiro, faiscador, catador ou extrator, não matriculados na Secretaria da Receita Federal, ou de qualquer outra pessoa além das referidas nos itens I, II e III deste artigo – 100% (cem por cento);

V – de qualquer pessoa, fora da área, determinada por ato administrativo, em que a Caixa Econômica Federal tiver a exclusividade de sua comercialização – 100% (cem por cento);

§ 1º. Se as substâncias minerais forem encontradas em qualquer área de aeroportos, portos marítimos, fluviais ou lacustres, trapiches e embarcadouros, estações ferroviárias ou rodoviárias, ou a bordo de qualquer veículo transportador, as multas previstas nos itens I, II e III deste artigo serão aplicadas em dobro.

§ 2º. Somente quando obrigatório o registro da Guia de Trânsito na repartição fiscal, a sua falta acarretará a aplicação das multas previstas nos itens I e II deste artigo.

§ 3º. A multa prevista no item V deste artigo não será aplicada se ficar comprovado que a Caixa Econômica Federal não quis adquirir a substância mineral, embora extraída em área onde aquele órgão público detenha a exclusividade de sua comercialização.

• Art. 21, com redação dada pelo Decreto-Lei nº 2.016, de 3.3.1983.

Art. 22. Aplicar-se-ão, ainda, as seguintes multas às pessoas jurídicas, calculadas sobre:

I – o valor comercial das substâncias minerais a que se refere o art. 20 deste Decreto-Lei, quando:

a) as mantiverem em seu poder, sem prova de sua aquisição regular – 100% (cem por cento);

b) promoverem sua saída do estabelecimento, sem emissão de nota fiscal – 30% (trinta por cento);

II – o valor do imposto incidente sobre as substâncias minerais diversas das referidas no art. 20 deste Decreto-Lei, quando:

a) as mantiverem em seu poder, sem prova de sua aquisição regular – 50% (cinqüenta por cento);

b) promoverem a sua saída, sem destacar o imposto na respectiva nota fiscal – 100% (cem por cento);

III – o valor do imposto incidente sobre qualquer das substâncias minerais constantes da lista anexa a este Decreto-Lei, quando:

a) devidamente destacado na respectiva nota fiscal, não for recolhido até 90 (noventa dias) do término do prazo legal – 50% (cinqüenta por cento);

b) devidamente destacado na respectiva nota fiscal, não for recolhido depois de 90 (noventa dias) do término do prazo legal – 100% (cem por cento).

§ 1º. Se a pessoa jurídica dedicar-se à atividade constante do art. 20 deste Decreto-Lei, sem autorização do Ministério da Fazenda, as multas previstas no item I deste artigo serão aplicadas em dobro.

§ 2º. As multas previstas nos itens II e III deste artigo serão de 150% (cento e cinqüenta por cento), quando se tratar de infração qualificada.

• Art. 22 com redação dada pelo Decreto-Lei nº 2.016, de 3.3.1983.

Art. 23. As infrações a este Decreto-Lei e ao seu Regulamento, não sujeitas a multas proporcionais ao valor do imposto ou da mercadoria, serão punidas com multas compreendidas, entre os limites mínimo de NCr$ 50,00 (cinqüenta cruzeiros novos) e máximo de NCr$ 500,00 (quinhentos cruzeiros novos).

Parágrafo único. O Regulamento disporá, sobre a aplicação das multas, fixando-lhes os valores conforme a gravidade da infração.

Art. 24. Sem prejuízo do procedimento penal cabível, fica sujeito à multa de 5 (cinco) vezes o limite máximo previsto no artigo anterior, aquele que:

I – simular, viciar, ou falsificar documentos ou a escrituração de livros fiscais e comerciais, ou utilizar documentos falsos para iludir a fiscalização ou fugir ao pagamento do imposto, se outra maior não couber por falta de lançamento ou pagamento do tributo;

II – por qualquer meio ou forma, desacatar os agentes da fiscalização, ou embaraçar, dificultar ou impedir a sua atividade fiscalizadora, sem prejuízo de qualquer outra penalidade cabível por infração a este Decreto-Lei ou seu regulamento.

Art. 25. Iniciado o procedimento para cobrança de débito fiscal, o devedor gozará da redução de 50% (cinqüenta por cento) do valor da multa, se liquidar o débito no prazo fixado na intimação, e de 30% (trinta por cento) quando, proferida a decisão administrativa de primeira instância, o débito exigido for liquidado no prazo em que caberia interposição de recurso.

CAPÍTULO IX – DISPOSIÇÕES FINAIS E TRANSITÓRIAS

Art. 26. Compete à Secretaria da Receita Federal, no Ministério da Fazenda, a direção dos serviços de fiscalização do imposto único sobre minerais.

Parágrafo único. A fiscalização do embarque de minerais destinados à exportação caberá ao Ministério da Fazenda, ao Conselho Nacional do Comércio Exterior, à Carteira de Comércio Exterior, do Banco do Brasil S.A., e ao Departamento Nacional da Produção Mineral do Ministério das Minas e Energia, nas respectivas áreas de competência.

Art. 27. As normas de escrituração e de fiscalização do imposto, o processo de apuração de infrações, a consulta, aplicação de penalidades, o pagamento de honorários a peritos, a determinação de domicílio fiscal e de competência administrativa para julgamento de questões fiscais suscitadas pela execução deste Decreto-Lei, serão fixadas em Regulamento, observada, no que couber, a legislação do imposto sobre produtos industrializados.

Art. 28. O Regulamento fixará prazo aos atuais, compradores de substâncias minerais de que trata o art. 20, bem como às pessoas jurídicas e profissionais autônomos que não satisfaçam os requisitos deste Decreto-Lei, para se ajustem às suas normas.

Parágrafo único. Findo o prazo previsto neste artigo, caducarão as autorizações já concedidas anteriormente para a mesma finalidade.

Art. 29. Com a entrada em vigor deste Decreto-Lei, ficam revogados o Decreto-Lei nº 466, de 4 de junho de 1938, o Decreto-Lei nº 5.247, de 12 de fevereiro de 1943, a Lei nº 4.425, de 8 de outubro de 1964, o Decreto-Lei nº 134, de 2 de fevereiro de 1967, o art. 89 e seu parágrafo do Decreto-Lei nº 227, de 28 de fevereiro de 1967, o Decreto-Lei nº 334, de 12 de outubro de 1967, e demais disposições em contrário.

Art. 30. Este Decreto-Lei entrará em vigor no dia 30 de outubro de 1969.

Brasília, 21 de outubro de 1969; 148º da Independência e 81º da República.

Augusto Hamann Rademaker Grünewald – Aurélio de Lyra Tavares

Márcio de Souza e Mello – Antônio Delfim Netto – Antônio Dias Leite Júnior

- ***A Lista de Minerais mencionada no presente Decreto foi publicado no DOU de 21.10.1969.***

DOU de 21.10.1969

DECRETO-LEI Nº 1.083, DE 6 DE FEVEREIRO DE 1970

Dispõe sobre a incidência e cobrança do imposto único sobre minerais, concede isenções e dá outras providências.

O Presidente da República, usando das atribuições que lhe confere o inciso II do art. 55 da Constituição,

Decreta:

Art. 1º. Até a entrada em vigor do regulamento do Decreto-Lei nº 1.038, de 21 de outubro de 1969, fica o Ministro da Fazenda autorizado a permitir que o lançamento do tributo se faça com base na última pauta de valores de substâncias minerais baixadas por aquele Ministério.

Art. 2º. A lista de minerais a que se refere o art. 6º, do Decreto-Lei nº 1.038, de 21 outubro de 1969, fica acrescida do seguinte item:

— Sal Marinho

Art. 3º. O art. 10 do Decreto-Lei nº 1.038, de 21 de outubro de 1969, passa a vigorar com a seguinte redação:

- ***Alterações já efetuadas no corpo da Lei.***

Art. 4º. Ficam isentas do Imposto Único sobre Minerais as saídas de minerais que devam ser utilizados como matéria-prima na industrialização de adubos, fertilizantes e defensivos agrícolas ou, na agricultura, como corretivos de solos:

a) para estabelecimentos onde se industrializem adubos simples ou compostos, fertilizantes e defensivos agrícolas;

b) para outro estabelecimento do mesmo titular daquele onde se deva processar a industrialização;

c) para estabelecimento produtor.

Parágrafo único. Aplica-se o disposto neste artigo às saídas das referidas substâncias minerais para as cooperativas agropastoris, aos depósitos ou filiais pertencentes a estabelecimentos industriais localizados nas zonas de consumo do produto, às firmas revendedoras e aos órgãos e entidades da administração pública que tenham por objetivo o fomento de atividades agropecuárias.

- ***Art. 4º com redação dada pelo Decreto-Lei nº 1.496, de 20.12.1976.***

Art. 5º. O simples desdobramento de blocos de mármore e granito não constitui a operação de industrialização a que se refere o § 5º, do art. 2º, do Decreto-Lei nº 1.038, de 21 de outubro de 1969, somente caracterizada pela serragem ou polimento posterior.

Art. 6º. Aos recursos resultantes da cota do imposto único incidente sobre o sal marinho, pertencentes aos Estados, Territórios, Distrito Federal e Municípios, não se aplicam as normas estabelecidas nos artigos 16 e 17, do Decreto-Lei nº 1.038, de 21 de outubro de 1969.

Art. 7º. Fica o Ministro da Fazenda autorizado a conceder, nos termos do art. 172 da Lei nº 5.172, de 25 de outubro de 1966, remissão de créditos tributários existentes até à data da vigência deste Decreto-Lei, relativamente ao imposto único sobre minerais, desde que decorrentes de erro excusável quanto à classificação dos produtos ou ao fato gerador do tributo.

Art. 8º. Este Decreto-Lei entrará em vigor na data de sua publicação, revogadas as disposições em contrário.

Brasília, 6 de fevereiro de 1970; 149º da Independência e 82º da República.

Emílio G. Médici

DOU de 6.2.1970

DECRETO-LEI Nº 1.172, DE 2 DE JUNHO DE 1971

Altera a legislação do imposto único sobre minerais e dá outras providências.

O Presidente da república, usando das atribuições que lhe confere o inciso II do art. 55 da Constituição,

Decreta:

Art. 1º. A partir de 1 de janeiro de 1972 o art. 10 do Decreto-Lei nº 1.038, de 21 de outubro de 1969, passará a vigorar com a seguinte redação:

- ***Alterações já efetuadas no corpo da Lei.***

Art. 2º. É suspensa até o exercício de 1971, inclusive, a aplicação do disposto no art. 16 do Decreto-Lei nº 1.038, de 21 de outubro de 1969.

Art. 3º. Este Decreto-Lei entrará em vigor na data de sua publicação revogadas as disposições em contrário.

Brasília, 2 de junho de 1971; 150º da Independência e 83º da República.

Emílio G. Médici

DOU de 2.6.1971

DECRETO-LEI Nº 1.412, DE 31 DE JULHO DE 1975

Altera o Decreto-Lei nº 1.038, de 21 de outubro de 1969, que "estabelece normas relativas ao Imposto Único sobre Minerais", e autoriza remissão de débitos fiscais.

O Presidente da República, no uso da atribuição que lhe confere o art. 55, item II, da Constituição,

Decreta:

Art. 1º. Os arts. 6º, 10, 12 e 17 do Decreto-Lei nº 1.038, de 21 de outubro de 1969, passam a vigorar com as seguintes alterações:

I – O art. 6º fica acrescido do seguinte parágrafo, renumerado o seu parágrafo único para § 2º.

• ***Alterações já efetuadas no corpo da Lei.***

II – O art. 10, alterado pelo Decreto-Lei nº 1.172, de 2 de junho de 1971, fica acrescido dos seguintes parágrafos, renumerado o seu parágrafo único para § 1º.

• ***Alterações já efetuadas no corpo da Lei.***

III – O art. 12 passa a ter a seguinte redação.

IV – O art. 17, alterado pela Lei nº 5.874, de 11 de maio de 1973, fica acrescido do seguinte parágrafo:

• ***Alterações já efetuadas no corpo da Lei.***

Art. 2º. O Ministro da Fazenda poderá conceder remissão dos créditos tributários decorrentes da inobservância dos dispositivos alterados pelo art. 1º deste Decreto-Lei, vedada qualquer compensação ou restituição.

Art. 3º. Este Decreto-Lei entrará em vigor na data de sua publicação, revogadas as disposições em contrário, especialmente o art. 3º do Decreto-Lei nº 1.038, de 21 de outubro de 1969.

Brasília, 31 de julho de 1975; 154º da Independência e 87º da República.

Ernesto Geisel

DOU de 1º.8.1975

DECRETO-LEI Nº 2.016, DE 3 DE MARÇO DE 1983

Altera a redação dos arts. 20, 21 e 22 do Decreto-Lei nº 1.038, de 21 de outubro de 1969, que estabelece normas relativas ao Imposto Único sobre Minerais, e dá outras providências.

O Presidente da República, no uso da atribuição que lhe confere o art. 55, item II, da Constituição,

Decreta:

Art. 1º. Os arts. 20, *caput*, 21 e 22 do Decreto-Lei nº 1.038, de 21 de outubro de 1969, passam a vigorar com a seguinte redação:

• ***Alterações já efetuadas no corpo da Lei.***

Art. 2º. Este Decreto-Lei entrará em vigor na data de sua publicação, revogadas as disposições em contrário.

Brasília-DF, em 3 de março de 1983; 162º da Independência e 95º da República.

João Figueiredo

DOU de 4.3.1983

DECRETO Nº 98.830, DE 15 DE JANEIRO DE 1990

Dispõe sobre a coleta, por estrangeiros, de dados e materiais científicos no Brasil, e dá outras providências.

O Presidente da República, usando das atribuições que lhe confere o artigo 84, inciso IV, da Constituição,

Decreta:

Art. 1º. Estão sujeitas as normas deste Decreto, as atividades de campo exercidas por pessoa natural ou jurídica estrangeira, em todo o território nacional, que impliquem o deslocamento de recursos humanos e materiais, tendo por objeto coletar dados, materiais, espécimes biológicos e minerais, peças integrantes da cultura nativa e cultura popular, presente e passada, obtidos por meio de recursos e técnicas que se destinem ao estudo, à difusão ou à pesquisa, sem prejuízo ao disposto no art. 10.

Parágrafo único. Este Decreto não se aplica às coletas ou pesquisas incluídas no monopólio da União.

Art. 2º. Compete ao Ministério da Ciência e Tecnologia (MCT) avaliar e autorizar, sob as condições que estabelecer, as atividades referidas no artigo anterior, bem assim supervisionar sua fiscalização e analisar seus resultados.

Parágrafo único. O MCT exercerá as suas atribuições assessorado por uma comissão formada por representantes desse mesmo órgão, do Ministério das Relações Exteriores (MRE), do Ministério do Interior (Minter) e da Secretaria de Assessoramento da Defesa Nacional (Saden/PR).

Art. 3º. As atividades referidas no art. 1º somente serão autorizadas desde que haja a coparticipação e a co-responsabilidade de instituição brasileira de elevado e reconhecido conceito técnico-científico, no campo de pesquisa correlacionado com o trabalho a ser desenvolvido, segundo a avaliação do Conselho Nacional de Desenvolvimento Científico e Tecnológico (CNPq).

Parágrafo único. A instituição brasileira deverá acompanhar e fiscalizar as atividades que sejam exercidas pelos estrangeiros, observando as normas legais específicas e, no que couber, as do presente Decreto.

Art. 4º. Dependerão da anuência prévia:

I – da Saden/PR, as autorizações para as atividades que envolvam a permanência ou trânsito em áreas de faixa de fronteira ou que possam afetar outros interesses da Defesa Nacional;

II – do MRE, as autorizações para atividades julgadas de interesse da política externa brasileira;

III – do Minter, através da Fundação Nacional do Índio (Funai) e do Instituto Brasileiro do Meio Ambiente e Recursos Naturais Renováveis (Ibama), as autorizações que envolvam a permanência ou trânsito por áreas indígenas e de preservação do meio ambiente, respectivamente.

Parágrafo único. As coletas ou pesquisas científicas que envolvam atividades reguladas por outras normas legais e regulamentares específicas, somente serão autorizadas mediante audiência prévia dos órgãos competentes para a aplicação dessa legislação, de acordo com os procedimentos estabelecidos em portaria do MCT.

Art. 5º. Os pedidos de autorização para coleta e pesquisa serão dirigidos ao MCT, pela instituição brasileira de que trata o art. 3º, que informará detalhadamente a fonte dos recursos que custearão as atividades a serem desenvolvidas no País bem assim as despesas decorrentes da sua co-participação.

Parágrafo único. Para que seja apreciado o pedido de autorização, os participantes estrangeiros deverão, expressamente:

I – declarar a responsabilidade financeira que assumirão para a execução das atividades propostas;

II – autorizar o MCT e a instituição brasileira co-participante a efetuarem tradução, publicação e divulgação no Brasil, sem ônus quanto aos direitos autorais, de relatórios, monografias e outras formas de registro de trabalho das coletas e pesquisas realizadas, desde que sempre mencionadas a sua autoria e as circunstâncias que concorrerem para o desenvolvimento e os resultados desses trabalhos;

III – assumir o compromisso de acatar todas as normas legais e regulamentares vigentes.

Art. 6º. Salvo em casos julgados excepcionais, devidamente justificados, deverá o MCT proferir sua decisão sobre os pedidos de autorização apresentados no prazo de 120 (cento e vinte) dias, contado da data do recebimento da documentação completa exigida.

Art. 7º. O MCT poderá, deferindo o pedido dos interessados e observado o disposto no art. 4º, autorizar a instalação física no País, a título precário, por prazo determinado, dos equipamentos necessários à realização das atividades de coleta e pesquisa.

Art. 8º. A autorização do MCT será concedida por prazo determinado, que poderá ser prorrogado, mediante pedido fundamentado das instituições brasileiras co-participantes e co-responsáveis, apresentado com antecedência de 45 (quarenta e cinco) dias do término daquele prazo e acompanhado de relatório das atividades já desenvolvidas.

Art. 9º. A remessa para o exterior de qualquer material coletado, ainda que reproduzido através de fotografias, filmes ou gravações, só poderá ser efetuada após prévia autorização do MCT e desde que assegurada, pelo interessado, sua utilização em atividades exclusivamente de estudos, pesquisas e difusão com a observância no disposto no parágrafo único, do art. 4º.

§ 1º. O material coletado será remetido ao exterior às expensas do estrangeiro interessado, por intermédio da instituição técnico-científica brasileira (art. 3º), que manterá cópia dos registros de campo das respectivas coletas.

§ 2º. O MCT poderá reter exemplares, peças ou cópias do material coletado, cabendo-lhe indicar as instituições brasileiras depositárias no País.

Art. 10. A utilização do material coletado para fins comerciais, inclusive a sua cessão a terceiros, dependerá de acordo prévio a ser firmado pelos interessados com o MCT, respeitados os direitos de propriedade, nos termos da legislação brasileira em vigor.

Art. 11. Sem prejuízo dos relatórios que deverão ser apresentados no curso das atividades autorizadas, nos termos de portaria do MCT, a instituição brasileira deverá produzir, no prazo de 60 (sessenta) dias, contado do término das atividades, relatório preliminar dos trabalhos desenvolvidos.

Parágrafo único. O relatório final deverá ser precedido de relatórios parciais, apresentados a cada 6 (seis) meses, informando sobre os resultados já obtidos.

Art. 12. Qualquer pessoa física ou jurídica que constatar o desenvolvimento de atividades em desacordo com o disposto neste Decreto, ou com outras normas legais e regulamentares vigentes, poderá comunicar o fato ao MCT, que determinará a sua apuração e promoverá outras medidas cabíveis junto aos órgãos públicos competentes.

Art. 13. Sem prejuízo da responsabilidade civil e penal, a infração às normas deste Decreto poderá importar, segundo a gravidade do fato:

I – a suspensão imediata da atividade em curso, por um determinado período;

II – o cancelamento da autorização concedida;

III – a declaração de inidoneidade do infrator, com o conseqüente impedimento, temporário ou permanente, para empreender ou patrocinar pesquisa científica no Território Nacional;

IV – a comunicação da infração cometida ao dirigente da entidade a que o infrator esteja vinculado;

V – a apreensão e a perda do equipamento utilizado nos trabalhos, bem assim do material coletado, nos termos da legislação brasileira em vigor.

Parágrafo único. Caberá ao MCT opinar junto à Secretaria da Receita Federal quanto à destinação do material de interesse científico apreendido.

Art. 14. O MCT, mediante portaria, dispensará tratamento especial e compatível com o regime jurídico específico a que estejam sujeitos, às coletas de dados e materiais realizados no País por pessoas físicas estrangeiras em decorrência:

I – de programa de intercâmbio científico vinculados a acordos de cooperação cultural, científico, técnica e tecnológica, firmados pelo Governo brasileiro;

II – de programas de organismos internacionais aprovados pelo Governo brasileiro;

III – de financiamentos de bolsas ou auxílios à pesquisa, concedidos por agências de fomento ou por outras instituições nacionais técnico-científicas reconhecidas pelo MCT; e,

IV – de contrato de trabalho com instituições brasileiras de ensino e pesquisa.

Art. 15. O MCT expedirá os atos necessários à execução do disposto neste Decreto.

- ***Vide nesta edição a Portaria MCT nº 55, de 14.3.1990.***

Art. 16. Este Decreto entrará em vigor na data de sua publicação.

Art. 17. Revogam-se os Decretos nºs 65.057, de 26 de agosto de 1969 e 93.180, de 27 de agosto de 1986, e demais disposições em contrário.

Brasília, 15 de janeiro de 1990; 169º da Independência e 102º da República.

José Sarney

DOU de 16.1.1990

DECRETO Nº 1.524, DE 20 DE JUNHO DE 1995

Aprova o Estatuto da Companhia de Pesquisa de Recursos Minerais – CPRM.

O Presidente da República, no uso da atribuição que lhe confere o art. 84, incisos IV e VI, da Constituição, e tendo em vista o disposto na Lei nº 8.970, de 28 de dezembro de 1994,

Decreta:

Art. 1º. Fica aprovado o anexo Estatuto da Companhia de Pesquisa de Recursos Minerais – CPRM, empresa pública vinculada ao Ministério de Minas e Energia, conforme deliberação da Assembléia Geral de Acionistas, realizada em 12 de abril de 1995, na sede da Companhia, em Brasília-DF.

Art. 2º. Este Decreto entra em vigor na data de sua publicação.

Art. 3º. Revogam-se os Decretos nºs 919, de 8 de setembro de 1993, e 1.004, de 8 de dezembro de 1993.

Brasília, 20 de junho de 1995; 174º da Independência e 107º da República.

Fernando Henrique Cardoso – Raimundo Brito

DOU de 21.6.1995

ESTATUTO DA COMPANHIA DE PESQUISA DE RECURSOS MINERAIS CPRM

CAPÍTULO I – DA COMPANHIA, NATUREZA E OBJETO

Art. 1º. A Companhia de Pesquisa de Recursos Minerais – CPRM, que tem por objeto as atribuições do Serviço Geológico do Brasil, é uma empresa pública, constituída pela União e vinculada ao Ministério das Minas e Energia.

Art. 2º. A CPRM reger-se-á pela Lei nº 8.970, de 28 de dezembro de 1994, pela legislação a ela aplicável e às sociedades por ações e pelo presente Estatuto.

Art. 3º. A CPRM funcionará por tempo indeterminado, tem sede e foro na Capital Federal e poderá estabelecer, no País e no exterior, escritórios, dependências, filiais ou sucursais, bem como participar do capital e outras sociedades, observada a legislação vigente.

Art. 4º. A CPRM tem por objeto:

I – subsidiar a formulação da política mineral e geológica, participar do planejamento, da coordenação e executar os serviços de geologia e hidrologia de responsabilidade da União em todo o território nacional;

II – estimular o descobrimento e o aproveitamento dos recursos minerais e hídricos do País;

III – orientar, incentivar e cooperar com entidades públicas ou privadas na realização de pesquisas e estudos destinados ao aproveitamento dos recursos minerais e hídricos do País;

IV – elaborar sistemas de informações, cartas e mapas que traduzam o conhecimento geológico e hidrológico nacional, tornando-o acessível aos interessados;

V – colaborar em projetos de preservação do meio ambiente, em ação complementar à dos órgãos competentes da administração pública federal, estadual e municipal;

VI – realizar pesquisas e estudos relacionados com os fenômenos naturais ligados à terra, tais como terremotos, deslizamentos, enchentes, secas, desertificação e outros, bem como os relacionados à Paleontologia e à Geologia Marinha;

VII – dar apoio técnico e científico aos órgãos da administração pública federal, estadual e municipal, no âmbito de sua área de atuação;

§ 1º. De acordo com o disposto no § 1º, do art. 2º da Lei nº 8.970, de 28 de dezembro de 1994, consideram-se:

a) recursos minerais: as massas individualizadas de substâncias minerais ou fósseis encontradas na superfície ou no interior da terra, bem como na plataforma submarina;

b) recursos hídricos: as águas de superfície e as águas subterrâneas.

§ 2º. Nos recursos definidos no parágrafo anterior não se incluem o petróleo e outros hidrocarbonetos fluidos e gases raros.

Art. 5º. Para a consecução de seus objetivos sociais, incumbe à CRPM:

I – dominar o conhecimento das Geociências, nelas incluídas a Geologia em seus diversos campos, a Hidrologia, a Paleontologia e outras ciências afins, bem como gerir, promover e divulgar os resultados, os dados técnicos e as informações científicas obtidas, no âmbito de sua competência;

II – planejar, coordenar e executar os levantamentos geológicos básicos de responsabilidade da União, encarregando-se da guarda, sistematização e permanente atualização dos acervos de documentos, amostras e registros históricos que compõem a memória geológica;

III – realizar, diretamente ou em cooperação com entidades públicas e privadas, estudos, pesquisas e projetos científicos, tecnológicos, econômicos e jurídicos em sua área de competência;

IV – executar trabalhos geológicos e hidrológicos específicos, de responsabilidade de outros órgãos da administração pública, mediante convênio, contrato ou parceria;

V – estimular e apoiar o ensino e a pesquisa das geociências no País, bem como o trabalho acadêmico em geral nas áreas correlatas ao seu objeto social;

VI – integrar-se ao processo de desenvolvimento científico e tecnológico da geologia, mineração hidrologia e áreas correlatas, mediante criação ou aperfeiçoamento de processos tecnológicos, ou, ainda, estimulando e apoiando a pesquisa científica e tecnológica;

VII – promover e apoiar a formação, o treinamento, o aperfeiçoamento e a especialização de profissionais necessários à manutenção de um quadro técnico compatível com suas atividades;

VIII – prestar consultoria, assistência técnica e apoio científico;

IX – executar outras e quaisquer atividades conexas e afins aos seus objetivos, inclusive a prestação de serviços.

Art. 6º. No interesse nacional, a CPRM poderá realizar pesquisa mineral, conforme definida em lei, não se lhe aplicando, nesse caso, o disposto nos arts. 31 e 32 do Decreto-Lei nº 227, de 28 de fevereiro de 1967 – Código de Mineração.

§ 1º. O Ministro de Estado de Minas e Energia determinará à CPRM, em ato específico, a realização da pesquisa mineral de que trata este artigo.

§ 2º. Aprovado pelo Departamento Nacional da Produção Mineral (DNPM) o relatório de pesquisa apresentado pela CPRM, fica esta autorizada a negociar a cessão dos respectivos direitos à concessão de lavra da jazida pesquisada.

§ 3º. O adquirente dos resultados dos trabalhos de pesquisa terá o prazo de cento e oitenta dias, a contar da efetivação da cessão e transferência dos direitos respectivos, para requerer a concessão de lavra.

§ 4º. Findo o prazo, previsto na parágrafo anterior, sem que tenha sido requerida a concessão de lavra ou não satisfeitos os requisitos legais para outorga da concessão, caducará o respectivo direito, devendo a CPRM proceder a nova negociação, na forma do § 2º.

Art. 7º. É facultado à CPRM executar suas atividades, no Brasil e no exterior, diretamente ou por convênios, ajustes, acordos e contratos com órgãos, especialistas e entidades públicas e privadas e mediante associação ou parceria com outras instituições e empresas.

CAPÍTULO II – DO CAPITAL SOCIAL

Art. 8º. O Capital Social integralizado é de R$ 27.211.910,34 (vinte e sete milhões, duzentos e onze mil, novecentos e dez reais e trinta e quatro centavos), dividido em 3.275.117 (três milhões duzentos e setenta e cinco mil cento e dezessete) ações ordinárias e 394.612 (trezentos e noventa e quatro mil seiscentos e doze) ações preferenciais, todas nominativas e sem valor nominal.

Art. 9º. O Capital Social da CPRM poderá ser aumentado mediante a capitalização de recursos que a União destinar a esse fim, por deliberação da Assembléia Geral, obedecidos os preceitos legais e sujeito à aprovação do Presidente da República.

CAPÍTULO III – DOS ACIONISTAS

Art. 10. A CPRM poderá admitir como acionistas:

I – pessoas jurídicas de direito público interno;

II – entidades da administração indireta da União, dos Estados, do Distrito Federal e Municípios.

CAPÍTULO IV – DA ASSEMBLÉIA GERAL

Art. 11. A Assembléia Geral Ordinária realizar-se-á, anualmente, até o dia 30 de abril, em local, data e hora previamente fixados pelo Conselho de Administração, para deliberar sobre as matérias de sua competência, na forma da lei.

Parágrafo único. Caberá à Assembléia Geral Ordinária eleger quatro membros do Conselho de Administração e os membros do Conselho Fiscal, bem como fixar a remuneração de seu Presidente e Conselheiros, do Diretor-Presidente, dos Diretores e dos membros do Conselho Fiscal.

Art. 12. A Assembléia Geral Extraordinária reunir-se-á, mediante convocação, na forma da lei, para deliberar sobre assuntos de interesse da Companhia, especialmente para:

I – reforma do estatuto;

II – aumento ou redução do capital;

III – emissão de ações para integralização e, bens, direitos e créditos;

IV – participação no capital de outras sociedades, observada a legislação vigente.

Art. 13. O acionista poderá ser representado nas Assembléias Gerais, nos termos da Lei das Sociedades por Ações, mediante procuração com poderes especiais, sendo que, neste caso como nos de representação legal, os respectivos instrumentos deverão ser depositados na sede da Companhia até a véspera do dia marcado para a realização da Assembléia Geral.

Art. 14. A presidência da Assembléia Geral caberá ao Presidente do Conselho de Administração, que poderá, entretanto, delegá-la ao Diretor-Presidente.

Parágrafo único. A presidência escolherá, dentre os acionistas presentes, um ou mais secretários, para elaboração da ata dos trabalhos e das resoluções da Assembléia Geral, que será lavrada em livro próprio, na forma da lei.

CAPÍTULO V – DA ADMINISTRAÇÃO

Art. 15. A CPRM será administrada por um Conselheiro de Administração e por uma Diretoria Executiva.

Art. 16. O Conselho de Administração será constituído:

I – de um Presidente, nomeado pelo Presidente da República, por indicação do Ministro de Estado de Minas e Energia, e demissível *ad nutum*;

II – do Diretor-Presidente, que exercerá a Vice-Presidência do Colegiado;

III – de quatro Conselheiros, eleitos pela Assembléia Geral, três dos quais indicados pelo Ministro de Estado de Minas e Energia, deste profissionais de notória experiência das comunidades geocientífica e empresarial do setor mineral e hídrico do País e um indicado pelo Ministro de Estado do Planejamento e Orçamento, observada a legislação aplicável.

Parágrafo único. o mandato dos conselheiros é de dois anos.

Art. 17. A Diretoria Executiva será constituída do Diretor-Presidente e de até quatro Diretores, todos eleitos pelo Conselho de Administração.

§ 1º. O Diretor-Presidente e os Diretores exercerão o cargo em regime de tempo integral e de dedicação exclusiva ao serviço da Companhia.

§ 2º. O Diretor-Presidente e os Diretores farão jus ao gozo de férias anuais remuneradas de trinta dias com um terço a mais do que os honorários normais e ao pagamento de uma remuneração adicional, no mês de dezembro, de valor igual à última que lhes for devida.

§ 3º. O mandato do Diretor-Presidente e dos Diretores é de três anos.

Art. 18. Os membros dos órgãos de administração deverão ser brasileiros, residentes no País e de reconhecida capacidade técnica e administrativa.

Art. 19. Não podem ser membros dos órgãos de administração, além dos impedidos legalmente, os que neles tiverem ascendentes, descendentes, colaterais ou parentes afins até terceiro grau.

Art. 20. Cada membro dos órgãos de administração deverá ao assumir e ao deixar o cargo ou função, e anualmente, apresentar declaração de bens, cuja guarda caberá ao órgão competente da Companhia, nos termos da lei.

Art. 21. Cumprida a formalidade prevista no artigo anterior, a investidura far-se-á como se segue, dispensada a caução:

I – o Presidente do Conselho de Administração e os Conselheiros, mediante termo de posse lavrado em livro próprio, assinado pelo Ministro de Estado de Minas e Energia e pelos empossados;

II – o Diretor-Presidente e os Diretores, mediante termo de posse lavrado em livro próprio, assinado pelo Ministro de Estado de Minas e Energia, pelo Presidente do Conselho de Administração e pelos empossados.

Parágrafo único. A investidura do Diretor-Presidente na função de Conselheiro far-se-á mediante termo lavrado em livro próprio, assinado pelo Presidente do Conselho e pelo empossado.

Art. 22. São permitidas a reeleição dos conselheiros e a recondução dos Diretores.

Art. 23. Os membros dos órgãos de administração serão responsáveis, nos termos da lei, pelos prejuízos que causarem à Companhia, devidamente apurados pelos órgãos competentes, responsabilidade essa que será pessoal ou solidária, conforme se tratar de ato individual ou de deliberação colegiada.

Art. 24. Perderá o mandato o Conselheiro que deixara de comparecer até três reuniões consecutivas, sem motivo justificado, a critério do Conselho de Administração, e o Diretor que se afastar do exercício de suas funções por mais de trinta dias seguidos, salvo em caso de licença.

Parágrafo único. A concessão de licença ao Diretor-Presidente é da competência do Conselho de Administração, que designará o substituto dentre os demais Diretores, e a concessão de licença a Diretor é da competência do Diretor-Presidente.

Art. 25. Em caso de vacância da função de Conselheiro ou do cargo de Diretor, o substituto será designado pelos conselheiros remanescentes, ouvidos os Ministros de Estado de Minas e Energia ou Planejamento e Orçamento, conforme o caso, que servirá até a primeira Assembléia-Geral.

Parágrafo único. O Conselheiro ou o Diretor designado na forma deste artigo completará o prazo de mandato do substituído.

Art. 26. Findo o mandato de Conselheiro ou de Diretor, estes permanecerão no pleno exercício da função ou cargo, até a posse dos respectivos substitutos.

Art. 27. As atividades da CPRM serão exercidas por meio de órgãos centrais e regionais integrantes de estrutura organizacional estabelecida em Plano Básico, aprovado pelo Conselho de Administração.

Seção I – Das Substituições

Art. 28. O Diretor-Presidente designará o Diretor que o substituirá nas suas ausências ou impedimentos.

Parágrafo único. O Diretor substituto do Diretor-Presidente, quando no exercício do cargo respectivo, exercê-lo-á na plenitude dos poderes estatutários.

Art. 29. No caso de ausência ou impedimento de qualquer Diretor, os seus encargos serão assumidos por outro Diretor, mediante designação do Diretor-Presidente.

Seção II – Do Conselho de Administração

Art. 30. O Conselho de Administração é o órgão de orientação e direção superior da CPRM e reunir-se-á, ordinariamente, a cada três meses, por convocação do Presidente, com a presença deste e da maioria de seus membros e, extraordinariamente, sempre que convocado pelo Presidente ou pela maioria de seus membros.

§ 1º. O Conselho de Administração deliberará sempre por maioria simples de votos.

§ 2º. O Presidente, nas reuniões do Conselho de Administração, além do voto pessoal, terá o de desempate.

§ 3º. Das reuniões do Conselho serão lavradas atas em livro próprio.

§ 4º. As reuniões do Conselho de Administração poderão ser realizadas em qualquer parte do território nacional onde a CPRM mantiver escritório ou dependência regional.

Art. 31. Ao Conselho de Administração, além de suas atribuições legais, compete deliberar sobre planos, programas e normas de ação, estrutura organizacional básica, ordem econômica e financeira e, especificamente:

I – aprovar as diretrizes e os instrumentos de planejamento, os programas de trabalho, as propostas de orçamento anual e suas alterações, bem como o Plano Básico referido no art. 27 deste Estatuto;

II – decidir sobre alienação e oneração de bens imóveis;

III – estabelecer critérios para celebração de convênios, contratos e acordos, de natureza técnica, administrativa, científica e cultural, bem como para a negociação dos resultados de pesquisas minerais realizadas pela CPRM;

IV – deliberar sobre empréstimos em geral contraídos pela empresa;

V – designar e dispensar, por proposta da Diretoria Executiva, o titular do órgão de auditoria interna da CPRM;

VI – manifestar-se sobre qualquer assunto que, em decorrência de lei ou do estatuto, dependa de deliberação do Conselho de Administração ou da Assembléia Geral de Acionistas;

VII – deliberar sobre casos que a Diretoria Executiva entenda devam ser submetidas ao Conselho de Administração;

VIII – resolver os casos omissos neste Estatuto.

Seção III – Da Diretoria Executiva

Art. 32. A Diretoria Executiva é o órgão geral da Companhia, cabendo-lhe a representação da CPRM e, precipuamente, exercer a gestão dos negócios da sociedade, de acordo com a missão os objetivos, as estratégias e diretrizes aprovadas pelo Conselho de Administração.

Art. 33. A Diretoria Executiva reunir-se-á sempre que necessário e no mínimo a cada 30 dias sob a presidência do Diretor-Presidente ou, na ausência deste, do Diretor por ele indicado, com a maioria de seus membros, em qualquer parte do território nacional onde a CPRM mantiver escritório ou dependência regional.

§ 1º. A Diretoria Executiva deliberará sempre por maioria simples de votos.

§ 2º. O Diretor-Presidente, nas reuniões da Diretoria Executiva, além do voto pessoal, terá o de qualidade.

§ 3º. As deliberações da Diretoria Executiva serão transcritas em livro próprio.

Art. 34. À Diretoria Executiva compete:

I – propor ao Conselho de Administração:

a) planos e orçamentos e em especial o Plano Básico referido no art. 27, programas, normas gerais, ou suas alterações, e outros documentos normativos necessários à orientação do funcionamento da Companhia;

b) alterações do estatuto;

c) a designação e a dispensa do titular do órgão de auditoria interna da CPRM;

d) alienação e oneração de bens imóveis;

e) a criação, transformação ou extinção de órgão regionais, dependências, filiais, sucursais e escritórios no País e no exterior;

II – deliberar sobre atos, contratos, convênios, ajustes e acordos necessários à consecução do objeto social da CPRM;

III – estabelecer e modificar a estrutura organizacional da CPRM, bem com criar ou extinguir órgão temporários, observadas as linhas gerais do Plano Básico referido no art. 27 deste estatuto;

IV – decidir sobre a distribuição aos Diretores, por proposta do Diretor-Presidente, dos encargos correspondentes às respectivas áreas definidas no Plano Básico;

V – aprovar, mediante proposta do Diretor-Presidente, a designação dos titulares de órgãos diretamente subordinados a membros da Diretoria Executiva;

VI – elaborar e definir, em consonância com as normas gerais aprovadas pelo Conselho de Administração, as regras especificas e os procedimentos administrativos a serem observados nas atividades da Companhia;

VII – instituir e implantar o quadro geral de pessoal, bem como os planos de classificação e avaliação de cargos, de desenvolvimento de recursos humanos, de remuneração e vantagens, obedecidas as normas e diretrizes do Governo Federal;

VIII – deliberar e decidir sobre aquisição de bens imóveis, alienação, aquisição e oneração de outros bens, prestação de garantias e compromissos arbitrais, no limite de sua competência;

IX – autorizar atos de renúncia ou transação, judicial ou extrajudicial, para pôr fim a litígios ou pendências;

X – encaminhar ao Conselho de Administração o Relatório Anual da Administração e respectivas demonstrações financeiras, bem como informações periódicas, boletins e demonstrativos do estado e do andamento dos programas e atividades da CPRM.

Art. 35. A iniciativa das proposições à Diretoria Executiva será do Diretor-Presidente ou dos Diretores.

Seção IV – Do Diretor-Presidente

Art. 36. Cabe ao Diretor-Presidente a direção, a supervisão e a coordenação dos trabalhos da Diretoria Executiva e orientar, coordenar e impulsionar as atividades da Companhia.

Art. 37. São atribuições do Diretor-Presidente:

I – representar a CPRM, em juízo ou fora dele, inclusive perante as autoridades e órgãos público, podendo delegar, desde que expressamente, tais poderes a outro Diretor;

II – dirigir, supervisionar, coordenar e controlar as atividades, os negócios e os interesses da CPRM, podendo fazê-lo diretamente ou através do acompanhamento da ação dos Diretores e dentro das diretrizes e deliberação dos órgãos superiores;

III – ser o interlocutor da Diretoria Executiva junto ao Ministro de Estado de Minas e Energia;

IV – presidir as reuniões da Diretoria Executiva, cujos trabalhos orientará e coordenará;

V – propor ao Conselho de Administração e à Diretoria Executiva medidas consideradas necessárias aos interesses da CPRM, bem como praticar atos de urgência *ad referendum* do Conselho de Administração, ou da Diretoria Executiva;

VI – designar, dentre os Diretores da Companhia, seu substituto eventual;

VII – delegar competência executiva e decisória aos Diretores;

VIII – constituir mandatários, procuradores ou prepostos;

IX – nomear, contratar, comissionar, promover, transferir, ceder, elogiar, punir e demitir empregados bem como praticar os demais atos de administração, facultada a delegação de tais poderes a Diretores e titulares de órgão da CPRM;

X – designar Diretores, empregados ou prepostos da Companhia para missões no exterior, obedecida a legislação vigente

XI – assinar atos, contratos e convênios e, conjuntamente com outro Diretor, movimentar os recursos financeiros, podendo outorgar essas competências aos demais Diretores e, dentro de limites e condições determinadas pela Diretoria Executiva, a procuradores, empregados ou não da CPRM;

XII – manter o Conselho de Administração informado sobre as atividades da CPRM, as ocorrências de monta e os assuntos relacionados com o objetivo social;

XIII – participar do Conselho de Administração;

Seção V – Dos Diretores

Art. 38. Os Diretores, além dos deveres e responsabilidades próprias previstas em lei e decorrentes da qualidade de membros da Diretoria Executiva, onde terão o direito de voto pessoal, serão os gestores das áreas de atividades que lhe forem atribuídas pela Diretoria, Executiva, mantendo-a permanentemente informada de seus atos.

CAPÍTULO VI – DO CONSELHO FISCAL

Art. 39. O Conselho Fiscal, com a atribuições e deveres previstos em lei, compõe-se de três membros, eleitos anualmente pela Assembléia Geral Ordinária, podendo ser reeleitos, sendo que um deles será eleito pelo acionistas possuidores de ações ordinárias minoritárias, outro mediante indicação do Ministro de Estado de Minas e Energia, e o terceiro pelo Ministro de Estado da Fazenda, como representante do Tesouro Nacional.

Art. 40. Cada membro do Conselho Fiscal terá um suplente, eleito pela forma estabelecida no artigo anterior.

Art. 41. As reuniões do Conselho Fiscal serão presididas por um de seus membros, mediante rodízio.

Art. 42. As deliberações do Conselho Fiscal serão tomadas por maioria simples de votos e lançadas no livro de Atas e Pareceres do Conselho Fiscal.

CAPÍTULO VII – DO PESSOAL

Art. 43. Aplica-se ao pessoal da CPRM o regime jurídico estabelecido pela legislação trabalhista.

Art. 44. Além do pessoal referido no art. 11 da Lei nº 8.970, de 28 de dezembro de 1994, a Companhia terá pessoal admitido mediante processos de seleção e poderá dispor de especialistas e prestadores de serviços, contratados na forma da lei.

Parágrafo único. Os empregados da CPRM serão admitidos através de processo seletivo externo, na forma estabelecida em norma aprovada pela Diretoria Executiva, na qual devem estar expressos os princípios de competição e igualdade.

Art. 45. De conformidade com o art. 11 da Lei nº 8.970, de 28 de dezembro de 1994, ficam assegurados os direitos e vantagens dos empregados da Companhia, pertencentes ao seu quadro de pessoal na data de publicação da referida lei, especialmente seu adequado reenquadramento nas funções que estiverem exercendo.

Art. 46. A CPRM promoverá e apoiará a formação e o aperfeiçoamento do pessoal necessário aos seus serviços, contribuindo para a organização, o custeio e o financiamento de cursos, a concessão de bolsas de estudo e a realização de estágios de treinamento no País e no exterior, além do intercâmbio de profissionais especializados.

Art. 47. A CPRM, de acordo com as diretrizes fixadas pela Diretoria Executiva, prestará assistência social e previdenciária aos seus empregados, conforme previsto no art. 12 da Lei nº 8.970, de 28 de dezembro de 1994, através de entidade fechada de previdência privada e de outros planos.

CAPÍTULO VIII
DO EXERCÍCIO SOCIAL E DAS DEMONSTRAÇÕES FINANCEIRAS

Art. 48. O exercício social coincidirá com o ano civil.

Art. 49. Ao fim de cada exercício social, a Diretoria Executiva fará elaborar, com base na escrituração mercantil da Companhia, as seguintes demonstrações financeiras, que deverão exprimir com clareza a situação de seu patrimônio e as mutações ocorridas no exercício:

I – balanço patrimonial;

II – demonstração dos lucros ou prejuízos acumulados;

III – demonstração do resultado do exercício;

IV – demonstração das origens e aplicações de recursos.

Parágrafo único. Na elaboração das demonstrações financeiras, na escrituração e avaliação do ativo e passivo serão observadas as diretrizes fixadas na Lei das Sociedades por Ações.

Art. 50. Do resultado do exercício serão deduzidos, antes de qualquer destinação, os prejuízos acumulados e a provisão para o imposto sobre a renda, sendo que o prejuízo do exercício será obrigatoriamente absorvido pelos lucros acumulados, pelas reservas de lucros e pela reserva legal, nessa ordem.

Art. 51. Ao lucro líquido, após as deduções, provisões e reservas legais, será pela Assembléia Geral destinado:

I – 25% (vinte e cinco por cento), no mínimo, para o pagamento de dividendos; e

II – o remanescente para reinvestimento na Companhia, podendo ser aplicado, na forma da lei, em ativos permanentes de apoio à pesquisa científica e tecnológica e às atividades de campo e laboratoriais.

DECRETO Nº 3.358, DE 2 DE FEVEREIRO DE 2000

Regulamenta o disposto na Lei nº 9.827, de 27 de agosto de 1999, que "acrescenta o parágrafo único ao art. 2º do Decreto-Lei nº 227, de 28 de fevereiro de 1967, com a redação dada pela Lei nº 9.314, de 14 de novembro de 1996".

O Presidente da República, no uso da atribuição que lhe confere o art. 84, inciso IV, da Constituição, e em cumprimento ao disposto no art. 2º da Lei nº 9.827,de 27 de agosto de 1999,

Decreta:

Art. 1º. Este Decreto regulamenta a Lei nº 9.827, de 27 de agosto de 1999, dispondo sobre a extração de substâncias minerais de emprego imediato na construção civil, definidas em portaria do Ministro de Estado de Minas e Energia, por órgãos da administração direta e autárquica da União, dos Estados, do Distrito Federal e dos Municípios, para uso exclusivo em obras públicas por eles executadas diretamente, respeitados os direitos minerários em vigor nas áreas onde devam ser executadas as obras e vedada a comercialização.

Condições da Extração

Art. 2º. A extração de substâncias minerais de emprego imediato na construção civil, definidas em portaria do Ministro de Estado de Minas e Energia, por órgãos da administração direta e autárquica da União, dos Estados, do Distrito Federal e dos Municípios, para uso exclusivo em obras públicas por eles executadas diretamente, depende de registro no Departamento Nacional de Produção Mineral-DNPM, autarquia vinculada ao Ministério de Minas e Energia, na forma do disposto neste Decreto.

Art. 3º. O registro de extração será efetuado exclusivamente para substâncias minerais de emprego imediato na construção civil, definidas em portaria do Ministro de Estado de Minas e Energia, em área considerada livre nos termos do art. 18 do Decreto-Lei nº 227, de 28 de fevereiro de 1967 (Código de Mineração).

§ 1º. Será admitido, em caráter excepcional, o registro de extração em área onerada, desde que o titular do direito minerário preexistente autorize expressamente a extração.

§ 2º. A extração de que trata este Decreto fica adstrita à área máxima de cinco hectares.

Requerimento de Registro de Extração

Art. 4º. O registro de extração será pleiteado em requerimento dirigido ao Diretor-Geral do DNPM, entregue, mediante recibo, no protocolo da unidade regional da autarquia em cuja circunscrição se localize a área pretendida, onde será mecânica e cronologicamente numerado e registrado, devendo conter os seguintes elementos de instrução:

I – qualificação do requerente, órgão da administração direta ou autárquica da União, dos Estados, do Distrito Federal ou dos Municípios;

II – indicação da substância mineral a ser extraída;

III – memorial contendo:

a) informações sobre a necessidade da utilização da substância mineral indicada em obra pública devidamente especificada a ser executada diretamente pelo requerente;

b) dados sobre a localização e a extensão, em hectares, da área objetivada;

c) indicação dos prazos previstos para o início e para a conclusão da obra;

IV – planta de situação e memorial descritivo da área;

V – licença de operação, expedida pelo órgão ambiental competente.

§ 1º. Os elementos de instrução exigidos no inciso IV deste artigo deverão ser elaborados por profissional legalmente habilitado e estar acompanhados da respectiva anotação de responsabilidade técnica.

§ 2º. A critério do DNPM, poderão ser formuladas exigências sobre dados considerados necessários à melhor instrução do processo, inclusive apresentação de projeto de extração elaborado por técnico legalmente habilitado.

§ 3º. Não atendidas as exigências no prazo de trinta dias, contado a partir da publicação do seu extrato no *Diário Oficial,* o requerimento será indeferido pelo Diretor-Geral do DNPM.

§ 4º. Na hipótese de que trata o parágrafo anterior, a área ficará disponível, nos termos do art. 26 do Código de Mineração.

§ 5º. Quando objetivar área onerada, o requerimento deverá ser instruído ainda com a autorização do titular do direito minerário preexistente, sob pena de indeferimento.

Art. 5º. O requerimento de registro de extração em área considerada livre onera a área, para fins de interposição de novos requerimentos de direitos minerários e registro de extração.

Prazo do Registro

Art. 6º. O registro de extração terá prazo determinado, a juízo do DNPM, considerando as necessidades da obra devidamente especificada a ser executada e a extensão da área objetivada no requerimento, admitida uma única prorrogação.

Expedição da Declaração de Registro

Art. 7º. Atendidos os requisitos previstos nos arts. 3º e 4º, o Diretor-Geral do DNPM expedirá declaração de registro da extração pretendida, com base nos dados informados no requerimento, dela formalizando-se extrato a ser publicado no *Diário Oficial*.

Vedações

Art. 8º. São vedadas aos órgãos da administração direta e autárquica da União, dos Estados, do Distrito Federal e dos Municípios:

I – a cessão ou a transferência do registro de extração, bem como do respectivo requerimento;

II – a contratação de terceiros para a execução das atividades de extração de que trata este Decreto.

Aditamento de nova Substância Mineral

Art. 9º. É admitido, a requerimento do interessado, o aditamento ao registro de extração de nova substância mineral de emprego imediato na construção civil, definida em portaria do Ministro de Estado de Minas e Energia, observadas as condições do registro original.

Cancelamento do Registro

Art. 10. O registro de extração será cancelado:

I – quando for constatada a comercialização das substâncias minerais extraídas;

II – quando as substâncias minerais extraídas não estiverem sendo utilizadas em obras públicas executadas diretamente pelo interessado;

III – quando não forem iniciados, sem motivo justificado, os trabalhos de extração no prazo de um ano, a contar da publicação do registro;

IV – na hipótese de suspensão, sem motivo justificado, dos trabalhos de extração por prazo superior a um ano;

V – quando for constatada a extração de substância mineral não constante do registro;

VI – quando for constatada a execução das atividades de extração por terceiros;

VII – quando expirado o prazo de validade, sem que tenha havido prorrogação.

Art. 11. Cancelado o registro nas hipóteses previstas no artigo anterior, a área objeto de registro de extração ficará disponível, nos termos do art. 26 do Código de Mineração.

Direito de Prioridade

Art. 12. Será respeitado, na aplicação do disposto neste Decreto, o direito de prioridade à obtenção do registro de extração atribuído ao interessado, cujo requerimento tenha por objeto área considerada livre para a finalidade pretendida, à data da protocolização do requerimento no DNPM.

Art. 13. O Diretor-Geral do DNPM poderá expedir atos complementares, se necessários, à aplicação deste Decreto.

Art. 14. Este Decreto entra em vigor na data de sua publicação.

Brasília, 2 de fevereiro de 2000; 179º da Independência e 112º da República.

Fernando Henrique Cardoso

DOU de 3.2.2000

DECRETO Nº 3.739, DE 31 DE JANEIRO DE 2001

Dispõe sobre o cálculo da tarifa atualizada de referência para compensação financeira pela utilização de recursos hídricos, de que trata a Lei nº 7.990, de 28 de dezembro de 1989, e da contribuição de reservatórios de montante para a geração de energia hidrelétrica, de que trata a Lei nº 8.001, de 13 de março de 1990, e dá outras providências.

O Presidente da República, no uso da atribuição que lhe confere o art. 84, inciso IV, da Constituição, e tendo em vista o disposto na Lei nº 7.990, de 28 de dezembro de 1989, na Lei nº 8.001, de 13 de março de 1990, e na Lei nº 9.984, de 17 de julho de 2000,

Decreta:

Art. 1º. O valor total da energia produzida, para fins da compensação financeira de que trata o art. 1º da Lei nº 8.001, de 13 de março de 1990, será obtido pelo produto da energia de origem hidráulica efetivamente verificada, medida em megawatt-hora, multiplicado pela Tarifa Atualizada de Referência-TAR, fixada pela Agência Nacional de Energia Elétrica – ANEEL.

§ 1º. A ANEEL fixará a TAR com base nos preços de venda de energia destinada ao suprimento das concessionárias de serviço público de distribuição de energia elétrica, excluindo-se os encargos setoriais vinculados à atividade de geração, os tributos e empréstimos compulsórios, bem como os custos incorridos na transmissão de energia elétrica.

§ 2º. A TAR será calculada pelo quociente entre o total despendido pelas concessionárias de serviço público de distribuição de energia elétrica, relativo à parcela de energia adquirida nos últimos doze meses, e a correspondente quantidade de energia.

Art. 2º. Nas usinas hidrelétricas beneficiadas por reservatórios de montante, o acréscimo de energia por eles propiciado será considerado como geração associada a estes reservatórios regularizadores, competindo à ANEEL efetuar a avaliação correspondente e determinar a proporção da compensação financeira devida aos Estados, ao Distrito Federal e aos Municípios por eles afetados.

Parágrafo único. A ANEEL disciplinará, em ato normativo específico, a proporção da compensação financeira de que trata este artigo.

Art. 3º. A ANEEL, mediante solicitação da Agência Nacional de Águas – ANA, poderá adotar as medidas previstas nos arts. 32, 33, 34 e 38 da Lei nº 8.987, de 13 de fevereiro de 1995, sempre que resultar ineficaz a aplicação das sanções previstas na Lei nº 9.433, de 8 de janeiro de 1997, no caso de outorga de direito de uso de recursos hídricos para fins de geração de energia elétrica.

Art. 4º. Este Decreto entra em vigor na data de sua publicação.

Art. 5º. Ficam revogados os arts. 2º a 12 do Decreto nº 1, de 11 de janeiro de 1991.

Brasília, 31 de janeiro de 2001; 180º da Independência e 113º da República.

Fernando Henrique Cardoso

DOU de 1.2.2001

DECRETO Nº 3.866, DE 16 DE JULHO DE 2001

Regulamenta o inciso II-A do § 2º do art. 2º da Lei nº 8.001, de 13 de março de 1990, e a Lei nº 9.993, de 24 de julho 2000, no que destina recursos da compensação financeira pela exploração de recursos minerais para o setor de ciência e tecnologia.

O Presidente da República, no uso das atribuições que lhe confere o art. 84, incisos IV e VI, da Constituição, e tendo em vista o disposto no inciso II-A do § 2º do art. 2º da Lei nº 8.001, de 13 de março de 1990, e na Lei nº 9.993, de 24 de julho de 2000,

Decreta:

Art. 1º. Os recursos de que trata o inciso II-A do § 2º do art. 2º da Lei nº 8.001, de 13 de março de 1990, serão depositados no Fundo Nacional de Desenvolvimento Científico e Tecnológico – FNDCT, em categoria de programação específica denominada CT-MINERAL, e utilizados no financiamento de atividades de pesquisa científica e desenvolvimento tecnológico no setor mineral.

Parágrafo único. Para efeito do disposto neste Decreto, entende-se como atividades de pesquisa científica e desenvolvimento tecnológico:

I – os projetos de pesquisa científica e tecnológica;

II – o desenvolvimento tecnológico experimental;

III – o desenvolvimento de tecnologia industrial básica;

IV – a implantação de infra-estrutura para atividades de pesquisa;

V – a formação e a capacitação de recursos humanos; e

VI – a difusão do conhecimento científico e tecnológico.

Art. 2º. Cabe ao Ministro de Estado da Ciência e Tecnologia, após receber as indicações pertinentes, designar os membros do Comitê Gestor de que trata o art. 8º da Lei nº 9.993, de 2000.

Art. 3º. O Comitê Gestor terá as seguintes atribuições:

I – elaborar e aprovar o seu regimento;

II – identificar e selecionar as áreas prioritárias para a aplicação dos recursos nas atividades de pesquisa científica e desenvolvimento tecnológico do setor mineral;

III – elaborar plano anual de investimentos;

IV – estabelecer as atividades de pesquisa científica e desenvolvimento tecnológico a serem apoiados com recursos da CT-MINERAL;

V – estabelecer os critérios para a apresentação das propostas de projetos, os parâmetros de julgamento e os limites de valor do apoio financeiro aplicável a cada caso;

VI – acompanhar a implementação das atividades de pesquisa científica e desenvolvimento tecnológico e avaliar anualmente os seus resultados.

Parágrafo único. O Comitê Gestor encaminhará aos Ministros de Estado da Ciência e Tecnologia e de Minas e Energia os resultados do desempenho das atribuições previstas nos incisos II, III e IV deste artigo.

Art. 4º. No desempenho de suas atribuições, o Comitê Gestor poderá convidar especialistas e representantes de outros Ministérios para participar de suas reuniões, sem direito a voto ou remuneração, bem como utilizar subsídios técnicos apresentados por grupos consultivos, especialistas do setor produtivo, integrantes da comunidade acadêmica e de áreas técnicas ligadas direta ou indiretamente às atividades de pesquisa científica e desenvolvimento tecnológico.

Art. 5º. O Comitê Gestor dará ampla divulgação de seus atos e da avaliação de resultados das atividades financiadas com recursos da CT-MINERAL.

Art. 6º. As ações visando ao atendimento de demandas que envolvam bolsas de formação e capacitação de recursos humanos e o financiamento de projetos individuais de pesquisa serão executadas, preferencialmente, pelo Conselho Nacional de Desenvolvimento Científico e Tecnológico – CNPq, mediante repasse de recursos do FNDCT.

Art. 7º. Este Decreto entra em vigor na data de sua publicação.

Brasília, 16 de julho de 2001; 180º da Independência e 113º da República.

Fernando Henrique Cardoso

DOU de 17.7.2001

DECRETO Nº 3.874, DE 19 DE JULHO DE 2001

Regulamenta o inciso V do art. 1º da Lei nº 8.001, de 13 de março de 1990, e a Lei nº 9.993, de 24 de julho de 2000, no que destinam ao setor de ciência e tecnologia recursos da compensação financeira pela utilização de recursos hídricos para fins de geração de energia elétrica.

O Presidente da República, no uso das atribuições que lhe confere o art. 84, incisos IV e VI, da Constituição, e tendo em vista o disposto nas Leis nº 8.001, de 13 de março de 1990, e nº 9.993, de 24 de julho de 2000,

Decreta:

Art. 1º. Os recursos da distribuição mensal da compensação financeira de que trata o inciso V, do art. 1º da Lei nº 8.001, de 13 de março de 1990, serão depositados no Fundo Nacional de Desenvolvimento Científico e Tecnológico – FNDCT, em categoria de programação específica denominada CT-HIDRO, e serão utilizados no financiamento de atividades de pesquisa científica e desenvolvimento tecnológico do setor de recursos hídricos.

Parágrafo único. Para efeito do disposto neste Decreto, entende-se como atividades de pesquisa científica e desenvolvimento tecnológico:

I – os projetos de pesquisa científica e tecnológica;

II – o desenvolvimento tecnológico e experimental;

III – o desenvolvimento de tecnologia industrial básica;

IV – a implantação de infra-estrutura para atividades de pesquisa;

V – a formação e a capacitação de recursos humanos; e

VI – a difusão do conhecimento científico e tecnológico.

Art. 2º. Cabe ao Ministro de Estado da Ciência e Tecnologia, após receber as indicações pertinentes, designar os membros do Comitê Gestor de que trata o art. 4º da Lei nº 9.993, de 2000.

Art. 3º. O Comitê Gestor terá as seguintes atribuições:

I – elaborar e aprovar o seu regimento;

II – identificar e selecionar as áreas prioritárias para aplicação dos recursos nas atividades de pesquisa científica e desenvolvimento tecnológico do setor de recursos hídricos;

III – elaborar plano anual de investimentos;

IV – estabelecer as atividades de pesquisa científica e desenvolvimento tecnológico a serem apoiadas com recursos da CT-HIDRO;

V – estabelecer os critérios para apresentação das propostas de projetos, os parâmetros de julgamento e os limites de valor do apoio financeiro aplicável a cada caso;

VI – acompanhar a implementação das atividades de pesquisa científica e desenvolvimento tecnológico e avaliar anualmente os seus resultados.

Parágrafo único. O Comitê Gestor encaminhará aos Ministros de Estado da Ciência e Tecnologia, do Meio Ambiente e de Minas e Energia os resultados do desempenho das atribuições previstas nos incisos II, III e IV deste artigo.

Art. 4º. No desempenho de suas atribuições, o Comitê Gestor poderá convidar especialistas e representantes de outros Ministérios para participar de suas reuniões, sem direito a voto ou remuneração, bem como utilizar subsídios técnicos apresentados por grupos consultivos, especialistas do setor produtivo, integrantes da comunidade acadêmica e de áreas técnicas ligadas direta ou indiretamente às atividades de pesquisa científica e desenvolvimento tecnológico.

Art. 5º. O Comitê Gestor dará ampla divulgação de seus atos e da avaliação de resultados das atividades financiadas com recursos da CT-HIDRO.

Art. 6º. As ações visando ao atendimento de demandas que envolvam bolsas de formação e capacitação de recursos humanos e o financiamento de projetos individuais de pesquisa serão executadas, preferencialmente, pelo Conselho Nacional de Desenvolvimento Científico e Tecnológico – CNPq, mediante repasse de recursos do FNDCT.

Art. 7º. A Agência Nacional de Energia Elétrica – ANEEL informará imediatamente ao Ministério da Ciência e Tecnologia o recolhimento dos recursos de que trata este Decreto.

Art. 8º. Este Decreto entra em vigor na data de sua publicação.

Brasília, 19 de julho de 2001; 180º da Independência e 113º da República.

Fernando Henrique Cardoso

DOU de 21.7.2001

RESOLUÇÃO DO SENADO FEDERAL Nº 80, DE 11 DE DEZEMBRO DE 1989

Suspende a execução da expressão "deduzidos 0,5% (cinco décimos por cento) a título de despesas de arrecadação e fiscalização", contida no art. 13 do Decreto-Lei nº 1.038, de 1969.

Faço saber que o Senado Federal aprovou, nos termos do art. 52, inciso X, da Constituição, e eu, Nelson Carneiro, Presidente, promulgo o seguinte:

Artigo único. É suspensa, em virtude de decisão definitiva do Supremo Tribunal Federal nos autos do Recurso Extraordinário nº 108.174-1-SP, a execução da expressão "deduzidos 0,5% (cinco décimos por cento) a título de despesas de arrecadação e fiscalização", contida no art. 13 do Decreto-Lei nº 1,038, de 21 de outubro de 1969.

Senado Federal, 11 de dezembro de 1989.

Senador Nelson Carneiro – Presidente

DOU de 12.12.1989

PORTARIA MCT Nº 55, DE 14 DE MARÇO DE 1990

O Ministro de Estado da Ciência e Tecnologia, no uso das suas atribuições e, tendo em vista o disposto no art. 15 do Decreto nº 98.830, de 15 de janeiro de 1990, resolve:

I – Aprovar o *Regulamento sobre Coleta, por Estrangeiros, de Dados e Materiais Científicos no Brasil*, que com esta baixa.

II – Esta Portaria entrará em vigor na data de sua publicação, revogadas as disposições em contrário.

Décio Leal De Zagottis

DOU de 15.3.1990

REGULAMENTO SOBRE COLETA, POR ESTRANGEIROS, DE DADOS E MATERIAIS CIENTÍFICOS NO BRASIL

Capítulo I – Da Aplicação

1 – O disposto neste regulamento se aplica a todas as coletas de dados e materiais científicos no Brasil realizadas por:

a) pessoas físicas ou jurídicas estrangeiras ou organizações internacionais governamentais ou não governamentais, domiciliadas no exterior;

b) pessoas jurídicas estrangeiras ou organizações internacionais, governamentais ou não governamentais, exercendo atividades no País;

c) empresas brasileiras, cujo controle efetivo seja de pessoas físicas ou jurídicas estrangeiras;

d) pessoas físicas estrangeiras exercendo atividades no País, ressalvando-se os casos específicos indicados no Capítulo XI do presente regulamento; e

e) pessoas físicas ou jurídicas estrangeiras ou organizações internacionais governamentais, em associação ou colaboração com pessoas físicas ou jurídicas nacionais, ressalvando-se os casos específicos indicados no Capítulo XI do presente regulamento.

2 – Este regulamento não se aplica às coletas ou pesquisas incluídas no monopólio da União e àquelas reguladas por legislação específica.

3 – As autorizações para as atividades na plataforma continental e em águas sob jurisdição brasileira são de competência do Ministério da Marinha, conforme disposto no Decreto nº 96.000, de 2.5.1988, cabendo a aplicação do presente regulamento somente àqueles casos que envolverem pesquisas em águas interiores.

4 – As autorizações para as atividades de pesquisa, exploração, remoção e demolição de coisas ou bens afundados, submersos, encalhados e perdidos em águas sob a jurisdição nacional, terreno da marinha e seus acrescidos, são de competência do Ministério da Marinha, conforme os dispositivos da Lei nº 7.542, de 26 de setembro de 1986, e da Portaria Interministerial nº 69, de 23 de janeiro de 1989 (Ministério da Marinha e Cultura).

5 – As autorizações para a realização de aerolevantamentos no território nacional são de competência do EMFA, conforme disposto no Decreto-Lei nº 1.177, de 21.6.1971, e no Decreto nº 84.557, de 12.3.1980.

6 – As autorizações para pesquisa e escavações arqueológicas em sítios arqueológicos e pré-históricos são de competência da SPHAN, conforme disposto na Lei nº 3.924, de 26.7.1961, e regulamentada pela Portaria de nº 07, de 1º.12.1988.

7 – A extração de espécimes fósseis dependerá de autorização do DNPM, conforme disposto no Decreto-Lei nº 4.146, de 4.3.1942.

Capítulo II – Da Comissão de Assessoramento

8 – Para o exercício das atribuições que lhe foram conferidas, o MCT, de acordo com o disposto no parágrafo único do art. 2º do Decreto nº 98.830/1990, disporá, sob a sua coordenação, de uma Comissão de Assessoramento, integrada, além do próprio MCT, por um representante de cada um dos seguintes órgãos:

a) Ministério das Relações Exteriores – MRE;

b) Ministério do Interior – MINTER; e

c) Secretaria de Assessoramento da Defesa Nacional – SADEN/PR.

9 – Fará parte também dessa Comissão, como convidado, um representante da comunidade científica, indicado pelo Conselho Deliberativo do CNPq.

10 – O MCT poderá, diante da especificidade da matéria que venha a ser tratada na Comissão de Assessoramento, convidar outros especialistas para participarem de suas reuniões.

11 – Caberá à Comissão de Assessoramento:

a) propor a política no que concerne às atividades de coleta por estrangeiros de dados e materiais no País;

b) acompanhar e avaliar a execução dessa política, inclusive no que diz respeito aos seus mecanismos e instrumentos;

c) apreciar os recursos que forem eventualmente apresentados ao MCT e propor solução aos mesmos;

d) apreciar o resultado das sindicâncias que forem eventualmente instauradas e propor as providências a serem adotadas pelo MCT, de acordo com a gravidade dos fatos e responsabilidades apuradas;

e) opinar os casos omissos constatados na aplicação do presente regulamento; e

f) analisar e apreciar outros assuntos que forem apresentados pelo MCT ou por outros órgãos.

12 – A Comissão de Assessoramento se reunirá por convocação do MCT, que deverá, com 15 dias de antecedência, enviar aos seus participantes a pauta dos assuntos a serem discutidos, bem como os eventuais documentos que deverão ser previamente analisados.

13 – Os integrantes da Comissão de Assessoramento não terão qualquer compensação remuneratória, devendo os seus serviços serem considerados como de relevância para o desenvolvimento científico e tecnológico nacional.

Capítulo III – Do Encaminhamento e Formulação do Pedido

14 – A co-participação e co-responsabilidade de instituição brasileira, tratada no art. 3º do Decreto nº 98.830/1990, constitui meio para estímulo à cooperação internacional em pesquisas científicas, cabendo-lhe, em conseqüência, papel relevante nas atividades científicas com a participação de estrangeiros que envolvam coleta de dados e materiais no País, inclusive de encaminhar ao MCT os respectivos pedidos de autorização.

15 – Na hipótese de o estrangeiro não dispor de instituição brasileira que assuma a co-responsabilidade nas atividades a serem desenvolvidas no Brasil, deverá o interessado solicitar apoio ao CNPq, que procurará identificar instituições no país que possam assumir esta função.

16 – Na eventualidade de não ter sido possível essa identificação, o próprio CNPq poderá assumir esta função, caso julgue a atividade a ser desenvolvida no Brasil como de interesse para o desenvolvimento científico e tecnológico do País.

17 – O MCT terá um prazo de 120 dias, contado a partir do recebimento de todos os documentos exigidos e informações completas para a tramitação e análise dos pedidos de autorização, podendo esse prazo ser ampliado, se os trabalhos de coleta, pela sua natureza e complexidade, exigirem análises mais detalhadas ou envolverem maior número de consultas a outros órgãos.

18 – Na eventualidade de o prazo ser ampliado, deverá o MCT comunicar aos interessados o fato, com 30 dias de antecedência à data de término do tempo previsto para a tramitação e análise do pedido de autorização.

19 – Caso a instituição solicitante tenha cumprido todas as exigências e requisitos preliminares exigidos neste regulamento, e não havendo qualquer manifestação por parte do MCT, no prazo previsto de 120 dias, em especial ao indicado no item 18, fica automaticamente aprovada a concessão da autorização pleiteada.

20 – Os pedidos de autorização para coleta, a serem enviados ao MCT em 3 vias, deverão ser instruídos com as seguintes informações:

a) dados identificadores da instituição brasileira, com a indicação do seu grau de participação e responsabilidade, inclusive de natureza financeira;

b) identificação do pesquisador que em nome da instituição brasileira assegurará a participação e responsabilidade pelas atividades dos estrangeiros;

c) definição dos objetivos e metas que se pretende alcançar com o material ou dado a ser coletado;

d) plano de trabalho, com descrição de metodologia, referências bibliográficas de justificativa sobre o interesse científico da atividade proposta;

e) roteiros discriminados dos percursos no Território Nacional, indicando datas previstas para o início e término da permanência em cada local do País;

f) discriminação e quantificação aproximada do tipo de material ou dados a coletar, bem como indicação de seu uso e destino, especificando o número máximo de amostras ou duplicatas a serem coletadas, e, no caso de organismos vivos, incluir uma apreciação do impacto estimado pela retirada do número de amostras, proposto na população de cada localidade;

g) indicação do local e data de ingresso e saída do Território Nacional dos participantes estrangeiros bem como dos equipamentos e materiais a serem internados no País;

h) indicação de fontes de financiamento, com os respectivos montantes, bem como a divisão das responsabilidades pelas despesas decorrentes dos trabalhos a serem desenvolvidos tanto pelo lado brasileiro como estrangeiro; e

i) *curriculum vitae* dos principais responsáveis, tanto pelo lado brasileiro como estrangeiro.

21 – Junto ao pedido de autorização, deverão, por parte dos participantes estrangeiros, ser anexados os seguintes documentos:

a) declaração de conhecimento das normas que regem as atividades de coleta no País, fixadas no Decreto nº 98.830/1990 e no presente regulamento, particularmente no que se refere à remessa para o exterior do material coletado;

b) declaração autorizando o MCT e a instituição brasileira envolvida a efetuarem tradução, publicação e divulgação no Brasil dos trabalhos produzidos, conforme disposto no inciso II, parágrafo único do art. 5º do Decreto nº 98.830/1990;

c) declaração quanto à responsabilidade financeira que deverão assumir para a execução das atividades propostas;

d) declaração de que qualquer material coletado e identificado posteriormente como "tipo" será restituídos ao Brasil; e

e) declaração de compromisso de informar à instituição brasileira co-participante e co-responsável, periodicamente ou quando solicitado, sobre o desenvolvimento dos trabalhos no exterior com o material coletado, fornecendo inclusive os resultados científicos na sua forma parcial ou final.

22 – A tradução, publicação e divulgação referida na letra "b" do item 21, em nenhuma hipótese, serão feitas com objetivos comerciais, sendo assegurada ao autor a revisão do material a ser divulgado.

23 – Sem prejuízo dos dados e/ou documentos acima requeridos, o MCT reserva-se o direito de solicitar outros documentos ou informações adicionais, julgados, eventualmente, indispensáveis para a concessão da autorização solicitada.

Capítulo IV – Dos Critérios e Condições para Concessão da Licença

24 – Ao CNPq competirá emitir parecer técnico-científico sobre os pedidos apresentados, devendo para este fim recorrer aos Comitês Assessores ou a consultores *ad hoc*.

25 – Na análise dos pedidos, deverão ser observados, entre outros, os seguintes aspectos:

a) contribuição das atividades propostas para o desenvolvimento científico-tecnológico nacional;

b) conceito técnico-científico da instituição brasileira co-participante e co-responsável;

c) grau de participação e responsabilidade da instituição brasileira envolvida;

d) qualificação e competência científica dos participantes estrangeiros;

e) metodologia a ser empregada nos trabalhos;

f) fontes e garantias de recursos para o desenvolvimento dos trabalhos; e

g) experiência anterior.

26 – Na eventualidade de atividade proposta envolver pesquisa ou ingresso em áreas, cuja preservação, proteção e controle esteja afeto a outros órgãos, será condição básica para a concessão da licença a manifestação prévia dos mesmos.

27 – Cabe ao CNPq, durante a fase de análise dos pedidos de licença, promover a necessária articulação e consulta aos órgãos acima referidos.

28 – Em nenhuma hipótese será permitido o início das atividades de coleta, ainda que em caráter preparatório, sem a devida autorização do MCT.

29 – É vedado o exercício das atividades de coleta aos estrangeiros portadores de visto de turista ou de outro tipo de visto não compatível com a natureza dos trabalhos a serem desenvolvidos no País.

30 – Deverá o MCT informar ao MRE sobre todas as autorizações concedidas, para as providências de concessão dos vistos apropriados aos participantes estrangeiros.

31 – As autorizações concedidas pelo MCT serão fixadas através de portarias, a serem publicadas no Diário Oficial da União.

Capítulo V – Das Alterações das Autorizações

32 – Se no curso do exercício das atividades autorizadas houver necessidade de alterar o plano de trabalho originalmente proposto, deverá a instituição brasileira co-participante e co-responsável comunicar tal fato ao MCT, indicando as razões que levaram a essa necessidade.

33 – Se essas modificações implicarem na permanência ou trânsito em áreas de faixa de fronteira, zonas garimpeiras, populações indígenas ou preservação ambiental, as mesmas somente poderão ser realizadas após manifestação do MCT, ouvidos os órgãos competentes.

34 – No caso de inclusão de novos pesquisadores estrangeiros nas atividades já autorizadas, deverá o MCT ser comunicado, informando as atividades a serem desenvolvidas pelos mesmos, bem como dos dados identificadores que habilitem a concessão dos respectivos vistos de entrada no País, de acordo com o estabelecido no item 30.

35 – Para prorrogação do prazo de validade da autorização concedida, deverá a instituição brasileira co-participante e co-responsável apresentar ao MCT, com antecedência de 45 dias do término daquele prazo, justificativa da necessidade dessa prorrogação e relatório das atividades já desenvolvidas.

36 – A prorrogação das atividades dependerá de autorização expressa do MCT, que se encarregará de comunicá-la à DPMAF/DPF, para fins inclusive de prorrogação dos vistos de permanência dos estrangeiros no País.

Capítulo VI – Do Acompanhamento e Fiscalização

37 – Caberá à instituição brasileira co-responsável as seguintes atribuições:

a) prestar o apoio necessário aos participantes estrangeiros, assegurando que as atividades no País sejam conduzidas dentro de um elevado nível de cooperação internacional;

b) efetuar o reconhecimento prévio, a triagem e a seleção do material coletado e assegurar a retenção de exemplares ou peças que obrigatoriamente devam ficar no País;

c) orientar para que as eventuais ações futuras, decorrentes das atividades autorizadas, sejam revestidas da forma de projetos, amparados por mecanismos ou instrumentos existentes a nível de Acordos ou Programas de Cooperação Internacional, estabelecidos pelo Governo brasileiro;

d) enviar ao MCT os relatórios exigidos, dentro da periodicidade estabelecida no Capítulo VIII do presente regulamento;

e) providenciar o envio, após autorização do MCT ou mediante delegação que lhe for conferida, da parte do material coletado destinado ao exterior; e

f) zelar pelo bom cumprimento ao disposto no Decreto nº 98.830/1990 e no presente regulamento, cabendo-lhe suspender e comunicar imediatamente ao MCT o desenvolvimento de atividades que for constatado como em desacordo com a legislação vigente.

38 – Sem prejuízo das atribuições da instituição brasileira co-responsável, o MCT poderá, a qualquer tempo, exercer ações de acompanhamento e fiscalização das atividades autorizadas, diretamente ou por delegação.

Capítulo VII – Da Remessa e Destinação do Material

39 – A remessa para o exterior de qualquer material coletado só poderá ser efetuada após prévia autorização do MCT e desde que assegurada, pelo interessado, sua utilização em atividades exclusivamente de estudos, pesquisas e difusão, cabendo a anuência prévia dos órgãos competentes quando as coletas ou pesquisas científicas envolverem normas legais ou regulamentos específicos.

40 – Quando conveniente, o MCT poderá, por portaria, delegar à instituição brasileira co-participante e co-responsável a competência para autorizar, em caráter excepcional, a remessa de material ao exterior, devendo neste caso a mesma observar, no que couber, as disposições sobre a matéria, contidas no Decreto nº 98.830/1990 e no presente regulamento.

41 – O material coletado será remetido ao exterior, às expensas da parte estrangeira e/ou instituição interessada, por intermédio da instituição técnico-científica brasileira, a qual manterá, quando aplicável, cópia dos registros de campo das respectivas coletas.

42 – O MCT, por intermédio da instituição brasileira co-participante e co-responsável, reterá, do material coletado, para destinação a instituições científicas brasileiras, os seguintes itens:

a) holótipos ou síntipos e 50% dos parátipos, animais ou vegetais;

b) todas as unicatas vegetais;

c) néotipos que porventura sejam escolhidos;

d) coleções, espécimes e peças etnográficas que sejam raras ou que não estejam representadas em instituições nacionais;

e) todo o material-tipo de fósseis;

f) 30% no mínimo, dos exemplares de cada táxon que for identificado em qualquer época;

g) outros espécimes, dados ou materiais, cuja permanência no País seja de interesse nacional.

43 – A comercialização dos resultados decorrentes dos dados e materiais coletados, bem como a sua cessão a terceiros, dependerá de acordo prévio a ser celebrado com o MCT, que inclusive estabelecerá a participação brasileira nos direitos de propriedade intelectual desses resultados.

44 – Nos casos de permuta, empréstimo ou doação de material destinado a fins científicos, educacionais ou culturais, os acordos poderão ser feitos diretamente pela instituição brasileira co-participante e co-responsável com os participantes estrangeiros, devendo nesse caso os compromissos estar expressos na documentação, que instruirá o pedido de autorização ao MCT.

Capítulo VIII – Dos Relatórios

45 – Nos casos de autorizações para atividades com prazo superior a um ano, deverão as instituições brasileiras co-participantes e co-responsáveis, no curso dessas atividades, enviar ao MCT, a cada seis meses, um relatório sucinto, informando sobre o desenvolvimento dos trabalhos em realização e os principais resultados alcançados.

46 – A instituição brasileira co-participante e co-responsável deverá enviar ao MCT, no prazo de 60 dias, contado do término das atividades autorizadas, relatório que conterá, entre outros, os seguintes pontos:

a) resultados parciais ou totais alcançados;

b) principais obstáculos ou dificuldades encontrados;

c) discriminação e quantidade do material coletado, bem como o seu destino;

d) compromissos quanto às ações futuras estabelecidos com os participantes estrangeiros; e

e) indicação de quaisquer agressões e/ou violações ao equilíbrio ecológico e ao meio ambiente que porventura forem observadas.

47 – As instituições brasileiras co-participantes e co-responsáveis deverão também enviar, a cada seis meses, ao MCT após o término das atividades autorizadas, relatórios que conterão, de forma, sucinta, informações sobre eventuais resultados, parciais ou finais, das pesquisas realizadas com o material coletado no País.

48 – Até 24 meses após o término das atividades autorizadas, deverá ser produzido um relatório final, independente do alcance dos objetivos e metas estabelecidos.

Capítulo IX – Da Apuração das Infrações

49 – Qualquer pessoa física ou jurídica que constatar o desenvolvimento de atividades em desacordo com o disposto neste Regulamento, ou com outras normas legais e regulamentares vigentes, poderá comunicar o fato ao MCT, que determinará a sua apuração e promoverá outras medidas cabíveis junto aos órgãos públicos competentes.

50 – Na constatação do desenvolvimento de atividades em desacordo com o Decreto nº 98.830/1990 e o presente regulamento, o MCT constituirá grupo de sindicância para apurar os fatos e as responsabilidades.

51 – Do grupo de sindicância deverão participar no mínimo dois pesquisadores de elevado e reconhecido conceito técnico-científico, indicados pelo CNPq.

52 – Concluída a sindicância, o seu resultado será submetido ao Conselho de Assessoramento, tratado no capítulo II do presente Regulamento, para definição das sanções e penalidades a serem aplicadas, de acordo com o estabelecido no art. 13 do Decreto nº 98.830/1990.

53 – Caberá ao Ministro de Estado de Ciência e Tecnologia solicitar aos órgãos públicos competentes a aplicação das penalidades estabelecidas, sem prejuízo de outras medidas que o próprio MCT possa tomar contra os infratores.

Capítulo X – Das Penalidades

54 – Sem prejuízo da responsabilidade civil e penal, a infração às normas deste Regulamento poderá importar, segundo a gravidade do fato:

I – a suspensão imediata da atividade em curso, por um determinado período;

II – o cancelamento da autorização concedida;

III – a declaração de inidoneidade do infrator, com o conseqüente impedimento temporário ou permanente, para empreender ou patrocinar pesquisa científica no Território Nacional;

IV – a comunicação da infração cometida ao dirigente da entidade a que o infrator esteja vinculado;

V – a apreensão e a perda do equipamento utilizado nos trabalhos, bem assim do material coletado, nos termos da legislação em vigor.

55 – Caberá ao MCT opinar junto à Secretaria da Receita Federal quanto à destinação do material de interesse científico apreendido, que preferencialmente deverá ser destinado a instituição científica brasileira, indicada pelo CNPq.

Capítulo XI – Dos Casos Especiais

56 – Ficam dispensados da autorização do MCT, tratada no Capítulo III do presente regulamento, as atividades de coleta realizada por estrangeiros em decorrência de:

a) Programas de intercâmbio científico, vinculados a acordos de cooperação cultural, científica, técnica e tecnológica, firmados pelo Governo Brasileiro;

b) Programas de organismos internacionais aprovados pelo Governo brasileiro;

c) Programas de bolsas ou auxílio a pesquisa patrocinados pelo CNPq, CAPES, FINEP ou Fundações Estaduais de Amparo à Pesquisa; e

d) Contrato de trabalho com instituição brasileira de ensino superior e/ou de pesquisa.

57 – A dispensa da autorização para os casos aludidos no item anterior não exime a instituição brasileira da responsabilidade pelo cumprimento, no que couber, das disposições contidas no Decreto nº 98.830/1990 e, especial nos Capítulos VI e VII do presente regulamento.

58 – Os casos omissos constatados na aplicação deste Regulamento serão resolvidos pelo Ministro da Ciência e Tecnologia, ouvida a Comissão de Assessoramento.

ORDEM DE SERVIÇO DNPM Nº 1, DE 19 DE OUTUBRO DE 1994

Estabelece instruções sobre o processamento dos requerimentos de Incorporação, Arrendamento e Cessão de Direitos Minerários

O Diretor do Departamento Nacional de Produção Mineral, no uso da competência que lhe confere o art. 86, item VI do Regulamento Interno aprovado pela Portaria Ministerial nº 65, de 11 de fevereiro de 1993, e

Considerando que nos requerimentos de Incorporação, Arrendamento e Cessão de Direitos Minerários, é necessário à Seção de Empresa de Mineração, informações dos processos envolvidos, e que estes tramitam com maior constância nas Unidades Regionais do DNPM;

Considerando que a remessa desses processos ao DNPM freqüentemente interrompe a tramitação normal dos mesmos nas respectivas Unidades Regionais do DNPM, por vezes causando transtornos a seus interessados;

Considerando ainda que evitando o deslocamento dos processos das Unidades Regionais ao DNPM apenas para retirada das informações mencionadas, certamente estará este Departamento proporcionando ao Setor Mineral maior agilidade, eficiência e redução ao tempo gasto na tramitação dos requerimentos de Incorporação, Arrendamento e Cessão de Direitos Minerários, além de economia de recursos, resolve:

1) Ficam suspensas as remessas de processos à Sede do DNPM, que tenham como finalidade específica o fornecimento de dados necessários a efetivação de Incorporação, Arrendamento e Cessão de Direitos Minerários, junto ao Setor de Empresa de Mineração da Divisão de Concessões e Produção Mineral.

2) Fica instituído o formulário "informações para o Setor de Empresa de Mineração", a ser preenchido nas Unidades Regionais do DNPM e que conterá as informações necessárias aos processos objeto de Incorporação, Arrendamento e Cessão de Direitos, devendo o citado formulário conter a assinatura e carimbo do técnico responsável pelo seu preenchimento.

3) O formulário citado no item 2, deverá ser remetido via malote ao Setor de Empresa de Mineração da Divisão de Concessões e Produção Mineral no prazo máximo de 15 (quinze dias) após o recebimento da solicitação formal. salvo motivo de força maior.

Elmer Prata Salomão – Diretor do DNPM

DOU de 24.10.1994 – Fonte www.dnpm.gov.br

PORTARIA MME Nº 12, DE 16 DE JANEIRO DE 1997

Dispõe sobre os critérios gerais referentes ao procedimento, de Disponibilidade de Área desonerada de requerimento ou de titulação de direitos minerários, em decorrência de publicação de despacho no Diário Oficial.

O Ministro de Estado de Minas e Energia, no uso das atribuições que lhe confere o art. 26 do Decreto-Lei nº 227, de 28 de fevereiro de 1967 (Código de Mineração), com a redação dada pela Lei nº 9.314, de 14 de novembro de 1996, e

Considerando a necessidade de estabelecer os critérios gerais a serem adotados pelo Departamento Nacional de Produção Mineral – DNPM para a realização dos procedimentos de Disponibilidade de Área, visando à seleção do requerimento prioritário à outorga de direitos de pesquisas ou de lavra referentes às áreas desoneradas por publicação de despacho no Diário Oficial, na forma do art. 26 do referido Código, resolve:

Art. 1º. A área desonerada de requerimento prioritário ou de titulação de direitos minerários, em decorrência de publicação de despacho no *Diário Oficial*, ficará em disponibilidade, pelo prazo subsequente de 60 (sessenta dias), para interposição de requerimentos de terceiros interessados na nova titulação, aos fins de pesquisa ou de lavra, conforme as situações caracterizadas nos arts. 5º, 6º e 7º desta Portaria, dispensada a expedição, em cada caso, de ato declaratório da instauração do respectivo processo de seleção, que se regerá pelo disposto nesta Portaria e na Portaria do DNPM, referida no art. 3º.

Art. 2º. Para efeito da seleção do requerimento prioritário, serão, em cada caso, conjuntamente apreciados os requerimentos que, objetivando a área desonerada, hajam sido protocolizados no pertinente prazo de Disponibilidade.

Art. 3º. O DNPM expedirá portaria estabelecendo as regras e critérios específicos, de habilitação e julgamento, que disciplinarão os procedimentos de Disponibilidade de Área, os quais observarão o disposto no Código de Mineração e nesta Portaria, respeitados os princípios da legalidade, moralidade, publicidade, igualdade e do julgamento objetivo.

Art. 4º. Definido, em cada caso, o requerimento prioritário, conforme o procedimento aplicável à Disponibilidade de Área, a conseqüente outorga do título de direitos minerários observará a forma e os requisitos pertinentes, estabelecidos na legislação específica.

Art. 5º. A Disponibilidade ocorrerá para fins de pesquisa, quando área desonerada for referente a:

a) requerimento de autorização de pesquisa indeferido, excetuado aquele indeferido de plano ou legalmente desconsiderado para efeito de oneração de área;

b) requerimento de autorização de pesquisa objeto de desistência homologada;

c) requerimento de prorrogação de prazo de autorização de pesquisa indeferido;

d) autorização de pesquisa objeto de renúncia homologada;

e) autorização de pesquisa anulada, salvo se do respectivo processo resultar subsistente o direito de prioridade do requerente;

f) autorização de pesquisa declarada caduca; e

g) autorização de pesquisa cujo relatório final dos trabalhos realizados tenha sido objeto de não aprovação ou de arquivamento.

Art. 6º. A Disponibilidade ocorrerá para fins de lavra, quando a área desonerada for referente a requerimento de concessão de lavra indeferido ou objeto de desistência homologada.

Art. 7º. O despacho originador da desoneração da área, efetuado pela autoridade competente, no âmbito do DNPM, definirá o caráter da Disponibilidade, para fins de pesquisa ou de lavra, quando se tratar de área referente a:

a) requerimento de permissão de lavra garimpeira, de registro de licença, ou de sua renovação, indeferido, ou objeto de desistência homologada;

b) permissão de lavra garimpeira ou de registro de licença declarados caducos; e

c) permissão de lavra garimpeira ou registro de licença cancelados.

Art. 8º. Decorrido o prazo de Disponibilidade referido no art. 26 do Código de Mineração e no art. 1º desta Portaria, sem que nenhum requerimento haja sido protocolizado dentro de sua vigência, ou na hipótese de que nenhum dos requerimentos seja considerado habilitado, a área tornar-se-á livre no dia subsequente, cabendo a aplicação do direito de prioridade de que trata a alínea "a" do art. 11 do referido Código.

Art. 9º. O processo de Disponibilidade de Áreas ficará suspenso até decisão final sobre eventuais recursos apresentados por qualquer pretendente ou pelo último titular dos direitos anteriormente vinculados à respectiva área.

Art. 10. O processo de Disponibilidade de Área poderá ser anulado ou revogado, por ato do Diretor-Geral do DNPM, legalmente fundamentado em razões de irregularidade de procedimento ou de conveniência ao interesse público, respectivamente, caso em que não será devida aos eventuais requerentes qualquer indenização, instaurando-se, quando cabível, novo processo, com a observância de procedimento pertinente.

Art. 11. Esta Portaria entra em vigor na data de sua publicação.

Raimundo Brito – Ministro de Estado de Minas e Energia

DOU de 20.1.1997

ORIENTAÇÃO NORMATIVA DNPM Nº 1, DE 18 DE MARÇO DE 1997

Estabelece orientações sobre a Lei nº 9.314, de 14 de novembro de 1996, que introduziu modificações no Código de Mineração.

O Diretor-Geral do Departamento Nacional de Produção Mineral – DNPM, usando da atribuição que lhe confere o art. 19, inciso XII, do Regimento Interno aprovado pela Portaria Ministerial nº 42, de 22 de fevereiro de 1995 e tendo em vista a necessidade de se estabelecer procedimentos homogêneos pertinentes a aplicação da Lei nº 9.314, de 14 de novembro de 1996, a qual introduziu modificações no Decreto-Lei nº 227, de 28 de fevereiro de 1967 (Código de Mineração), resolve:

1. FASE DE REQUERIMENTO DE AUTORIZAÇÃO DE PESQUISA

1.1. Nos requerimentos de autorização de pesquisa cujo prazo para sua complementação venha a ocorrer após o dia 16.1.1997, NÃO será necessária a apresentação do ATESTADO DE CAPACIDADE FINANCEIRA, apenas deverá ser protocolizado o Plano de Pesquisa acompanhado do Orçamento e Cronograma.

1.2. As exigências formuladas sobre Atestado de Capacidade Financeira e que tenham o vencimento do seu prazo ocorrendo após o dia 16.1.1997, NÃO SERÃO CONSIDERADAS.

1.3. Conforme Parecer PROGE nº 042/96, É DEVIDO o pagamento da taxa de publicação do Alvará de Pesquisa para os requerimentos protocolizados até o dia 16.1.1997.

1.3.1. Caso o requerente não cumpra a intimação de efetuar o pagamento da taxa de publicação do Alvará de Pesquisa o requerimento será INDEFERIDO com base na INFORMAÇÃO JURÍDICA/PROGE nº 027/97.

1.4. Nos requerimentos de autorização de pesquisa protocolizados até o dia 16.1.1997, e cuja análise venha ocorrer a partir do dia 17.1.1997, aplica-se o INDEFERIMENTO DE PLANO, quando estiverem desacompanhados de qualquer dos elementos de informação e prova, previstos no art. 16 do Código de Mineração vigente até aquela data (16.1.1997), além das situações previstas no item 2 da IN nº 01/83.

1.5. Os requerimentos de autorizações de pesquisa protocolizados anteriormente à vigência da Lei nº 9.314, de 14 de novembro de 1996 e do subitem 1.2. da Portaria do Diretor-Geral do DNPM nº 16, de 13 de janeiro de 1997 e que estejam pendentes de decisão, deverão se adaptar aos novos dispositivos legais. O DNPM formulará exigência ao requerente para que reduza a área originalmente requerida, adequando-a ao limite máximo de 50 (cinqüenta) hectares, ficando a área descartada, LIVRE para novos requerimentos no dia da publicação no *DOU* do Alvará de Pesquisa.

1.6. Nos casos de interferência parcial resultando em duas ou mais áreas remanescentes e que o requerente, após ter optado por uma delas, não tenha interesse em requerer as demais, estas ficarão LIVRES na data da protocolização do requerimento de opção.

1.7. As áreas referentes aos requerimentos de autorização de pesquisa indeferidos no período compreendido entre os dias 18.12.1996 e 16.1.1997, ficarão LIVRES no 30º (trigésimo) dia após a publicação do despacho indeferitório.

1.8. Não será acolhida a petição que verse sobre desistência parcial de requerimento de autorização de pesquisa, de registro de licença e de permissão de lavra garimpeira.

2. FASE DE ALVARÁ DE PESQUISA

2.1. Os Alvarás de Pesquisa outorgados após o dia 16.1.1997 deverão ter o seu prazo de validade VARIANDO de 02 a 03 anos, conforme disposto na Portaria do Diretor-Geral do DNPM nº 16, de 13 de janeiro de 1997 independentemente da data de protocolização do respectivo requerimento.

2.2. Taxa anual por hectare

2.2.1. NÃO HAVERÁ a isenção do pagamento da taxa anual por hectare para os Alvarás de Pesquisa publicados após o dia 16.1.1997.

2.2.2. No caso em que o Alvará de Pesquisa publicado até o dia 16.1.1997 esteja isento do pagamento da taxa anual por hectare, PERMANECERÁ isento mesmo quando da prorrogação do seu prazo.

2.2.3. Nas autorizações de pesquisa que estiverem em vigor no dia 17.1.1997 e cujos titulares não pagaram a taxa anual por hectare, no prazo legal, será aplicada inicialmente a penalidade de MULTA, conforme a nova redação do artigo 20 (alínea "a", inciso II, do § 3º) do Código de Mineração e somente após a imposição da multa, instaura-se o processo administrativo de declaração de caducidade.

2.2.4. Os processos administrativos de declaração de caducidade da autorização de pesquisa, instaurados pelo não pagamento da taxa anual por hectare, que não estejam concluídos até o dia 16.1.1997, ou seja, o despacho do Diretor-Geral do DNPM não tenha sido publicado no *DOU* serão ARQUIVADOS. Aplica-se a multa a ser instaurada por auto de infração e somente após a imposição da multa, instaura-se novo processo administrativo de declaração de caducidade, conforme a nova redação do artigo 20 (alínea "a", inciso II, do § 3º) do Código de Mineração.

2.2.5. A área referente a título caduco no período compreendido entre os dias 18.12.1996 e 16.1.1997 ficará LIVRE no 30º (trigésimo) dia após a publicação do respectivo despacho no *DOU*.

2.2.6. Ao titular que tenha protocolizado, antes de 17.1.1997, requerimento de desistência de 50% da área para o 3º ano de vigência do alvará quando o somatório ultrapassar 50.000 ha, e que ainda não foi analisado, deverá ser formulada exigência para ratificar o seu requerimento ou desistir do mesmo.

2.2.6.1. Os processos cujos interessados não tenham cumprido com a obrigação de desistir de 50% da área e se analisados após o dia 16.1.1997 deverão prosseguir normalmente.

2.2.7. Renúncia da autorização de pesquisa formulada de acordo com o previsto no item 13.1. da IN nº 01/83 e não analisada até 16.1.1997, poderá ser homologada, ficando a área DISPONÍVEL de acordo com o artigo 26 do Código de Mineração.

2.2.8. NÃO será acolhido o requerimento que verse sobre renúncia parcial da autorização de pesquisa, do registro de licença e da permissão de lavra garimpeira.

3. PRORROGAÇÃO DO PRAZO DA AUTORIZAÇÃO DE PESQUISA

3.1. Os requerimentos de renovação da autorização de pesquisa protocolizados antes de 17.1.1997 e que estejam pendentes de decisão serão analisados conforme a NOVA redação do Código de Mineração, ou seja, NÃO será outorgado NOVO ALVARÁ e NÃO será devido o pagamento de EMOLUMENTOS nem da TAXA DE PUBLICAÇÃO DO ALVARÁ, devido que a prorrogação do prazo será concedida mediante despacho do Diretor-Geral do DNPM, a ser publicado no *DOU*. A prorrogação do prazo do alvará de pesquisa será efetivada de acordo com a Portaria do Diretor-Geral nº 23, de 16 de janeiro de 1997.

4. FASE DE RELATÓRIO DE PESQUISA

4.1. Nos relatórios de pesquisa protocolizados antes do dia 17.1.1997 e nos quais o DNPM ainda não manifestou sua decisão, PODERÁ ser aplicado o novo conceito de sobrestamento da decisão, observando-se o disposto na Portaria do Diretor-Geral nº 21, de 16 de janeiro de 1997.

4.2. Artigo 23 (redação anterior à Lei nº 9.314/1996)

4.2.1. Os titulares de autorização de pesquisa cujo prazo tenha findado antes de 17.01.97 e que não protocolizaram o relatório de pesquisa, FICARÃO incursos na sanção do parágrafo único, do art. 23 até o dia 16.1.1997.

4.2.2. A partir do dia 17.1.1997 todos os titulares de autorização de pesquisa que estiverem incursos no parágrafo único, do art. 23 NÃO estarão mais sujeitos a essa sanção.

4.3. O prazo de prorrogação por 01 (um) ano do direito de requerer a lavra SOMENTE PODERÁ ser aplicado, nos casos, em que os relatórios finais de pesquisa foram aprovados a partir do dia 17.1.1996.

4.4. Quando da aprovação do relatório de pesquisa com redução de área, a área destacada da autorização de pesquisa ficará LIVRE, na data da publicação no *DOU* da aprovação do referido relatório.

4.5. Quando da análise do requerimento de concessão de lavra ficar demonstrado a necessidade de reduzir a área a ser concedida, a área destacada ficará LIVRE, na data da publicação no *DOU* da Portaria de Lavra.

5. EMPRESA DE MINERAÇÃO

5.1. Os processos de autorização para funcionar como empresa de mineração que até o dia 16.1.1997, não tenham sido analisados, serão ARQUIVADOS.

5.2. Na cessão de direito de pesquisa em análise, NÃO será necessária a apresentação do atestado de capacidade financeira.

5.3. As alterações contratuais apresentadas até o dia 16.1.1997 SERÃO NORMALMENTE analisadas pelo setor competente. Miguel Navarrete Fernandez Júnior Diretor-Geral do DNPM.

DOU de 20.3.1997

PORTARIA MME Nº 503, DE 28 DE DEZEMBRO DE 1999

Dispõe sobre a aplicação da taxa anual por hectare de que trata o inciso II, do art. 20 do Código de Mineração.

O Ministro de Estado de Minas e Energia, no uso das atribuições que lhe confere o art. 20, inciso II, §§ 1º e 3º, do Decreto-Lei nº 227, de 28 de fevereiro de 1967 (Código de Mineração), com a redação dada pela Lei nº 9.314, de 14 de novembro de 1996, resolve:

Art. 1º. O valor da taxa anual por hectare estabelecida no art. 20, inciso II, Decreto-Lei nº 227, de 28 de fevereiro de 1967 (Código de Mineração), coma a redação dada pela Lei nº 9.314, de 14 de novembro de 1996, fica estipulado em uma UFIR, vigente à data do pagamento.

Art. 2º. Na vigência do prazo de prorrogação da autorização de pesquisa, de que trata o art. 22, inciso III, do Código de Mineração, o valor da taxa anual por hectare será de uma e meia UFIR, vigente à data do pagamento.

• ***A UFIR foi extinta pelo art. 29 da Lei nº 10.522, de 19.7.2002, sendo congelada no valor de R$ 1,0641.***

Art. 3º. O pagamento da taxa anual por hectare deverá ser efetuado no Banco do Brasil S.A e destinado ao Departamento Nacional de Produção Mineral – DNPM, nos termos do art. 5°, inciso III, da Lei nº 8.876, de 2 de maio de 1994, mediante guia de recolhimento (boleto bancário) a ser emitida pelo DNPM.

Art. 4º. Para a efetivação do pagamento da taxa anual por hectare, ficam estabelecidos os seguintes prazos, incidentes em cada período anual de vigência da autorização de pesquisa, inclusive o de prorrogação:

I – até o último dia útil do mês de janeiro para as autorizações de pesquisa e respectivas prorrogações de prazo, publicadas no Diário Oficial no período de 1º de julho a 31 de dezembro imediatamente anterior, e

II – até o último dia útil do mês de julho, para as autorizações de pesquisa e respectivas prorrogações de prazo, publicadas no Diário Oficial no período de 1º de janeiro a 30 de junho imediatamente anterior.

Art. 5º. Deverá o titular da autorização de pesquisa apresentar ao DNPM, quando solicitado, o comprovante do pagamento da taxa anual por hectare.

Art. 6º. A falta do pagamento, no prazo próprio, do valor da taxa anual por hectare, conforme especificado no art. 4º, acarretará a instauração de processo para a aplicação de multa no valor de mil UFIR, vigente à data de seu recolhimento, apurada mediante processo administrativo, na forma do art. 101, do Decreto nº 62.934, de 2 de julho de 1968 (Regulamento do Código de Mineração).

Parágrafo único. O não pagamento da multa a que se refere o *caput* deste artigo, após a sua imposição, ensejará providências para a inscrição do débito na dívida ativa, para fins de ajuizamento da ação de execução cabível.

Art. 7º. O não pagamento da taxa anual, após a imposição da multa de que trata o art. 6º, ensejará a declaração de nulidade *ex officio* do alvará de pesquisa na forma do art. 20, § 3º inciso II, alínea "b", do Decreto-Lei nº 227, de 28 de fevereiro de 1967, independentemente de instauração de processo administrativo e, posteriormente, a inscrição do débito na dívida ativa juntamente com o valor da multa, para fins de ajuizamento da ação de execução cabível.

• ***Art. 7º, caput, com redação dada pela Portaria MME nº 449, de 18.11.2003.***

Parágrafo único. O pagamento da taxa anual por hectare, efetuado após a publicação no Diário Oficial do despacho de instauração do processo administrativo de nulidade da autorização de pesquisa, não obstará a declaração da nulidade do respectivo título.

Art. 8º. Esta Portaria entra em vigor na data da sua publicação.

Art. 9º. Fica revogada a Portaria nº 13, de 16 de janeiro de 1997.

Rodolpho Tourinho Neto

DOU de 29.12.1999

PORTARIA MME Nº 23, DE 3 DE FEVEREIRO DE 2000

Dispõe sobre as substâncias minerais de emprego imediato na construção civil.

O Ministro de Estado de Minas e Energia, no uso da atribuição que lhe confere o art. 87, parágrafo único, inicio II, da Constituição, e considerando o disposto no parágrafo único do art. 2º do Decreto-Lei nº 227, de 28 de fevereiro de 1967, com a redação dada pela Lei nº 9.314, de 14 de novembro de 1996, acrescido pelo art. 1º da Lei nº 9.827, de 27 de agosto de 1999, regulamentado pelo Decreto nº 3.358, de 2 de fevereiro de 2000, resolve:

Art. 1º. Consideram-se substâncias minerais de emprego imediato na construção civil, para fins de aplicação do disposto no Decreto nº 3.358, de 2 de fevereiro de 2000:

I – areia, cascalho e saibro, quando utilizados **in natura** na construção civil e no preparo de agregado e argamassas;

II – material sílico-argiloso, cascalho e saibro empregados como material de empréstimo;

III – rochas, quando aparelhadas para paralelepípedos, guias, sarjetas, moirões ou lajes para calçamento;

IV – rochas, quando britadas para uso imediato na construção civil.

Art. 2º. Esta Portaria entra em vigor na data de sua publicação.

Rodolpho Tourinho Neto

DOU de 4.2.2000

PORTARIA MME Nº 385, DE 13 DE AGOSTO DE 2003

Aprova o Regimento Interno do Departamento Nacional de Produção Mineral – DNPM.

A Ministra de Estado de Minas e Energia, no uso de atribuição que lhe confere o art. 4º do Decreto nº 4.640, de 21 de março de 2003, resolve:

Art. 1º. Aprovar o Regimento Interno do Departamento Nacional de Produção Mineral – DNPM, na forma do Anexo à presente Portaria.

Art. 2º. Esta Portaria entra em vigor na data de sua publicação.

Art. 3º. Fica revogada a Portaria MME nº 42, de 22 de fevereiro de 1995.

Dilma Rousseff – Ministra de Estado

REGIMENTO INTERNO
DO DEPARTAMENTO NACIONAL DE PRODUÇÃO MINERAL

Capítulo I – Da Natureza e Finalidade

Art. 1º. O Departamento Nacional de Produção Mineral – DNPM, Autarquia dotada de personalidade jurídica de direito público, vinculada ao Ministério de Minas e Energia, tem como finalidade promover o planejamento e o fomento da exploração e do aproveitamento dos recursos minerais e superintender as pesquisas geológicas, minerais e de tecnologia mineral, bem como assegurar, controlar e fiscalizar o exercício das atividades de mineração em todo o território nacional, na forma do que dispõem o Código de Mineração, o Código de Águas Minerais, os respectivos regulamentos e legislação que os complementam, competindo-lhe em especial:

I – promover a outorga, ou propô-la à autoridade competente, quando for o caso, dos títulos minerários relativos à exploração e ao aproveitamento dos recursos minerais e expedir os demais atos referentes à execução da legislação minerária;

II – coordenar, sistematizar e integrar os dados geológicos dos depósitos minerais, promovendo a elaboração de textos, cartas e mapas geológicos para divulgação;

III – acompanhar, analisar e divulgar o desempenho da economia mineral brasileira e internacional, mantendo serviços de estatística da produção e do comércio de bens minerais;

IV – formular e propor diretrizes para a orientação da política mineral;

V – fomentar a produção mineral e estimular o uso racional e eficiente dos recursos minerais;

VI – fiscalizar a pesquisa, a lavra, o beneficiamento e a comercialização dos bens minerais, podendo realizar vistorias, autuar infratores e impor as sanções cabíveis, na conformidade do disposto na legislação minerária;

VII – baixar normas, em caráter complementar, e exercer a fiscalização sobre o controle ambiental, a higiene e a segurança das atividades de mineração, atuando em articulação com os demais órgãos responsáveis pelo meio ambiente e pela higiene, segurança e saúde ocupacional dos trabalhadores;

VIII – implantar e gerenciar bancos de dados para subsidiar as ações de política mineral necessárias ao planejamento governamental;

IX – baixar normas e exercer fiscalização sobre a arrecadação da Compensação Financeira pela Exploração de Recursos Minerais – CFEM, de que trata o § 1º do art. 20 da Constituição Federal;

X – fomentar a pequena empresa de mineração;

XI – estabelecer as áreas e as condições para o exercício de garimpagem em forma individual ou associativa;

XII – participar de organizações nacionais e internacionais de caráter técnico e científico na área da sua competência; e

XIII – assegurar permanentemente a qualidade do serviço público no âmbito da sua competência e na forma da vigente legislação específica.

Capítulo II – Da Estrutura Organizacional

Art. 2º. O Departamento Nacional de Produção Mineral tem a seguinte Estrutura Organizacional:

I – ÓRGÃOS DE ASSISTÊNCIA DIRETA E IMEDIATA AO DIRETOR-GERAL

a) Gabinete; e

b) Procuradoria Jurídica;

II – ÓRGÃOS SECCIONAIS:

a) Auditoria Interna;

b) Diretoria de Administração Geral; e

c) Diretoria de Planejamento e Arrecadação;

III – ÓRGÃOS ESPECÍFICOS SINGULARES:

a) Diretoria de Outorga e Cadastro Mineiro;

b) Diretoria de Fiscalização; e

c) Diretoria de Desenvolvimento e Economia Mineral;

IV – ÓRGÃOS DESCENTRALIZADOS:

1º) Distrito no Estado do Rio Grande do Sul, com sede em Porto Alegre;

2º) Distrito no Estado de São Paulo, com sede em São Paulo capital;

3º) Distrito no Estado de Minas Gerais, com sede em Belo Horizonte;

4º) Distrito no Estado de Pernambuco, com sede em Recife;

5º) Distrito no Estado do Pará, com sede em Belém;

6º) Distrito no Estado de Goiás, com sede em Goiânia;

7º) Distrito no Estado da Bahia, com sede em Salvador;

8º) Distrito no Estado do Amazonas, com sede em Manaus;

9º) Distrito no Estado do Rio de Janeiro, com sede no Rio de Janeiro;

10º) Distrito no Estado do Ceará, com sede em Fortaleza;

11º) Distrito no Estado de Santa Catarina, com sede em Florianópolis;

12º) Distrito no Estado do Mato Grosso, com sede em Cuiabá;

13º) Distrito no Estado do Paraná, com sede em Curitiba;

14º) Distrito no Estado do Rio Grande de Norte, com sede em Natal;

15º) Distrito no Estado da Paraíba, com sede em Campina Grande;

16º) Distrito no Estado do Amapá, com sede em Macapá;

17º) Distrito no Estado do Tocantins, com sede em Palmas;

18º) Distrito no Estado de Sergipe, com sede em Aracajú;

19º) Distrito no Estado de Rondônia com sede em Porto Velho;

20º) Distrito no Estado do Espírito Santo, com sede em Vitória;

21º) Distrito no Estado do Piauí, com sede em Teresina;

22º) Distrito no Estado do Maranhão, com sede em São Luís;

23º) Distrito no Estado do Mato Grosso do Sul, com sede em Campo Grande;

24º) Distrito no Estado de Roraima, com sede em Boa Vista; e

25º) Distrito no Estado de Alagoas, com sede em Maceió.

§ 1º. Os Distritos tipo I, nos Estados da Bahia, Goiás, Minas Gerais, Pará e São Paulo, têm a seguinte Estrutura Organizacional:

I – Chefe do Distrito – DAS 101.4;

II – Serviço de Administração – DAS 101.1:

a) Seção de Serviços Gerais – FG-1;

b) Seção de Execução Orçamentária e Financeira – FG-1; e

c) Seção de Recursos Humanos – FG-1.

§ 2º. Os Distritos tipo II-A, nos Estados do Amazonas, Ceará, Espírito Santo, Mato Grosso, Paraná, Pernambuco, Rio de Janeiro, Rio Grande do Sul e Santa Catarina, têm seguinte Estrutura Organizacional:

I – Chefe do Distrito – DAS 101.3;

II – Serviço de Administração – DAS 101.1:

a) Seção de Serviços Gerais – FG-1;

b) Seção de Execução Orçamentária e Financeira – FG-1; e

c) Seção de Recursos Humanos – FG-1.

§ 3º. Os Distritos tipo II-B, nos Estados de Mato Grosso do Sul, Paraíba, Rio Grande do Norte, Rondônia e Tocantins, têm a seguinte Estrutura Organizacional:

I – Chefe do Distrito – DAS 101.3;

II – Seção de Apoio Administrativo – FG-1.

• ***§ 3º com redação dada pela Portaria MME nº 16, de 5.2.2004.***

§ 4º. Os Distritos tipo III, nos Estados de Alagoas, Roraima, Maranhão, Piauí, Sergipe e Amapá, terão a seguinte Estrutura Organizacional:

I – Chefe do Distrito – DAS 101.2;

II – Seção de Apoio Administrativo – FG-1.

• ***§ 4º com redação dada pela Portaria MME nº 16, de 5.2.2004.***

§ 5º.(*) As Seções de Apoio Administrativo previstas no §§ 3º e 4º do presente artigo acumulam as competências previstas nos arts. 15 e 16 desta portaria.

• ***§ 5º acrescido pela Portaria MME nº 16, de 5.2.2004.***

• ***No Diário Oficial saiu como "parágrafo único", acreditamos ser § 5º.***

Capítulo III – Da Competência dos Órgãos

Seção I – Dos Órgãos de Assistência Direta e Imediata ao Diretor-Geral

Art. 3º. Ao Gabinete compete prestar assistência ao Diretor-Geral em sua representação social e política, incumbir-se do preparo e despacho do seu expediente pessoal, coordenar as atividades de comunicação social, providenciar a publicação, divulgação e acompanhamento das matérias de interesse da Autarquia e coordenar a elaboração do Relatório Anual de Atividades, além de outras atribuições que lhe forem cometidas pelo Diretor-Geral da Autarquia.

Art. 4º. À Procuradoria Jurídica, na qualidade de órgão executor da Procuradoria-Geral Federal, vinculada à Advocacia Geral da União, compete:

I – exercer a representação judicial e extrajudicial do DNPM, atuando nos processos em que a Autarquia Federal for autora, ré, oponente ou assistente;

II – prestar assessoria direta e imediata ao Diretor-Geral e aos órgãos da Estrutura Regimental do DNPM, nos assuntos de natureza jurídica, aplicando-se, no que couber, o disposto no art. 17 da Lei Complementar nº 73, de 10 de fevereiro de 1993; e

III – fixar, no âmbito do DNPM, a interpretação do ordenamento jurídico, quando não houver orientação normativa da Advocacia-Geral da União e da Consultoria Jurídica do Ministério de Minas e Energia.

Parágrafo único. Cabe ainda, à Procuradoria Jurídica, no exercício de suas competências:

I – Área para Assuntos Administrativos:

a) examinar e aprovar minutas de editais de licitação, de instrumentos de contratos, de convênios e de outros atos de direitos e obrigações que devam ser celebrados pelo DNPM;

b) examinar e emitir pareceres sobre minutas de atos normativos a serem expedidos ou propostos pelo DNPM;

c) orientar as Procuradorias Distritais nos assuntos pertinentes a licitações, contratos, procedimentos e processos administrativos;

II – Área para Assuntos Minerários:

a) examinar e emitir pareceres nos processos de mineração;

b) orientar as Procuradorias Distritais nos assuntos pertinentes à legislação minerária;

III – Área para Assuntos do Contencioso:

a) promover a defesa judicial da Autarquia perante o Poder Judiciário;

b) orientar as Procuradorias Distritais e uniformizar o entendimento da Procuradoria Jurídica nos assuntos pertinentes à defesa da Autarquia;

IV – Área para assuntos da Dívida Ativa:

a) apurar a liquidez e a certeza dos créditos de qualquer natureza, resultantes das atividades implementadas pelo DNPM, inscrevendo-os em dívida ativa, para fins de cobrança amigável ou judicial;

b) orientar as Procuradorias Distritais quanto ao procedimento de cobrança dos créditos da Autarquia;

V – No âmbito das Procuradorias Distritais:

a) prestar assessoria direta e imediata aos Chefes de Distritos, nos assuntos de natureza jurídica;

b) examinar e aprovar minutas de editais de licitação, de instrumentos de contratos, de convênios e de outros atos de direitos e obrigações que devam ser celebrados pelo DNPM;

c) examinar e emitir pareceres sobre minutas de atos normativos a serem expedidos ou propostos pelo DNPM, no âmbito dos Distritos;

d) examinar e emitir pareceres nos processos de mineração;

e) promover a defesa judicial da Autarquia perante o Poder Judiciário; e

f) apurar a liquidez e a certeza dos créditos de qualquer natureza, resultantes das atividades implementadas pelo DNPM, inscrevendo-os em dívida ativa, para fins de cobrança amigável ou judicial.

Seção II – Dos Órgãos Seccionais

Art. 5º. À Auditoria Interna compete verificar a conformidade, às normas vigentes dos procedimentos de natureza orçamentária, contábil, financeira, patrimonial e de recursos humanos, bem como, quando determinada pelo Diretor-Geral a verificação da adequação entre os meios empregados e os resultados alcançados e, especificamente:

I – assessorar a Diretoria-Geral no cumprimento dos objetivos institucionais, avaliando o nível de segurança e qualidade dos controles, processos, sistemas e gestão;

II – prestar apoio aos órgãos de controle interno e externo da União no campo de suas atribuições;

III – acompanhar as diligências e o atendimento às solicitações dos órgãos que compõem o Sistema de Controle Interno e Externo da União;

IV – planejar e executar auditorias preventivas e corretivas em todos os órgãos do DNPM;

V – subsidiar os Distritos na proposição de padrões, sistemas e métodos de avaliação e acompanhamento da qualidade e produtividade das atividades do DNPM, e nas ações voltadas para a modernização institucional;

VI – examinar e emitir parecer sobre a prestação de contas anual e tomada de contas especiais;

VII – elaborar relatórios sobre exames realizados, bem como promover o acompanhamento da regularização das ocorrências apontadas ou verificadas; e

VIII – executar auditorias extraordinárias, de cunho específico, que, no interesse da administração, venham a ser determinadas pelo Diretor-Geral.

Art. 6º. À Diretoria de Administração Geral compete planejar, coordenar, orientar e supervisionar a execução das atividades relacionadas com os Sistemas Federais de Orçamento, de Contabilidade, de Administração Financeira, de Organização e Modernização Administrativa, de Recursos Humanos e de Serviços Gerais, no âmbito do DNPM, cabendo-lhe ainda:

I – emitir e exercer o controle de empenhos das despesas e provisões autorizadas pelo Ordenador de Despesas, bem como processar os respectivos reforços e anulações;

II – distribuir e controlar a movimentação de créditos e recursos financeiros entre as unidades do DNPM;

III – fornecer os elementos aos órgãos competentes, para elaboração da proposta orçamentária, do plano plurianual de investimento do DNPM, e de créditos adicionais;

IV – efetuar e controlar as ordens bancárias de pagamentos, após as competentes habilitações dos beneficiários, ou credores com a observância dos empenhos e liquidações, referentes à folha de pagamento, precatórios, dívida e demais processos, bem como verificar a situação cadastral dos fornecedores no SICAF;

V – manter o subsistema de informações orçamentárias – SIDOR;

VI – gerenciar e executar o sistema informatizado de proposta e concessão de diárias e passagens para os servidores em viagem objeto de serviço;

VII – controlar a efetivação da conformidade diária e contábil das operações realizadas no SIAFI pelas Unidades Gestoras da Autarquia;

VIII – impugnar, mediante representação, para apuração e identificação de responsabilidade, qualquer ato relativo à realização de despesas que incidam nas proibições legais;

IX – acompanhar a conciliação das contas bancárias tipo "C", bem como a movimentação de bens móveis e de almoxarifado, seus registros no SIAFI, através do "Relatório Mensal de Bens Móveis – RMB e Relatório Mensal do Almoxarifado – RMA";

X – preparar e organizar a prestação de contas anual, bem como proceder ao levantamento de tomada de contas especiais, quando necessário;

XI – formular, implementar e avaliar a política de recursos humanos, fornecendo subsídios para sua fixação;

XII – propor a definição de procedimentos, com vistas à execução das atividades de controle financeiro, folha de pagamento, freqüência, pagamento de diárias e saldo de dotação orçamentária de pessoal;

XIII – manter registro de ocupantes de cargos de provimento em comissão, dos grupos de Direção e Assessoramento Superiores, Funções Comissionadas Técnicas e Funções Gratificadas;

XIV – assegurar a concessão de benefícios instituídos em lei e supervisionar os contratos e instrumentos congêneres que objetivem a consecução das atividades ligadas aos programas assistenciais e de benefícios, propondo medidas preventivas e corretivas à adequada prestação de serviços;

XV – promover planejamentos, estudos e pesquisas relacionadas com capacitação de pessoal, executando o recrutamento, seleção, ambientação, integração e treinamento;

XVI – executar programas de desenvolvimento da estrutura de remuneração e carreira e de avaliação do desempenho de recursos humanos no âmbito da Autarquia;

XVII – coordenar e acompanhar os processos de contratação de serviços e celebração de convênios, bem como sua execução, providenciando as assinaturas dos instrumentos contratuais, a publicação no *Diário Oficial da União* e definindo os gestores responsáveis pelo acompanhamento e fiscalização dos mesmos;

XVIII – elaborar minutas de contratos, convênios, termos aditivos e outros congêneres, sugerindo a aplicação de penalidades por inadimplência contratual dos fornecedores e dos conveniados, conferindo e analisando os cálculos de reajustamento de preços, de acordo com a legislação vigente;

XIX – orientar, controlar, executar e fiscalizar os processos licitatórios para aquisição de bens, obras e serviços ouvindo os Órgãos do DNPM, quando se tratar de material e/ou serviço específico;

XX – exercer controle das dependências da Autarquia, fornecendo apoio logístico e coordenando a execução das atividades de segurança e manutenção dos equipamentos e infra-estrutura;

XXI – formular, coordenar, executar e acompanhar os serviços de protocolo, recebendo, classificando, registrando, autuando e distribuindo processos e documentos;

XXII – manter uma unidade de expedição para receber e enviar documentos, encomendas e processos necessários para as atividades do DNPM;

XXIII – promover o controle, a distribuição, a alienação, e a conservação dos bens patrimoniais, mantendo atualizado o respectivo inventário, executando os balancetes mensais e anuais do almoxarifado e acompanhando a entrada dos mesmos no Sistema SIAFI;

XXIV – manter uma unidade de transportes, organizando e controlando o uso, manutenção e guarda da frota de veículos oficiais;

XXV – manter a biblioteca como um centro de documentação e informação, registrando, catalogando, classificando e controlando a manutenção e o uso do acervo técnico e jurídico da Autarquia, assim como interagindo com o público e instituições na disseminação e divulgação das obras relacionadas com o setor mineral;

XXVI – organizar, administrar, planejar, coordenar, fiscalizar e supervisionar as atividades referentes a obras e serviços de engenharia, na Sede e nos Distritos;

XXVII – executar ações de arquivo geral conforme orientações das normas federais pertinentes;

XXVIII – executar as atividades de tecnologia da informação, gerenciando dados e sistemas; e

XXIX – propor a realização de acordos e convênios de cooperação técnica no âmbito de sua competência.

Art. 7º. À Diretoria de Planejamento e Arrecadação compete planejar, coordenar, supervisionar e executar ações relativas à gestão, previsão orçamentária, elaboração de planos plurianuais de investimentos da Autarquia, exercer o controle da fiscalização sobre a arrecadação da Compensação Financeira pela Exploração de Recursos Minerais – CFEM, controlar o recolhimento de taxas, emolumentos, multas e ressarcimentos, promover a interação e dar suporte institucional aos Distritos, em suas áreas de jurisdição, cabendo-lhe ainda:

I – coordenar a execução das atividades relativas ao Planejamento Estratégico e ao Plano Plurianual em conjunto com os Órgãos internos;

II – instrumentalizar as unidades do DNPM, mediante pesquisa e difusão de metodologias de elaboração dos seus planos, programas, ações, metas, monitoramento e avaliação, definindo filosofia de planejamento compartilhado;

III – coordenar a elaboração da programação operacional do DNPM e suas reformulações como a suplementação de créditos de natureza especial;

IV – planejar, coordenar e supervisionar a execução das atividades relativas a sistematização do processo de planejamento, monitoramento e avaliação das atividades institucionais, com base em indicadores de desempenho organizacional;

V – disponibilizar as informações gerenciais do DNPM, mediante tratamento dos dados fornecidos pelos sistemas de informações, visando dar suporte ao processo decisório no planejamento;

VI – propor, orientar e acompanhar as ações de modernização e readequação institucional por meio de melhorias contínuas de Órgãos que integram a estrutura do DNPM;

VII – elaborar sistematicamente a previsão de receitas;

VIII – propor normas, manuais e roteiros destinados a regulamentar, uniformizar e harmonizar os procedimentos na área de sua competência;

IX – promover estudos dos custos dos produtos e serviços prestados pelo DNPM, com a finalidade de estabelecer preços com base em subsídios obtidos junto aos Órgãos internos;

X – propor cursos e seminários de capacitação profissional nas áreas de recolhimento da Compensação Financeira pela Exploração de Recursos Minerais – CFEM, Taxa Anual por Hectare e outras receitas; e

XI – propor a realização de acordos e convênios de cooperação técnica no âmbito de sua competência.

Seção III – Dos Órgãos Específicos Singulares

Art. 8º. À Diretoria de Outorga e Cadastro Mineiro compete planejar, dirigir, orientar, coordenar e executar, em articulação com os Distritos e as demais Diretorias, as atividades relacionadas à outorga de títulos minerários de exploração e aproveitamento de recursos minerais, bem como registrar, acompanhar e assegurar os direitos de concessões, pesquisa e lavra de recursos hídricos e minerais do País, mantendo os registros legais, cabendo-lhe ainda:

I – coordenar e supervisionar as atividades relacionadas à outorga, desde a recepção dos dados, informações e documentação dos requerentes no protocolo até a proposição e emissão dos respectivos títulos minerários;

II – promover a organização, padronização, segurança, manutenção e averbações dos registros físicos legais dos títulos minerários e emitir declarações e certidões;

III – promover, viabilizar e executar ações que visem harmonizar o exercício da outorga de títulos minerários com os interesses sociais ou ambientais em áreas afetadas por essas restrições, ou compatibilizá-la com direitos constituídos em áreas onde concorram atividades econômicas outras, dependentes ou não de autorização, concessão ou licenciamento governamental;

IV – acompanhar e divulgar a legislação vigente, no que diz respeito aos direitos minerários, orientando e diligenciando a sua aplicação no DNPM, propondo as necessárias atualizações;

V – planejar, coordenar, orientar, supervisionar e executar as atividades relacionadas ao Cadastro Mineiro e à manutenção de informações em bancos de dados, relativos aos títulos minerários, promovendo sua modernização e racionalização;

VI – promover a organização, padronização e manutenção das bases cartográficas digitais oficiais, utilizadas pelo DNPM, com suporte em sistemas de informações geográficas, para controle e atualização dos títulos minerários;

VII – promover, viabilizar e executar, mediante termo de cooperação, o intercâmbio e o compartilhamento de dados e informações georreferenciadas entre instituições governamentais, não governamentais e privadas, resguardando os interesses do DNPM e dos concessionários;

VIII – promover a organização, padronização e automação de procedimentos de outorga e publicação de títulos minerários e de relações de despachos na Imprensa Nacional;

IX – analisar, instruir e propor o encaminhamento dos processos com áreas localizadas em faixa de fronteira ao Conselho de Defesa Nacional para assentimento prévio;

X – propor e acompanhar a capacitação dos servidores em áreas de atuação da Outorga e Cadastro Mineiro;

XI – elaborar, propor e divulgar normas, rotinas, manuais de serviço e procedimentos operacionais, visando o aprimoramento da Outorga e do Cadastro Mineiro;

XII – coordenar o atendimento ao público na sala de audiência do DNPM; e

XIII – propor a realização de acordos e convênios de cooperação técnica no âmbito de sua competência.

Art. 9º. À Diretoria de Fiscalização compete planejar, dirigir, orientar, coordenar, regular e executar, em articulação com os Distritos e as demais Diretorias, as atividades relacionadas à fiscalização da atividade mineral, à edição de normas reguladoras e operacionais, bem como à segurança e ao controle ambiental na mineração, interagindo com os órgãos governamentais envolvidos, a fim de atuar de forma harmônica com as políticas públicas e diretrizes do Governo Federal para o setor, cabendo-lhe ainda:

I – elaborar e propor regulamentos, normas e instruções referentes à fiscalização da pesquisa mineral, lavra e controle ambiental e, em caráter suplementar, normas referentes à segurança e higiene das atividades de mineração;

II – propor estudos e elaborar programas, projetos e trabalhos técnicos necessários ao aperfeiçoamento da ação fiscalizadora em articulação com os Órgãos do DNPM;

III – coordenar, supervisionar e orientar o acompanhamento dos trabalhos de fiscalização da pesquisa, lavra, segurança e controle ambiental da atividade de mineração;

IV – coordenar e supervisionar as ações referentes à fiscalização e aos procedimentos técnicos e administrativos relacionados à análise, aprovação e acompanhamento de relatórios, planos e projetos de apresentação obrigatória ao DNPM;

V – coordenar e realizar a classificação de águas minerais e potáveis de mesa em conformidade com a legislação vigente;

VI – definir juntamente com os Órgãos do DNPM a uniformização de termos, símbolos, convenções e formas de apresentação dos relatórios de pesquisa mineral, planos, projetos, mapas e plantas pertinentes;

VII – coordenar e supervisionar as atividades relacionadas à fiscalização dos depósitos fossilíferos;

VIII – elaborar e propor programas e ações a serem desenvolvidos em articulação com os órgãos responsáveis pelo meio ambiente, segurança, higiene e saúde ocupacional dos trabalhadores;

IX – propor a realização de acordos e convênios de cooperação técnica no âmbito de sua competência;

X – propor, organizar e coordenar câmaras técnicas, comissões, e grupos de trabalho objetivando o aperfeiçoamento de ação normativa e fiscalizadora do DNPM;

XI – propor e acompanhar a capacitação dos servidores em áreas de atuação da fiscalização;

XII – propor a representação do DNPM junto a instituições que tratem de assuntos relacionados à regulamentação e à fiscalização da mineração; e

XIII – promover ações de acompanhamento, apoio técnico e avaliação de desempenho no âmbito das unidades descentralizadas, bem como acompanhar a execução orçamentária das ações de competência da diretoria de fiscalização.

Art. 10. À Diretoria de Desenvolvimento e Economia Mineral compete planejar, dirigir, orientar, coordenar e executar, em articulação com os Distritos e as demais Diretorias, as atividades relacionadas à economia e ao desenvolvimento mineral, bem como à sistematização e à integração dos dados geológicos dos depósitos minerais, cabendo-lhe ainda:

I – promover, realizar e divulgar estudos, análises e pesquisas nas áreas de economia, geologia, tecnologia mineral, higiene, segurança operacional, controle ambiental, administração e política de recursos minerais, em articulação com os Órgãos do DNPM;

II – desenvolver, gerenciar, controlar, acompanhar, executar e consolidar o sistema de informações relativo aos recursos minerais, hidrominerais, paleontológicos, tecnologia mineral, economia, política mineral e meio ambiente, possibilitando ao DNPM disponibilizá-las ao público;

III – acompanhar a evolução do comércio exterior, promovendo estudos destinados ao apoio e orientação do DNPM à participação brasileira em associações e organizações internacionais de produtores e consumidores de produtos de origem mineral;

IV – analisar e fornecer laudos e pareceres sobre os pedidos de anuência para exportação e importação de bens minerais;

V – propor acordos e convênios de cooperação técnica no âmbito de sua competência;

VI – propor e dar suporte à representação do DNPM junto a instituições que tratem de assuntos relacionados à geologia, paleontologia, tecnologia mineral, gestão ambiental, administração, economia e política de recursos minerais;

VII – organizar, sistematizar, integrar e divulgar o conhecimento geológico e hidrogeológico no âmbito dos distritos mineiros, gerando textos, cartas e mapas de apoio básico à atividade minerária;

VIII – padronizar e uniformizar terminologias, simbologias, convenções e formas de apresentação de mapas e cartas temáticos e relatórios técnicos dos depósitos minerais;

IX – analisar os pedidos de aerolevantamentos geofísicos dirigidos à exploração mineral para emissão de parecer junto ao Ministério da Defesa;

X – realizar estudos e ações visando a preservação, proteção e difusão do acervo técnico-científico que constitui a memória geológica do País, afeto à Autarquia, em especial os monumentos naturais, os sítios geológicos, os depósitos fossilíferos, os museus de minerais e rochas e as litotecas, fósseis e materiais relacionados, em articulação com os demais Órgãos do DNPM;

XI – realizar estudos para subsidiar a elaboração de Planos Plurianuais do setor mineral no âmbito da sua competência;

XII – apoiar, orientar e estimular ações para o desenvolvimento organizado da pequena e média empresa de mineração;

XIII – elaborar, atualizar, consolidar e divulgar estatísticas, estudos e trabalhos técnicos;

XIV – apoiar e estimular o estudo e divulgação de novos métodos e técnicas adequados ao desenvolvimento sustentável da atividade mineração;

XV – realizar estudos como subsídios ao exercício da atividade de garimpagem em forma individual ou associativa; e

XVI – propor e acompanhar a capacitação dos servidores em áreas de sua atuação.

Seção IV – Dos Órgãos Descentralizados

Art. 11. Aos Distritos compete executar as atividades finalísticas do DNPM, assegurando, controlando e fiscalizando o exercício das atividades de mineração na sua área de jurisdição, na forma estabelecida no Código de Mineração, no Código de Águas Minerais, nos respectivos regulamentos e na legislação que os complementa, cabendo-lhes ainda:

I – Na área de outorga e cadastro mineiro:

a) formalizar, instruir, analisar e cadastrar os processos relacionados à outorga de títulos minerários, Autorizações de Pesquisa, Concessões de Lavra, Permissão de Lavra Garimpeira, Registro de Licenciamento, Registro de Extração, constituição de Grupamentos Mineiros, Englobamento, Reconhecimento Geológico e Consórcio de Mineração;

b) acompanhar e divulgar a evolução da legislação minerária e propor normas de orientação ao usuário;

c) estudar e aplicar o direito de prioridade, controlando as áreas vedadas à mineração ou condicionadas a procedimentos especiais;

d) efetuar as averbações dos registros de títulos minerários de sua competência e emitir certidões pertinentes;

e) analisar contratos de Cessão de Direitos Minerários e submeter à Diretoria de Outorga e Cadastro Mineiro para a publicação no *Diário Oficial da União*; e

f) encaminhar à Diretoria de Outorga e Cadastro Mineiro os atos de competência do Chefe de Distrito para publicação no *Diário Oficial da União*;

II – Na área de fiscalização:

a) executar, controlar, coordenar, assegurar e fiscalizar as atividades minerárias na forma em que dispõe o Código de Mineração, o Código de Águas Minerais, seus respectivos Regulamentos e as legislações que os complementam;

b) analisar relatórios, planos de aproveitamento econômico e documentos técnicos de pesquisa e lavra, realizar vistorias sistemáticas, autuar infratores e impor as sanções cabíveis na conformidade do disposto na legislação;

c) averiguar denúncias de realização de lavra clandestina de recursos minerais e dilapidação de depósitos fossilíferos, realizando a apreensão de bens e equipamentos utilizados e resultantes da atividade irregular;

d) exercer o controle e a fiscalização dos depósitos fossilíferos; e

e) exercer a fiscalização sobre o controle ambiental, higiene e segurança das atividades de mineração, atuando em articulação com os órgãos responsáveis;

III – Na área de desenvolvimento e economia mineral:

a) propor e executar as atividades relacionadas aos trabalhos de geologia e exploração mineral, sistematizar e integrar os dados dos depósitos minerais, promovendo a elaboração de textos cartas e mapas geológicos para divulgação;

b) executar programas e projetos de assistência técnica e tecnológica de apoio à pequena e média empresa de mineração;

c) executar estudos e laudos técnicos com vistas à proposição do estabelecimento de áreas de garimpagem;

d) realizar levantamento de dados e estudos em consonância com as diretrizes estabelecidas pela Diretoria de Desenvolvimento e Economia Mineral; e

e) analisar os dados econômicos dos relatórios anuais de lavra, coletar e processar suas informações estatísticas;

IV – Na área de arrecadação:

a) exercer a fiscalização da arrecadação da Compensação Financeira pela Exploração dos Recursos Minerais – CFEM;

b) controlar e fiscalizar a arrecadação da Taxa Anual por Hectare, de outras taxas, multas, emolumentos e ressarcimentos;

c) levantar e analisar os documentos contábeis e fiscais das empresas com débitos da CFEM;

d) consolidar débitos relativos à CFEM, Taxa Anual por Hectare, ressarcimentos, multas e outras taxas;

e) desenvolver ações administrativas relativas às notificações das empresas e pessoas físicas inadimplentes, previstas no Manual de Procedimento da CFEM;

f) proceder ao parcelamento de débito relativo à CFEM e Taxa Anual por Hectare, propor abertura do processo de cobrança e demais providências previstas nos respectivos manuais de cobrança;

g) desenvolver ações administrativas relativas à lavratura de Auto de Infração, Imposições de Multas e Nulidades de Alvarás de Pesquisa e Notificações Administrativas aos inadimplentes da Taxa Anual por Hectare;

h) elaborar relatório operacional da CFEM, conforme estabelece o Programa Nacional de Arrecadação da CFEM;

i) manter intercâmbio de informações técnicas e fiscais junto aos estados e municípios conveniados; e

j) promover e manter o controle dos convênios da CFEM com os estados e municípios;

V – Na área de documentação:

a) manter intercâmbio de informações com as bibliotecas e entidades similares, nacionais e internacionais e registrar, catalogar e classificar o acervo bibliográfico zelando pela sua guarda e preservação e propor a aquisição de periódicos e demais publicações;

b) organizar e manter atualizadas e disponíveis as publicações nacionais e internacionais, relativas às áreas de atuação da Autarquia; e

c) organizar e manter atualizada toda a documentação de interesse do Distrito, inclusive mapoteca e fototeca;

VI – Na área de informática:

a) executar as atividades de gerenciamento de dados e sistemas;

b) fomentar a racionalização na coleta e armazenamento de informações;

c) orientar e incentivar o uso de sistemas de apoio à decisão e de automação de escritórios;

d) propor a contratação de serviços de suporte;

e) desenvolver estudos objetivando a aquisição, padronização e a utilização dos equipamentos e *softwares*;

f) manter atualizado o cadastro de equipamento e *softwares*; e

g) zelar pelo perfeito funcionamento dos equipamentos de informática.

Art. 12. Aos Serviços de Administração dos Distritos compete:

I – coordenar as atividades desenvolvidas pelas seções de Serviços Gerais, Recursos Humanos e de Execução Orçamentária e Financeira;

II – propor a realização de tomada de preço e convite destinados à compra de material, execução de obras e prestação de serviços;

III – propor a adjudicação de compras, execução de obras e prestação de serviços, bem como a realização das respectivas despesas dentro dos limites fixados pelo Diretor-Geral da Autarquia;

IV – encaminhar para pagamento as faturas relativas à compra de material, execução de obras e prestação de serviços;

V – propor a alienação e a inutilização de material ocioso, antieconômico e inservível;

VI – propor a constituição de comissões para realizar atividades de inventário, desativação e eliminação de documentos;

VII – propor a aplicação de penalidades aos fornecedores de material e prestadores de serviços inadimplentes; e

VIII – propor termos de ajuste, contratos e convênios com profissionais ou entidades públicas ou privadas especializadas para prestação de serviços.

Art. 13. Às Seções de Serviços Gerais dos Distritos compete:

I – exercer o controle, a distribuição, a alienação, o inventário e a conservação dos bens patrimoniais, mantendo atualizado o respectivo inventário;

II – providenciar a publicação dos extratos de licitação, contratos e convênios, conforme a legislação pertinente;

III – controlar os prazos de entrega de material, para fins de registro da atuação dos fornecedores;

IV – organizar e manter atualizados os cadastros de firmas fornecedoras de materiais, prestadoras de serviços e executoras de obras, bem como propor a aplicação de penalidades;

V – elaborar e divulgar catálogo de material e estabelecer os padrões de especificação, nomenclatura e codificação;

VI – promover a redistribuição e recuperação do material permanente desde que economicamente viável e recomendável;

VII – propor a troca, cessão e alienação do material em desuso, obsoleto ou inservível, solicitando as perícias que se fizerem necessárias;

VIII – promover e fiscalizar a utilização, manutenção e guarda de viaturas;

IX – promover e fiscalizar a execução dos serviços de manutenção relacionados com: eletricidade, hidráulica, carpintaria, máquinas, equipamentos e outros, inclusive limpeza;

X – exercer vigilância e fiscalização nas dependências do Distrito, especialmente nos locais de entrada e saída e encaminhar os interessados aos setores competentes;

XI – providenciar a abertura e o fechamento das dependências do Distrito, de acordo com ordens estabelecidas;

XII – executar o balancete mensal e anual do Almoxarifado, acompanhando a entrada dos mesmos no Sistema SIAFI; e

XIII – executar ou promover execução de outras atividades auxiliares pertinentes.

Art. 14. Às Seções de Apoio Administrativo compete:

I – propor a realização de tomada de preço e convite destinados à compra de material, execução de obras e prestação de serviços;

II – providenciar a publicação dos extratos de licitação, contratos e convênios, conforme a legislação pertinente;

III – propor a adjudicação de compras, execução de obras e prestação de serviços, bem como a realização das respectivas despesas dentro dos limites fixados pelo Diretor-Geral da Autarquia;

IV – encaminhar para pagamento as faturas relativas à compra de material, execução de obras e prestação de serviços;

V – propor a alienação e a inutilização de material ocioso, antieconômico e inservível;

VI – propor a constituição de comissões para realizar atividades de inventário, desativação e eliminação de documentos;

VII – propor a aplicação de penalidades aos fornecedores de material e prestadores de serviços inadimplentes;

VIII – propor termos de ajuste, contratos e convênios com profissionais ou entidades públicas ou privadas especializadas para prestação de serviços;

IX – exercer o controle, a distribuição, a alienação, o inventário e a conservação dos bens patrimoniais, mantendo atualizado o respectivo inventário;

X – controlar os prazos de entrega de material, para fins de registro da atuação dos fornecedores;

XI – organizar e manter atualizados os cadastros de firmas fornecedoras de materiais, prestadoras de serviços e executoras de obras, bem como propor a aplicação de penalidades;

XII – elaborar e divulgar catálogo de material e estabelecer os padrões de especificação, nomenclatura e codificação;

XIII – promover a redistribuição e recuperação do material permanente desde que economicamente viável e recomendável;

XIV – propor a troca, cessão e alienação do material em desuso, obsoleto ou inservível, solicitando as perícias que se fizerem necessárias;

XV – promover e fiscalizar a utilização, manutenção e guarda de viaturas;

XVI – promover e fiscalizar a execução dos serviços de manutenção relacionados com: eletricidade, hidráulica, carpintaria, máquinas, equipamentos e outros, inclusive limpeza;

XVII – exercer vigilância e fiscalização nas dependências da Autarquia, especialmente nos locais de entrada e saída e encaminhar as partes aos setores competentes;

XVIII – providenciar a abertura e o fechamento das dependências do Distrito, de acordo com ordens estabelecidas;

XIX – executar o balancete mensal e anual do Almoxarifado, acompanhando a entrada dos mesmos no Sistema SIAFI; e

XX – executar ou promover execução de outras atividades auxiliares pertinentes.

Art. 15. Às Seções de Recursos Humanos dos Distritos compete:

I – fornecer subsídios para a fixação da política de recursos humanos da Autarquia;

II – executar as atividades relativas à assistência e medicina social, observada a legislação pertinente;

III – proceder o controle da lotação e movimentação dos servidores, visando o melhor aproveitamento e observando a ambientação e a integração;

IV – avaliar a necessidade de treinamento de pessoal;

V – executar programas de desenvolvimento e de avaliação do desempenho de recursos humanos no âmbito do Distrito;

VI – manter atualizados o cadastro e a ficha financeira de cada servidor, informando imediatamente à Sede as ocorrências tais como: falecimentos, retornos de servidores cedidos, apresentação de servidores requisitados, redistribuídos e/ou removidos;

VII – preparar pagamento de diárias e ajuda de custo;

VIII – consultar e emitir declarações e atestados, com base nos registros funcionais;

IX – proceder à inscrição de servidores em instituição previdenciária e no PASEP;

X – instituir processos referentes aos direitos, vantagens, deveres e responsabilidades do pessoal;

XI – examinar questões relacionadas com regime jurídico do pessoal e emitir pareceres;

XII – prestar aos órgãos competentes, informações necessárias à instrução de ações judiciais;

XIII – controlar a freqüência mensal dos servidores e manter atualizados os respectivos registros funcionais, com o devido encaminhamento à Sede para publicação no Boletim de Freqüência, bem como a elaboração de planilhas para efeito dos descontos previstos em Lei;

XIV – informar, de ofício, a freqüência ao Órgão de origem dos servidores requisitados para exercício no Distrito; e

XV – informar os servidores sobre os seus direitos, deveres e proibições, alertando-os quanto às penalidades previstas em Lei.

Art. 16. Às Seções de Execução Orçamentária e Financeira compete:

I – providenciar o empenho das despesas e controlar os saldos, através de elaboração de demonstrativos de execução orçamentária;

II – controlar a execução orçamentária das dotações consignadas à unidade descentralizada;

III – efetuar e controlar pagamentos, após as competentes habilitações dos beneficiários ou credores, com a observância dos empenhos, liquidações;

IV – fornecer ao Chefe do Distrito, os elementos para elaboração da proposta orçamentária e os planos plurianuais de investimento da unidade descentralizada;

V – elaborar demonstrativos periódicos de acompanhamento das despesas empenhadas, pagas ou não; e

VI – analisar as prestações de contas de suprimentos de fundos concedidos aos servidores.

Capítulo IV – Das Atribuições dos Dirigentes

Art. 17. Ao Diretor-Geral incumbe:

I – administrar o DNPM, praticar todos os atos de gestão, operacional, orçamentária, financeira, contábil, de patrimônio, de material, de serviços gerais e de recursos humanos, na forma da legislação em vigor;

II – representar o DNPM em juízo ou fora dele;

III – supervisionar e coordenar as atividades dos Órgãos integrantes da estrutura regimental do DNPM;

IV – avocar, para decisão ou revisão, assuntos inerentes aos Órgãos integrantes da estrutura regimental do DNPM, sem prejuízo da continuidade do exercício pelos mesmos órgãos das atribuições nelas previstas;

V – firmar, como representante legal do DNPM, contratos, convênios, acordos, ajustes e outros atos negociais similares;

VI – delegar quaisquer de suas atribuições, salvo aquelas que, por sua própria natureza ou por vedação legal, só possam ser por ele implementadas privativamente;

VII – zelar pelo desenvolvimento, legitimidade e credibilidade interna e externa do DNPM;

VIII – praticar todos os atos de gestão previstos no Código de Mineração, Código de Águas e na legislação correlata;

IX – propor políticas e deliberar sobre os planos, programas e projetos da Autarquia;

X – determinar a instauração de inquéritos conforme as normas e legislação pertinente;

XI – baixar portarias e emitir instruções normativas, circulares e outros instrumentos, referente a atos de sua competência;

XII – elaborar, implantar e executar ações de melhorias contínuas, envolvendo o programa de qualidade do serviço público; e

XIII – assegurar a manutenção e operação da infra-estrutura de escritórios regionais, centros de controle, centros de pesquisa, laboratórios e museus.

Art. 18. Ao Diretor-Geral Adjunto incumbe:

I – assessorar o Diretor-Geral na administração do DNPM, no que se refere à formulação, complementação e execução dos assuntos específicos do órgão e, especialmente, à supervisão e coordenação das atividades afetas aos sistemas federais de gestão dos processos administrativos;

II – substituir o Diretor-Geral em suas faltas e impedimentos legais; e

III – exercer outras atribuições que lhe forem cometidas.

Art. 19. Ao Chefe de Gabinete incumbe:

I – organizar e preparar matérias a serem submetidas à consideração do Diretor-Geral;

II – coordenar e supervisionar os trabalhos dos Assessores do Diretor-Geral; e

III – organizar e controlar o fluxo de contatos pessoais do Diretor-Geral.

Art. 20. Ao Procurador Jurídico incumbe:

I – coordenar e supervisionar as atividades desenvolvidas pela Procuradoria Jurídica;

II – promover a defesa dos interesses da Autarquia nas esferas judiciais e administrativas;

III – representar a Autarquia em juízo, e por delegação expressa do Diretor-Geral, fora dela;

IV – assessorar juridicamente o Diretor-Geral e, por sua determinação, qualquer Órgão da Autarquia, respondendo às consultas formuladas;

V – propor ao Diretor-Geral a abertura de sindicância ou processo administrativo disciplinar;

VI – praticar os demais atos inerentes ao exercício de suas atribuições; e

VII – receber citações e intimações em nome da Autarquia.

Art. 21. Aos Diretores incumbe:

I – assessorar o Diretor-Geral no exercício de suas atribuições;

II – dirigir, coordenar e fiscalizar as atividades técnicas e administrativas exercidas nas áreas de suas competências;

III – coordenar a elaboração dos planos de ação pertinentes às respectivas Diretorias;

IV – orientar, supervisionar e fiscalizar as atividades técnico-científicas e administrativas dos Órgãos descentralizados, no que lhes couber;

V – promover a interação entre os Órgãos do DNPM e entidades públicas ou privadas que mantenham atividades de interesse da Autarquia;

VI – realizar diligências e propor a abertura de sindicância e inquérito administrativos, quando necessário;

VII – indicar, dentre seus subordinados, aquele que deverá substituí-lo em suas faltas e impedimentos legais ou regulamentares;

VIII – indicar ao Diretor-Geral os nomes dos servidores para provimento de cargos e funções em comissão existentes nas suas áreas de competência;

IX – solicitar a realização de despesas à conta do orçamento alocado às atividades sob suas responsabilidades; e

X – representar a Autarquia por delegação expressa do Diretor-Geral.

Parágrafo único. Além das incumbências elencadas nos incisos de I a X deste artigo, ao Diretor de Administração Geral, compete ainda:

I – autorizar a realização de tomada de preço e convite destinados à compra de material, execução de obras e prestação de serviços, na forma da legislação em vigor;

II – autorizar a adjudicação de compras, execução de obras e prestação de serviços, bem como a realização das respectivas despesas dentro dos limites fixados pelo Diretor-Geral da Autarquia;

III – autorizar o pagamento de faturas relativas à compra de material, execução de obras e prestação de serviços;

IV – autorizar a alienação e a inutilização de material ocioso, antieconômico e inservível;

V – zelar pela exatidão das contas e oportuna apresentação dos balanços, demonstrações contábeis e outras operações relativas à administração financeira e patrimonial da Autarquia;

VI – propor a movimentação de recursos orçamentários adicionais nos limites de sua competência;

VII – propor a constituição de comissões para realizar atividades de inventário, desativação e eliminação de documentos inúteis ou obsoletos;

VIII – propor a aplicação de penalidades aos fornecedores de material e prestadores de serviços inadimplentes;

IX – autorizar o pagamento de salários, vencimentos e outras vantagens previstas na legislação e regulamentação sobre pessoal;

X – decidir, em primeira instância, sobre consultas, requerimentos e pedidos de servidores, versando sobre administração de recursos humanos;

XI – propor termos de ajuste, contratos e convênios com profissionais ou entidades públicas ou privadas especializadas para prestação de serviços na área de assistência médica, social, treinamento e desenvolvimento de recursos humanos;

XII – conceder, sustar ou homologar direitos ou vantagens previstos na legislação sobre pessoal;

XIII – propor ao Diretor-Geral os limites da descentralização na gestão da política de recursos humanos da Autarquia e para a prática dos demais atos relativos a sua área de competência;

XIV – distribuir os servidores no âmbito da Autarquia, de acordo com a lotação aprovada;

XV – propor o provimento de cargos e empregos da Autarquia; e

XVI – propor a designação de Junta Médica, na forma estabelecida no Decreto nº 76.763, de 9 de dezembro de 1975.

Art. 22. Aos Chefes de Distritos incumbe:

I – representar a Autarquia no seu relacionamento oficial com entidades públicas e privadas, localizadas em sua área de jurisdição;

II – emitir pareceres sobre assuntos pertinentes ao Distrito;

III – elaborar e submeter ao Diretor-Geral, relatórios das atividades executadas pelo Distrito;

IV – alocar os servidores em exercício no Distrito e promover a adequada distribuição dos trabalhos; e

V – praticar atos de administração necessários à execução das tarefas.

Art. 23. Aos Chefes de Serviços e Seções, incumbe:

I – orientar, dirigir e fiscalizar as atividades exercidas por seus subordinados;

II – implementar e executar as ações estabelecidas em convênios;

III – cumprir e fiscalizar o exercício das normas específicas; e

IV – praticar os demais atos que se fizerem necessários à implementação das atividades que lhes são subordinadas.

Capítulo V – Das Disposições Gerais e Transitórias

Art. 24. Os Órgãos descentralizados ficam subordinados às orientações técnicas e normativas das Diretorias e da Procuradoria-Geral quando aprovadas pelo Diretor-Geral.

Art. 25. Para o desempenho de suas competências, os órgãos de assistência direta e imediata ao Diretor-Geral, os seccionais, os específicos singulares e os descentralizados contarão com Assistentes, ocupantes de cargos em Comissão do Grupo-Direção e Asssessoramento Superiores-DAS, nos termos previstos no Decreto nº 4.640, de 21 de março de 2003, e com ocupantes de Funções Gratificadas-FG e Funções Comissionadas Técnicas-FCT, conforme o disposto em Normas Internas expedidas pelo Diretor-Geral.

Art. 26. Os casos omissos e as dúvidas surgidas na aplicação deste Regimento serão solucionados pelo Diretor-Geral da Autarquia.

DOU de 14.8.2003

PRAZOS NO CÓDIGO DE MINERAÇÃO

ASSUNTO	PRAZO	ARTIGO
Acordo com proprietário do solo – não comprovado – DNPM remete cópia do título ao Juiz da Comarca	3 dias após data da transcrição do título no DNPM	art. 27, VI
Acordo com proprietário do solo – prova – juntada ao processo	até a data da transcrição do título no DNPM	art. 27, VI
Anulação ou caducidade da concessão de lavra – apresentação de defesa	60 dias da data da intimação pelo DNPM	art. 69, *caput*, c/c 68, § 1º
Anulação ou caducidade da concessão de lavra – decisão da autoridade superior – pedido de reconsideração	10 dias da data da publicação da decisão	art. 69, § 3º
Apresentação do relatório de pesquisa (relatório circunstanciado dos trabalhos)	dentro do prazo de vigência do alvará ou de sua renovação	art. 22, V
Área desonerada por publicação de despacho	disponível por 60 dias, para pesquisa ou lavra (V. Portaria MME nº 12, de 16.1.1997)	art. 26, *caput*
Avaliação – renda e danos – intimação ao proprietário para permitir os trabalhos	8 dias após depósito da quantia	art. 27, XII e XV

ASSUNTO	PRAZO	ARTIGO
Avaliação – renda e danos – intimação ao titular do alvará para depositar quantia	8 dias após o julgamento	art. 27, XI e XIV
Avaliação – renda e danos – Julgamento pelo juiz da Comarca	30 dias da data do despacho que determinar a avaliação	art. 27, IX
Avaliação – renda e danos – por ordem judicial	Juiz da Comarca determinará a avaliação 15 dias após receber cópia do respectivo título	art. 27, VII
Avaliação – renda e danos – prorrogação do alvará – comunicação ao juiz da Comarca pelo DNPM	3 dias após a prorrogação	art. 27, XIII
Concessão de lavra – prazo para requerer	1 ano, da data da aprovação do relatório de pesquisa	art. 31, *caput*
Concessão de lavra – prorrogação do prazo mais para requerer	1 ano, mediante solicitação justificada (a solicitação deve ser feita antes do término do prazo inicial ou da prorrogação em curso)	art. 31, parágrafo único
Concessão de lavra – requerimento – cumprimento de exigências	60 dias da publicação do despacho	art. 41, § 2º
Concessão de lavra – requerimento – prorrogação do prazo para cumprimento de exigências	60 dias, a juízo do DNPM, se requerida dentro do prazo concedido para cumprir a exigência	art. 41, § 3º
Concessão de lavra não requerida no prazo – disponibilidade da jazida – protocolização de requerimento do interessado	fixado no edital	art. 32, § 2º
Cumprimento de exigências – complementação do pedido de pesquisa	60 dias da data da publicação da intimação no DOU	art. 17, § 1º
Estatutos ou Contratos Sociais – Acordos de Acionistas – futuras alterações – prazo para arquivamento no DNPM	30 dias após o registro no DNRC	art. 81, *caput*

ASSUNTO	PRAZO	ARTIGO
Estatutos ou Contratos Sociais – Acordos de Acionistas – futuras alterações – não arquivamento no DNPM – sanções – advertência – multa em dobro, caso não atendidas as exigências do DNPM	30 dias da imposição da multa inicial	art. 81, parágrafo único, II
Exeqüibilidade técnico-econômica da lavra – impossibilidade temporária – apresentação de novo estudo	a ser fixado pelo DNPM	art. 30, § 1º
Exeqüibilidade técnico-econômica da lavra – não demonstração	DNPM fixará novos prazos ou colocará a área em disponibilidade	art. 30, § 2º
Imissão de posse – intimação dos concessionários das minas limítrofes para presenciar ato de imissão	8 dias de antecedência da data da imissão	art. 45, I
Imissão de posse – recurso ao Ministro contra o ato	15 dias da data do ato	art. 46, *caput*
Imissão de posse da jazida – prazo para requerer	90 dias da data da publicação da Portaria de Lavra	art. 44, *caput*
Início dos trabalhos de lavra	dentro de 6 meses da data de publicação da Portaria da Lavra, salvo motivo de força maior	art. 47, I
Início dos trabalhos de pesquisa (havendo acordo com o proprietário do solo)	dentro de 60 dias da data da publicação do alvará	art. 29, I, *a*
Início dos trabalhos de pesquisa (não havendo acordo com o proprietário do solo)	dentro de 60 dias do ingresso judicial na área	art. 29, I, *b*
Licenciamento – registro no DNPM	30 dias após expedição da licença	art. 18, III
Não interrupção dos trabalhos de lavra, sem justificativa	por mais de 6 meses consecutivos, salvo motivo comprovado de força maior	art. 49, *caput*
Não interrupção dos trabalhos de pesquisa, e sem justificativa	por mais de 3 meses consecutivos ou 120 dias acumulados não consecutivos	art. 29, II

ASSUNTO	PRAZO	ARTIGO
Nulidade ou caducidade – despacho ministerial declaratório – pedido de reconsideração	15 dias da data da publicação do despacho	art. 68, § 3º, *a*
Nulidade ou caducidade – despacho ministerial declaratório – pedido de reconsideração não atendido – recurso ex officio ao Presidente da República – prazo para encaminhamento – apresentação de defesa pelo interessado	30 dias do recebimento do pedido de reconsideração	art. 68, § 4º
Nulidade ou caducidade – despacho ministerial declaratório – recurso voluntário ao Presidente da República	30 dias da data da publicação do despacho (desde que o interessado não tenha solicitado reconsideração do despacho)	art. 68, § 3º, *b*
Nulidade ou caducidade – processo administrativo – apresentação de defesa	60 dias da data da intimação	art. 68, § 1º
Nulidade ou caducidade (alvarás ou portarias de lavra) – prazo para pleitear judicialmente	1 ano da publicação da portaria de lavra	art. 66, § 3º
Participação do proprietário do solo – pagamento	último dia útil do mês subseqüente ao fato gerador	art. 11, §§ 1º e 2º
Pedido de pesquisa indeferido – pedido de reconsideração ao DNPM	60 dias da publicação do despacho de indeferimento no DOU	art. 19, *caput*
Pedido de reconsideração indeferido – recurso ao Ministro	30 dias da publicação do despacho de indeferimento no DOU	art. 19, § 1º
Plano horizontal da concessão – fixação de limites – iniciativa do interessado ou do DNPM – prazo para apresentação do plano de pesquisa	90 dias da publicação da intimação	art. 85, § 1º
Prorrogação do alvará de pesquisa – prazo para requerimento	até 60 dias antes de expirar o prazo do alvará vigente	art. 22, III, *b*
Reconhecimento Geológico – permissão – prazo de validade	90 dias improrrogáveis da data da publicação	art. 91, § 3º

ASSUNTO	PRAZO	ARTIGO
Relatório anual de lavra – prazo para apresentação	até 15 de março de cada ano	art. 47, XVI
Retificação do alvará de pesquisa (**com** alteração significativa do polígono delimitador)	emissão de alvará retificador, com prazo a partir da data da publicação do novo título	art. 24, parágrafo único
Retificação do alvará de pesquisa (**sem** alteração significativa do polígono delimitador)	não acarreta modificação no prazo (retificação é feita por despacho)	art. 24, *caput*
Taxa anual de ocupação – recolhimento	a ser fixado pelo Ministro (V. Portaria MME nº 503, de 20.12.1999)	art. 20, § 1º
Validade da autorização de pesquisa (inicial)	1 a 3 anos, a critério do DNPM	art. 22, III

Índice Alfabético-Remissivo

(Os artigos referem-se ao Código de Mineração)